경기도 장시와 포구

KB077554

경기그레이트북스 **08**

www.ggcf.kr

경기도
장시와 포구

경기문화재단

이 책은 경기문화재단 경기문화재연구원이

경기도의 고유성과 역사성을 밝히기 위한 목적으로 발간하였습니다.

경기학연구센터가 기획하였고 관련전문가가 집필하였습니다.

수도의 근교를 뜻하는 경기(京畿)라는 용어가 우리나라에서 사용된 지 천년의 세월이 흘렀다. 경기의 정명(定名) 천년을 기념하는 총서에 필진으로 참여하게 된 것을 무한 영광으로 생각한다. 필자에게 주어진 장시와 포구라는 주제는 경기도의 정체성과 직결되기 때문에 더욱 뜻 깊은 작업이 되었다.

전통사회부터 장시와 포구는 유통과 교환경제의 기반이었다. 장시가 도로의 중심지에서 물류가 거래되는 장소라면, 포구는 물길의 중심지에서 장시와 동일한 역할을 수행하던 장소인 것이다. 경기도는 서울에서 전국 각처로 오가는 모든 물류가 집산되고 공급되는 지역이다. 이에 경기도에는 유구한 역사에 걸맞은 장시와 포구들이 도처에 자리하고 있었고, 그 중 다수는 지금까지 그 역할을 이어오고 있다.

인간의 살림살이에서 경제가 차지하는 비중이 실로 크기에 경제 행위가 이루어지는 마당인 장시와 포구의 역사 또한 앞으로도 지속될 것이다. 이러한 견지에서 이 글을 통해 필자가 주목하고자 한 사항은 장시와 포구의 현황만이 아니라 과거의 발자취도 돌아보고 미래의 모습도 전망해보는 것이었다.

현재 경기도의 시·군에는 장시 곧 전통시장이 없는 곳이 없다. 대개 상설시장으로 존재하지만 오일장을 겸하는 곳도 허다하고, 경기 북부의 오일장은 장돌림의 전통까지 고스란히 남아 있다. 물론 경기도의 전 지역이 도시화되면서 대형마트와 체인점이 들어서서 전통시장은 위기에 처해 있다. 하지만 전통시장이 현대적인 마켓과 변별되는 매력을 지닌 장소로 남아있는 한 생명력은 지속될 것이다. 많은 사람들이 장시하면 추억의 장소를 떠올린다. 그 추억을 과거지사가 아니라 현재화시키는 일이 전통시장에게 주어진 과제이다. 서민 생활의 정취가 물씬 풍기며 인정이 넘치는 곳, 살거리뿐만 아니라 볼거리와 먹거리가 가득한 곳이야말로 전통시장이 회복해야 하는 본모습일 터이다.

포구의 경우는 더욱 심각한 변화를 겪고 있다. 해안선을 변화시킬 정도로 간척사업이 이루어졌고, 그곳에 산업공단과 신도시가 들어서며 다수의 포구들은 자취를 감추고 말았다. 그러나 경기도가 서해에 면해 있는 지역이라는 사실이 변할 리는 없다. 최근 서해안 문화관광의 시대가 열리면서 경기만의 도서지역들은 다시 활기를 띠고 있다. 이러한 시류에 가장 슬기롭게 대처하는 방안은 전통과 현대가 어우러진 경기만의 포구문화를 이끌어내는 일이다. 현대식 항만을 건설하고 에코뮤지엄·어업박물관·해상공원을 조성하는 일도 중요하겠지만, 자연상태로 남아 있는 낙후된 도서지역이나 방치되어 있는 포구를 잘 활용하는 방안도 강구할 필요가 있다.

장시와 포구는 우리의 추억을 건드리는 장소인 동시에 지속적으로 발전시켜야 할 미래지향적인 가치를 지니고 있는 장소이다. 필자가 민속을 공부하며 현장조사를 다닌 지도 어언 30년의 세월이 흘렀다. 경기 천년의 장시와 포구를 꿰뚫어 보기에는 턱 없이 부족한 식견이지만 적어도 필자가 보고 듣고 느꼈던 바를 최대한 피력해보려고 노력하였다. 아무쪼록 이 미진한 글이 경기도의 장시와 포구를 이해하는 데 조금이라도 도움이 되었으면 하는 바람이다.

2018년 9월 28일

집필자를 대표하여 김준기 씀

| 차 례 |

1부

서언

01

서울과의 종속적 관계에서 상보적 관계로 발전하는 경기

경기京畿 혹은 기전畿甸이라는 명칭은 글자 그대로 수도首都를 둘러싸고 있는 주위의 지방을 뜻한다. 도시의 외곽에 위치하는 지역을 의미하는 근교近郊, 교외郊外라는 단어의 유래도 이와 다르지 않다. 그래서 나라의 수도가 변경될 때마다 수도의 근교인 경기 지역은 달라지기 마련이다. 고려 현종 9년(1018)에 개경을 중심으로 하여 그 외각 지역에 있는 13개 현을 경현京縣과 기현畿縣으로 삼는데 이에서 경기라는 지역 명칭이 비롯된다. 지금의 경기도는 조선시대 개성에서 한양으로 천도한 후 새롭게 개편된 지역에서 유래하였다. 조선 태종 때 한반도의 행정구역을 처음 팔도八道로 구획하고 당시 한양을 둘러싸고 있는 지역을 경기도라고 명명한 것이다. 그렇다면 우리나라에서 경기라는 명칭이 쓰인 것은 천년 전의 일이고, 경기도가 정식으로 출범하는 기점은 600년을 훌쩍 넘는다. 물론 현재에 이르는 동안 충청도, 강원도에 속해 있던 평택이나 가평 등의 지역이 경기도로 편입되는 등 다소의 변화는 있었으나 영역의 변화가 경기도의 정체성을 뒤바꿀 정도는 아니었다.

따라서 전통사회 경기도의 역할은 서울의 근교近郊 지역으로서 서울을 보좌하는 것이었다. 지금도 경기도에 신도시가 개발될 때마다 홍보물에 가장 많이 쓰이는 단어가 '수도권'인 것을 보면 이런 전통적 역할이 사라진 것은 아닌 듯하다.

경기도는 서울과 더불어 발전하였다. 서울이 한반도의 중심에 해당하는 지역이라면 경기는 그 중심이 확장된 지역이다. 이는 단순히 지리상의 위치만을 고려한 것은 아니다. 경기도는 유사 이래 정치, 경제, 문화의 중심지로서의 역할도 충실히 담당해왔던 것이다.

지방자치시대를 맞이한 현재의 경기도는 서울의 위성구역이 아닌 엄연한 독립행정 구역이다. 만약 미래의 어느 시점에 대한민국의 수도가 옮겨진다 하더라도 600년 이상 사용해온 경기도라는 고유명사화 된 명칭을 다른 지역에 빼앗길 것 같지 않다. 그래서 '경기'라는 단어의 어원을 따지는 것은 더 이상 의미가 없는 것이라 생각할 수도 있다. 하지만 경기라는 명칭의 유래에 주목하며 글을 시작한 것은 서울은 앞으로도 대한민국의 최대 중심지일 것이고, 비록 지방자치시대를 맞이하였다고는 하나 서울을 둘러싸고 있는 경기도는 서울과의 긴밀한 유대관계 속에서 발전해갈 것이기 때문이다. 다만 종속적 관계가 아닌 상보적 관계의 위치에서 말이다.

미래지향적 관점에서 접근해야 할 경기도의 장시와 포구

비록 지방자치시대를 맞이하였다고는 하나 우리나라의 정치, 경제, 문화 등 총체적 살림살이의 청사진을 제시하고 이끌어나가는 심장부는 여전히 서울임을 부정할 수 없다. 지금도 국가의 주요 정책이나 시대적 트렌드는 주로 서울에서 형성되어 전국으로 확산되는 것이다. 하지만 전국의 각 지역들은 나름의 상황과 특수성이 있어서 이러한 정책이나 트렌드는 선별적으로 수용되며, 지역에 따른 적합한 변화의 과정을 거치게 된다. 물론 이러한 영향 수수관계가 일방적인 것은 아니어서 서울 역시 이러한 지역적 변화 모델에 대한 피드백도 필요하며, 이렇게 함으로써 국가의 중심지로서의 위상을 견지할 수 있을 것이다.

이 수도와 전국의 관계망에서 중계 역할을 하는 지역이 경기도이다. 비유를 하자면 경기도는 심장에서 나온 혈맥이 신체에 골고루 영향을 미치게 하는 대동맥에 해당하는 지역일 뿐 아니라, 각 혈맥이 다시 심장으로 들어오기 위해 거쳐야하는 대정맥에 해당하는 지역이기도 한 것이다.

이 글의 중요한 목적은 나라의 대동맥, 대정맥으로서의 경기도의 역할을 살펴보는 것이다. 이 점을 가장 확연하게 드러낼 수 있는 대상은 아무래도 장시와 포구라 판단된다. 장시와 포구는 육로와 수로의 요충지에 위치하며 물류의 유통뿐만이 아니라 정보나 지식 등이 교류되는 장소로 각 지역의 문화와 경제를 주도하는 장소이기 때문이다. 이와 같은 관점에서 이 글에서는 경기도의 주요 장시와 포구에 대해 고찰해 봄으로써 경기도가 나라의 살림살이를 꾸려나가는 중심지의 역할을 충실히 수행해왔고, 이 전통적 역할이 과거뿐 아니라 현재에도 이어지고 있으며 미래에도 지속될 것이라는 점을 검토하게 될 것이다. 이러한 측면에서 이 글은 경기도가 나아가야 할 방향을 점검하는 미래지향적 가치를 지닐 수도 있다고 본다.

경기도의 길, 장시, 포구

연암 박지원은 『열하일기』[1]에서 '영남 지방 아이들은 새우젓을 모르고, 관동 지방 백성들은 아가위를 절여서 간장 대신으로 쓰고, 서북 지역 사람들은 감과 귤

---

1) 박지원, 고산역해, 『열하일기』, 일신수필 거제편, 동서문화사, 2013, 169쪽
   18세기 후반에는 시장경제가 어느 정도 자리잡아 가는 시기이므로 조금 과장된 대목이기는 하다.

을 분간하지 못하고, 바닷가 사람들은 새우나 멸치를 밭 거름으로 쓴다.'고 하였다. 중상주의의 실학자였던 연암이 교통로의 확보와 물류유통의 중요성이 나라를 부강하게 만드는 첩경임을 강조하기 위해 던진 화두일 것이다. 그렇다면 이러한 모순은 어떻게 해결해야 할 것인가? 여기서 흔한 물건이 저기서 귀하다면 지역 간에 서로 물건을 바꾸어 유용하게 써야 하는 것은 당연한 이치이다. 연암은 이 문제를 해결하기 위해 수레라는 운송 수단을 거론하고 있지만, 이 글에서는 교환경제의 인프라가 되는 길과 교역 장소인 장시, 포구에서 찾고자 한다. 특히 경기도는 전통사회에서부터 물류와 문화 교류의 중계지 역할을 하던 장시와 포구가 발달하였다. 그런데 장시와 포구 성립의 전제 조건 중 가장 중요한 것이 길이다. 물류가 집산되고 교환되기 위해서는 사람과 물류가 이동할 수 있는 기반 시설이 필수적이기 때문이다. 따라서 경기도의 장시와 포구에 대해 기술하기 전에 길에 대한 고찰이 선행되어야 한다.

서울에서 전국 각 지역으로 퍼져나가는 길들은 당연히 경기도를 통과하여야 한다. 고지도를 살펴보아도 경기도 육로의 분기점에는 장시가, 해안의 만이나 큰 강의 어귀 등 물길의 중심지에는 포구가 어김없이 자리잡고 있었다. 또한 이들 장시와 포구는 길을 통해 서로 이어지며 마치 거미줄과 같은 교통망과 시장망을 형성하고 있었다. 그래서인지 장시와 포구가 위치했던 고장은 현재에도 경기도의 중심 도시로 굳건히 자리를 지키고 있다. 그런 면에서 지역의 역사는 새롭게 창조되는 것이라기보다는 기존의 전통에 덧씌워지는 것이 대다수라는 생각을 해본다. 따라서 장시와 포구가 수행하던 전통적 역할의 현대적 계승이야말로 경기도의 미래를 보장하는 방향성일 것이다.

2부

경기도의
물류유통로

01
전통사회의 길, 그 종류와 역할

사람이 다니는 곳이면 어디에나 길이 생긴다

현대사회에서 사회간접자본의 핵심으로 꼽히는 도로는 전통사회에서도 중요한 역할을 담당하였다. 길을 통해 사람들은 끊임없이 자신의 삶의 공간과 교류 지역을 넓혀왔다. 길은 사람의 통행로, 물류의 유통로가 될 뿐만 아니라 이와 더불어 지식, 기술, 생활양식 등 문화적 총체가 한 지역에서 다른 지역으로 전파되는 문화의 형성로가 되기도 한다. 이런 의미에서 길은 사람이 만든 가장 중요한 문화적 도구 중 하나일 것이다.

사람이 한 지점에서 다른 지점으로 왕래하면서 길은 자연스럽게 만들어지기 마련이다. 길이 만들어지고 사람들이 다니기 시작한 것이 아니라 사람들이 지나다님으로써 길이 만들어지는 것이다. 따라서 길은 어떤 형태가 되었건 사람들이 이동할 수 있는 경로를 통칭한다고 보아야 한다.

우리는 길 하면 육지에 나 있는 도로를 떠올리지만, 육지에만 길이 있는 것은 아니고 바다나 강에도 길이 있었다. 이러한 광의의 개념으로서의 길에 대한 인식은 전통사회에서부터 이미 존재하는 것이었다. 그래서 육지에 난 길을 육로,

바다에 난 길을 해로海路, 강에 난 길을 수로水路라고 하며 구분하였던 것이다.[2]

　물론 과학 기술의 발달로 철도, 항공로와 같은 전통사회에는 없던 길이 생겨났고, 미래에는 더욱 창조적인 길이 발명될 것이다. 하지만 이 글은 길 자체에 대한 논의를 목적으로 하는 것이 아니라 장시와 포구를 성립시키는 근간이 된 길의 역할에 대하여 살펴보고, 이를 바탕으로 경기도의 장시권과 포구권을 설정하려는 것이다. 따라서 육로, 해로, 수로만을 대상으로 하겠고, 기술의 혼란을 피하기 위하여 육로는 도로, 해로는 바닷길, 수로는 강길이라 하고 바닷길과 강길을 합쳐 물길로 통칭하고자 한다.

　일반적으로 길이라고 하면 도로를 지칭하고, 장시의 성립에도 이 도로가 차지하는 공헌도가 높은 것은 사실이다. 그러나 이 글에서는 도로에 못지않게 물길도 비중 있게 다루어보려고 한다. 이는 전통사회에서는 물류 유통의 비중이 도로보다는 바닷길과 강길에 의존하는 바가 컸기 때문이다. 또한 물길에 대한 고찰과 더불어 물길의 미래적 활용도를 재검토함으로써 다가올 서해안 시대에 대비하고자 하는 목적도 있다.

※ 이 글에서 사용할 길에 대한 명칭

육로 ――――――→ 도로

해로 ――――――→ 바닷길 ―┐

수로 ――――――→ 강길 ―┘ →　물길

---

2) 문헌에 따라 바닷길을 해로, 강길을 내륙수로라 하고 이 둘을 합하여 수로라고 하는 경우도 있다.

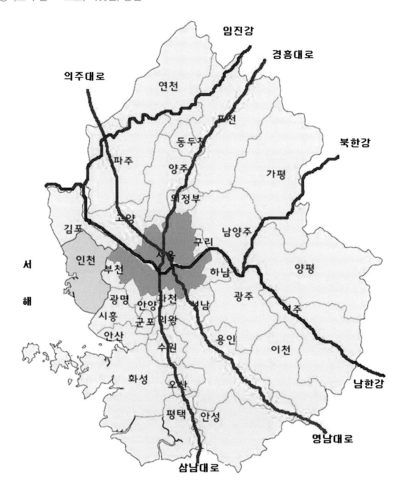

6대로 중 표시되지 않은 평해로는 서울에서 한강~남한강을 따라난 길이고,
강화로는 서울에서 한강을 따라 김포를 거쳐 강화로 향하는 길이다

02
경기도의 도로

서울에서 전국으로 통하는 모든 길은 경기도를 경유한다

경기도에 길이 생긴 것은 선사시대부터일 것이다. 사람들이 살면서 생활권역을 넓어지면 자연스럽게 길이 만들어지고, 이 길을 이용하여 집단 간에 교류가 이루어진다.

삼국시대에 접어들면서 이런 자연발생적인 길 외에 국가에서 관리하는 도로들이 경기도에 설치되었던 기록이 보이기 시작한다. 고구려가 한강유역을 점령하고 넓은 강역을 개척한 후 이를 효과적으로 운용하기 위하여 국내성, 평양성, 한성의 3경을 두었고 이 성읍을 연결하는 도로망을 구축하였다. 이 길이야말로 후대 의주대로의 전신이 되는 도로였다. 이러한 국가적 도로망의 구축은 백제와 신라의 경우도 마찬가지였을 터인데, 신라가 일찍이 소백산맥을 넘는 계립령과 죽령 등의 고갯길을 정비하여 한반도 중부 지역으로 나가는 길을 개척한 일도 국가적 도로망을 구축하는 작업의 일환이었을 것이다.

고려시대로 접어들면 개성을 중심으로 하는 전국적 도로망이 구축되고, 삼국시대에 국지적으로 시행되었던 역원제가 전국적인 체계를 갖추고 운영된다. 역원제의 시행은 이미 전국의 주요지역을 연결하는 간선도로가 정비되었다는 사실을 방증해주는 사례가 된다.

　조선시대에는 한양으로 천도를 하고 전국을 팔도로 나누는 행정구역의 개편을 단행한다. 이때 개성을 중심으로 하는 기존 도로망이 한양을 중심으로 새롭게 정비되었다. 이에 따라 한양을 기점으로 하는 간선도로들이 지금과 같이 경기도를 경유하여 전국으로 퍼져나가게 되었다.[3]

　전국 간선도로망은 조선후기로 접어들면서 점차 확장되고 도로수도 늘어난다.『도로고』와『증보문헌비고』와 같은 조선 후기의 문헌이나 지리지, 고지도 등을 검토해보면 당시 이용되었던 도로에 대한 기록들이 자세히 나타나 있다. 이 간선도로망은 국가에서 지정한 복잡한 규제와 체계를 갖추고 운용되었다. 각 도로들은 대로와 중로, 소로로 구분되었고, 대로의 종류도 6대로, 9대로, 10대로 등 시기에 따라 변화를 거치며 확장되는 것을 확인할 수 있다. 이들 도로의 출발점은 한양이었고, 경기도의 주요 역과 원이 있는 장소를 경유하여 사방팔방으로 이어져 있던 전국의 주요 지역을 도착지로 하여 뻗어있다.『도로고』에 나타난 6대로의 출발지와 도착지, 이들 도로가 경유하게 되는 경기도의 주요 경유지를 표로 나타내면 다음과 같다.[4]

도로명	출발지~도착지	경기도의 주요 경유지
제1로 의주로	한양~의주(평안북도)	고양, 파주, 장단, 개성
제2로 경흥로	한양~경흥(함경북도)	양주, 포천
제3로 평해로	한양~평해(경상북도 울진)	남양주, 양평
제4로 동래로	한양~동래(경상남도 부산)	광주, 용인, 양지, 죽산
제5로 제주로	한양~해남(전라남도)~제주도	과천, 수원, 평택
제6로 강화로	한양~강화도	양천, 김포, 통진

---

3) 한국정신문화연구원, 『경기지역의 향토문화』상권, 1977, 156쪽
4) 신경준, 『도로고』

표를 통해서도 알 수 있듯이 18세기의 간선도로였던 6대로는 한양을 중심으로 방사형으로 퍼져 있었다.

의주로는 한양에서 황해도를 거쳐 평안도의 북단인 의주에 이르는 길이다. 이 도로는 해서와 관서 지방의 물류가 유통되는 경로였을 뿐만 아니라, 연경(베이징)으로 가는 사행로의 국내구간이었으므로 중국과 무역이 이루어지는 도로였다. 의주대로의 경기도 구간은 고양, 파주, 장단, 개성이며 모두 장시가 발달한 지역이었다.

경흥로는 한양에서 함경북도 경흥으로 가는 길로 경기도의 북동부인 양주와 포천을 거쳐 강원도와 함경도로 이어진다. 함경도의 원산 등지에서 생산되는 명태와 삼베 등의 산물이 중앙으로 이동되는 경로이므로 상인들이 빈번히 오가던 길이었다.

평해로는 한양에서 강원도를 거쳐 경상북도 울진으로 이어지는 길이다. 그런데 평해로는 경기도와 충청도 구간 중 많은 부분이 한강의 물길과 접해있다. 경기도 남동부의 남양주와 양평 역시 한강과 접해있는 지역으로 도로뿐 아니라 한강의 물길을 이용해 물류 유통이 활발했던 지역이다.

동래로는 한양에서 부산으로 가는 길로 흔히 영남대로라고 불리는 길이다. 노선이 완전히 일치하지는 않지만 경부선 철도와 경부고속도로의 전신에 해당한다. 일본으로 통신사가 왕래하던 길이었고 경상도와 충청북도의 물류가 한양으로 유통되던 길이었다.

제주로는 한양에서 해남으로 이어지는 길로 해남에서는 바닷길을 통해서 제주도까지 갈 수 있다. 흔히 삼남대로라고도 부르는데, 경기도의 진위나 전라도의 진주에서 영남으로 가는 길이 분기되기 때문에 삼남지역인 충청, 호남, 영남 지방을 모두 연결할 수 있는 길이었다. 이 길이 통과하는 경기도 지역은 과천, 안양, 의왕, 수원, 화성, 오산, 평택(진위)이었다.

강화로는 한양에서 강화도로 이어지는 길이다. 강화는 서해안을 통해 올라오는 물류들이 한강 수운을 통해 한양으로 유입되는 길목이었다. 지금도 강화도에는 동검도와 서검도라는 섬이 있는데, 동검도는 호남, 충청, 경기 남부에서 올라오는 배들이, 서검도는 경기북부와 황해도, 평안도의 배들이 한강으로 들어오기 전에 검열을 받는 곳이었다. 또한 강화도는 고려와 조선시대에 유사시 천도를 할 수 있는 행궁이 있었던 지역인데, 실제로 고려 때 파천을 한 전례가 있었고, 병란 때도 파천을 하려 했으나 길이 막혀 남한산성으로 방향을 바꾸었던 것이다. 이러한 이유들로 일찍이 경기도에서 강화도로 가는 길이 발달하였는데, 조선시대에는 한양에서 김포, 통진을 거친 후 염하를 건너 강화로 갔다.

현재의 도로는 전통적 길의 계승 발전이다

현대사회에서도 도로는 사회간접자본의 핵심으로 꼽히며 국가와 지역의 사회·경제·문화를 지탱하는 중추 역할을 하고 있다. 지도를 펼쳐놓고 보면 전국적으로 배치되어 있는 도로망은 마치 인체의 혈맥처럼 한반도의 곳곳을 누비고 있다.

현재 우리 사회를 원활하게 움직이게 하는 기간 도로망은 근대의 신작로와 현대의 고속도로 건설에서 비롯된 것은 아니다. 문헌기록이나 고지도를 검토해 보면 전국의 중요한 간선도로와 지선도로는 근현대 이전에 성립된 나름대로의 역사를 가지고 있는 경우가 대부분이다.

물론 토목기술과 운송수단의 발달에 따라 도로의 외형과 교통수단 등 여러 가지 면에서 과거와 현재의 도로는 확연한 차이점이 있는 것은 사실이다. 종래 자연지형적 조건에 순응하며 구불구불하게 이어지며 행인과 우마차가 다니던 흙길은 지금 터널과 교량의 설치로 직선화되고, 통행량에 따라 2차선, 4차선, 8차선 도로로 확장되어 승용차와 트럭, 대형 트레일러 등이 오가고 있다.

하지만 대부분의 도로 노선은 전통적인 길을 바탕으로 하고 있다. 지금의 경부고속도로에 해당하는 도로에는 조선시대의 영남대로가 있었고, 호남고속도로의 경우에는 삼남대로가 있었다. 국도의 경우도 마찬가지로 1번 국도의 경수대로 구간은 정조의 화성능행로와 일치하고, 6번 국도의 경강로 구간은 평해로와 유사하다. 이러한 도로의 전통성은 현재만이 아닌 미래에도 영향을 미칠 것으로 예상되는데, 장차 이어질 서울서 의주까지의 노선은 의주대로의 전통을 잇게 될 것이다. 따라서 전국의 간선 도로망은 우리의 선조들이 개척해놓았던 길들의 진화 발전된 형태이며 이 길이 지닌 역사적 문화적 가치 역시 계승되고 있다고 보아야 한다.

경부고속도로의 달래네고개 구간이다.
도로 오른쪽으로 영남대로 옛길이 있다. 사진 속의 무덤은
고속도로 건설 당시 사고로 인해 목숨을 잃은 병사의 무덤이다.

03
경기도의 바닷길

선사시대부터 개척된 바닷길

"대한민국의 영토는 한반도와 그 부속도서로 한다."[5] 한반도의 삼면은 서해, 남해, 동해로 둘러싸여 있으며, 그 주변으로 크고 작은 섬들이 도처에 흩뿌려져 있다. 따라서 바다는 우리 민족의 중요한 생활권역이었다. 이에 우리의 선조들은 일찍이 바다로 진출하여 어업을 하고 다른 지역과 교역을 하기도 하였다.

바다라고 해서 물위를 아무렇게나 무작정 가로질러 갈 수 있는 것은 아니다. 바다를 길로 이용하기 위해서는 배라는 이동수단이 필요했고, 암초가 많은 곳, 물살이 거센 곳을 피해서 배를 운항하기에 안전하고 편리한 노선을 개척하기 마련이었다. 이 배의 운항노선이 해로, 곧 바닷길이다. 이 바닷길을 이용하여 가깝게는 이웃해있는 해변 마을이나 섬으로부터 멀게는 망망대해를 가로질러 중국, 일본, 안남, 유구 등지로 갈 수 있었다.

이러한 해상활동은 선사시대에서부터 그 흔적을 찾아볼 수 있다. 동아시아에서는 이미 7천~6천 년 전에 랴오둥遼東 반도와 산둥山東 반도가 근해의 도서지방과 해상관계를 맺고 있었다는 것이 고고학적으로 증명되었다. 그런데 랴오

---

5) 대한민국 헌법 제3조에 명시된 내용이다.

둥 반도는 우리 민족의 활동영역이었고, 산둥 반도는 우리와 교류가 활발했던 지역이었다.

삼국시대 이전부터 해상을 통해 중국과 교역이 있었고, 삼한지방에서 산출된 철을 일본에 수출했다는 사실은 기록을 통해서도 확인된다. 초기 일본 문화의 형성에 영향을 미쳤던 우리 문화의 흔적으로 미루어 보아도 일본과의 교류는 더욱 다양하게 이루어졌을 것이라고 판단된다.

삼국시대 국가체제가 정비됨에 따라 해운은 점차 체계화되었다. 특히 중국과 일본으로 사신을 파견함으로써 바닷길을 이용하여 경제 및 정치적 교류를 활발히 전개하였다. 신라의 설화 중에는 경상도 영일현에 살던 연오랑과 세오녀라는 부부가 바위를 타고 일본으로 건너가 해안가에 있던 나라의 왕과 왕비가 되었다는 이야기가 전한다.[6] 해초를 따던 연오가 의도치 않게 바위를 타고 일본에 건너갔다는 것은 작은 어선이 표류하다 일본에 닿았다는 의미일 터이다. 그렇다면 이 대목은 국가 간이 아니라 민간층에서의 교류도 가능했다는 사실을 시사해준다.

삼국시대에는 상인들에 의한 국제무역도 왕성했다. 이는 조선술과 항해술이 발전하여 바닷길을 통한 원거리 항해가 가능했다는 말이다. 신라의 포구에서는 인도, 아라비아와의 교류도 이루어졌다. 이후 송나라 때 도자기 길, 향료의 길로 명명되는, 중국에서 서방까지 연결되는 항로는 고려와 일본에도 영향을 미쳤다. 이에 고려 때 예성강 하구의 포구였던 벽란도는 국제 무역항으로 성장한다. 고려속요 〈쌍화점〉에서 아랍상인인 회회아비가 만두가게를 운영했다는 가사 내용은 이곳에 외국상인들이 거주하였다는 사실을 말해준다.

---

6) 『삼국유사』, 연오랑세오녀조

또한 연안을 따라서는 국내의 항로가 발달하였다. 특히 고려에서 조선시대에 걸쳐 실시된 조운제漕運制로 말미암아 국내 연안 항로는 국가적으로 정비된다. 당시의 세금은 쌀로 거두어들였는데, 호남이나 충청에서 걷힌 세곡은 서해 연안의 바닷길을 이용하였으며, 한강 하구를 거쳐 개성이나 한양으로 운반되었다.

구한말과 일제강점기를 거치면서 해운의 수단은 돛단배에서 증기선으로 바뀌게 되고, 규모가 더욱 커진 화물선과 여객선이 등장하게 된다. 이 시기가 되면 지도상에는 항구라는 명칭으로 표기된 지역이 많아지고, 대형선박이 정박하고 출항할 수 있는 부두 등 본격적인 항만 시설을 갖추게 된다. 하지만 이들 선박이 운행하는 항로는 대부분 전통사회에서부터 이용해오던 바닷길이었다.

국제 무역이 이루어지던 경기만의 바닷길

경기만에 바닷길이 열린 것도 고대로부터의 일이다. 경기만 일대는 총 200여개의 섬들이 촘촘히 떠 있는 다도해의 모습을 보인다. 이들 중 사람이 살고 있는 유인도는 바닷길을 이용하여 해안지역과 교통할 수밖에 없었다. 따라서 도서 지역에 사람들이 살기 시작하면서부터 바다를 안전하게 운행할 수 있는 선박이 개발되고, 바닷길이 개척되었던 것이다.

경기만은 중국 등 해외로 나가는 바닷길이기도 하였다. 하지만 서해안은 리아스식 해안으로 해저의 굴곡이 심하고 암초가 도처에 널려 있다. 더욱이 안개가 자주 끼고 조수간만의 차도 심해 이곳의 지형을 잘 알지 못하면 선박의 운항이 불가능하다. 따라서 이러한 위험 지역을 피해서 안전하게 항해할 수 있는 바닷길이 개척되어야 했다. 해외로 가는 바닷길은 중국과의 외교가 시작되는 고대국가의 정립 시기에 본격적으로 개척되었다고 판단된다. 통일신라 때 한반도에서 중국을 오가는 대표적인 바닷길은 한반도 연안의 각 포구에서 해안을 따라 이동하다가 강화도까지 온 다음 서해를 가로질러 중국의 산동 반도로 이동하는 경로였다.[7] 신라 시절 당나라로 향하는 중요한 항구였던 화성의 당항진이 남양만에 위치해 있었던 이유도 바로 이 바닷길을 이용하기 위해서였다. 서해 남부의 완도에 장보고의 청해진이 있었던 사실은 동아시아의 해상 교역이 활발히 전개되었음과 이러한 교역의 안전을 도모하기 위한 해상조직이 필요했었음을 알려준다.

『삼국유사』에 실려 전하는 〈거타지 설화〉에는 당시의 이러한 상황이 잘 나타나 있다. 〈거타지 설화〉의 시대적 배경은 진성여왕 때다. 진성여왕(재위 887~897) 때는 동아시아의 해상 교역이 활발했던 시기였고, 당나라와의 외교관계는 실로 중요하여 대규모의 사절단을 자주 파견하였다. 거타지는 해상에서 횡행하는 해적들로부터 사신단을 보호하기 위하여 선발된 궁수弓手였다. 거타지를 태운 사신선은 경기만을 지나다 곡도에서 풍랑을 만나 정박하는데, 곡도는 지금의 백령도이다. 이는 사신단이 취한 바닷길이 경기만을 지나 백령도를 경유하여 산둥반도를 향했다는 것을 확인시켜 준다. 어쩌면 이 이야기에서 거타지가 퇴치하는, 서해 용왕을 괴롭히던 요괴는 해상의 질서를 어지럽히는 해적들을 은유하는 것일 수도 있다.

고려시대 예성강에 있던 벽란도는 경기만의 바닷길을 이용한 국제무역항으로 성장한다. 애초에 고려의 건국세력이었던 왕건의 선조들이 경기만의 해상세력이었음도 벽란도의 성장과 밀접한 관련이 있음은 말할 나위가 없다.

---

7) 이밖에도 한반도의 남쪽 해안에서 흑산도를 거쳐 중국의 동남해안을 따라 항해하는 바닷길도 있었다. 또한 일본과의 교류는 지금의 대한해협을 거쳐 일본 서부지역에 도달하는 항로를 이용하였다.

〈고려세계〉에 의하면 왕건의 5대조인 강충은 영안촌의 부잣집 딸을 아내로 얻는데, 영안촌은 예성강 최대의 포구였던 벽란도 하류에 위치한 지역이다. 따라서 강충은 예성강의 해상세력과 혼인관계를 맺었다고 볼 수 있다. 강충 역시 지금의 경기도 장단군에 해당하는 임강현臨江縣 마아갑에 자리를 잡는다.[8] 임진강 하류인 이곳은 바닷배가 밀물을 타고 소강할 수 있는 지점으로 수운이 발달했던 시기 임진강의 최대포구였던 고랑포 근처에 해당한다. 따라서 왕건 가문이 해상세력으로 자리를 잡는 기반을 마련하는 것은 강충 때부터라 판단되는데, 경기만에서 예성강과 임진강으로 이어지는 물길을 이용하여 큰 부를 쌓아 송악의 주도세력으로 성장한 것으로 보인다.

왕건의 4대조로 설정된 당나라 귀인의 정체도 수상쩍다. 〈고려세계〉에는 당 숙종이라고 되어 있지만 당나라 상인이었을 가능성이 높다.

그가 정박하는 전포錢浦 또한 예성강에 있는 포구로 강충의 처가가 있던 영안촌(창릉포)과 벽란도의 바로 위쪽에 위치한 포구였다. 당나라 귀인이 배 안의 돈을 꺼내어 포구에 깔았다는 것도 이곳 상인들과 교역을 하였다는 상행위를 상징하는 표현일 터이다. 그러니 고려 건국 이전부터 예성강은 중국과의 무역항으로서 자리잡고 있었음을 짐작할 수 있다.

이 당의 귀인과 왕건의 증조모였던 진의가 결합하여 왕건의 조부인 작제건을 낳는다. 작제건은 아버지를 찾으러 상인들의 배에 몸을 싣고 중국으로 향한다. 물론 거타지와 마찬가지로 요괴를 물리치고 용왕의 딸 저민의를 아내로 맞은 후 금은보화를 가지고 귀환한다. 이 대목은 경기만 일대의 해상세력들이 이미 중국과 활발한 교역을 펼치고 있었고, 작제건 또한 대당무역에 종사하였음을

---

8) 『고려사』 〈고려세계〉

시사해준다.[9] 작제건이 금의환향하자 지역 유지들이 해안가에 나와 대대적으로 환영하는 장면도 국제 무역을 성공리에 마치고 돌아오는 상인을 맞이하는 행사를 연상케 한다. 이렇듯 고려의 건국신화는 경기만에서의 해상활동과 예성강 포구의 번영을 반영하고 있는데, 고려 왕조가 경기만의 해상세력에 의해 성립되었으므로 당시의 수도인 개성과 연결되었던 예성강은 국제적 무역항으로 위세를 떨칠 수 있었던 것이다.

조운제의 쇠퇴와 상업포구의 성장

조선시대 개성에서 한양으로의 천도는 예성강 포구의 입지를 약화시키는 사건임에는 분명했다. 또한 조선시대에는 국제교역이 사신단에 의해서만 허락되었고, 그나마 중기 이후에는 사신의 행로가 육로로 고정되었다. 이에 해상을 통한 국제교역은 오히려 고려시대보다 퇴보한다.

그러나 경기만의 해상활동이 중단된 것은 아니었다. 고려부터 운용되었던 조운제漕運制가 조선시대에도 지속되었는데, 조선전기까지는 바닷길을 이용하는 비중이 높았던 것이다. 해안 포구에는 세곡을 보관하는 열 개의 조창이 설치되어 있었고,[10] 이들 조창에 집산되었던 세곡은 서해 연안의 바닷길을 경유한 후 한강의 강길을 통하여 한양으로 운송되었다.

그러다 조선 중기 이후 세곡의 운송이 강길 위주로 바뀌자, 세곡 운송을 담

---

9) 민지의 『편년강목』에는 이와 달리 신라의 김양정이 사신으로 당나라에 들어갈 때 작제건이 그 배를 빌려 탔다고 하는데, 이는 거타지 설화에 영향을 받은 대목이라고 보아진다.

10) 고려 초에 정비되었던 조창은 전라도의 해룡창海龍倉 · 장흥창長興倉 · 해릉창海陵倉 · 부용창芙蓉倉 · 안흥창安興倉, 충청도의 영풍창永豊倉 · 하양창河陽倉 · 덕흥창德興倉, 경상도의 통양창通陽倉 · 석두창石頭倉, 황해도의 안란창安瀾倉, 강원도의 흥원창興元倉 등 모두 12개였다. 이중 한강에 위치한 흥원창과 덕흥창을 제외한 10개의 조창은 모두 바닷길과 관련된 조창들이었다.

1904년의 대한전도에는 경기만의 바닷길이 상세히 표시되어 있다.

당하였던 사선업자들은 장삿배를 운용하며 적극적으로 상업행위에 뛰어든다. 이들은 서해 연안의 어촌에서 어획되거나 생산된 어염들을 매집하여 내륙지역에 공급하였다. 특히 한강의 마포, 용산까지는 밀물이 들어왔던 지역이기 때문에 바닷배의 운행이 가능했고, 이곳에서 만리재를 넘으면 바로 숭례문이나 소의 문을 통해 한양 도성 안으로 진입하게 된다. 영조 때 서강방과 용산방이 신설되어 한성부에 편입되는 것은 서해에서 한강 하류를 잇는 물길이 당시 나라살림에서 차지하던 비중을 증명해준다.

1800년에 제작된 〈대동지도〉에는 '경기충청해로'가 간선도로 못지않게 확연히 표시되어 있다. 경기충청해로는 호남과 호서 지역에서 올라온 바닷길이 태안반도를 지나 경기만에 진입하여 영종도와 강화도·통진 사이의 염하를 지나고, 이후 한강 하류를 거슬러 올라 한양으로 이어지는 경로이다.

구한말에는 인천과 강화도 등지에 항만이 설치되고, 증기선 도입되면서 서울을 비롯하여 전국 주요 지역으로 여객선과 화물선이 운항되었다. 1904년에 간행된 『대한전도』[11] 중 경기도 편에는 인천항에서 운항할 수 있는 지역과 바닷길이 표시되어 있고, 부산, 군산은 물론이고 중국과 일본으로 향하는 원거리 항로는 거리까지 기록되어 있다. 당시 바닷길이 국내외의 교통에 얼마나 중요한 역할을 담당하고 있었는지를 짐작케 하는 사례이다. 이에 경기만의 도서지역 도처에서 부두의 시설을 갖춘 정류장이 발달하여 선박의 운항으로 붐비었다.

현재도 경기만의 해안 지역에는 포구와 항구, 선착장이 즐비한데, 이는 바닷길이 교통로로서 활발히 이용되고 있다는 의미이다. 아쉽게도 6.25 동란 이후 휴전선을 경계로 경기만 북부의 물길이 막혀버렸지만, 언젠가는 이 물길이 다시 열릴 것으로 예상된다.

---

11) 『대한전도』, 1904년, 성신여자대학교 박물관 소장
부산 3456리, 군산 976리, 진남포 1776리, 대련 2048리, 상해 3704리, 장기 3648리 등 국내외의 항로 거리가 기록되어 있다.

04
경기도의 강길

강길을 이용하여 물류를 운반하다

전통사회의 물류유통망 중에서 요즘과 가장 큰 차이점을 발견할 수 있다면, 강도 물길로서 중요한 역할을 담당하고 있었다는 점이다. 철도가 개통되고, 포장도로가 생겨 대형운송수단이 발달되기 전까지 내륙에서도 물자의 대량 수송은 대체로 강길을 통해 이루어졌다. 육로의 주요 운반수단이었던 우마차로 실어 나를 수 있는 물자에는 한계가 있었지만, 강길을 이용하여 배에 싣고 나를 수 있는 물자는 그 양이나 크기에 있어서 우마차와는 비교할 수 없을 만큼 유리한 점이 많았기 때문이다.

그래서 전통사회에서는 배를 띄울 수 있는 강은 모두 물길로 삼아 부력이 견딜 수 있을 만큼 최대한의 짐을 싣고 오르내렸다. 사실 강의 상류지역이나 지류를 배로 거슬러 올라가는 것은 상식적으로 어려운 일이다. 이럴 경우 배에 칡줄을 매고 인력으로 끌어올렸는데, 힘들고 고달픈 일이지만 우마차를 이용하는 것보다는 훨씬 나았다.

경기도에는 도내를 남북으로 비스듬히 통과하는 한강과 도의 북부를 동서로 가로지르는 임진강이 흐른다. 이 두 강은 김포와 파주 북단에서 합수하여 조

전통사회의 강은 물류를 유통하는 물길의 역할을 했다. 강배는 바닷배와 달리 널판을 이어서 만든 널배였다.

강을 이루고 개성을 거쳐 내려온 예성강과 마주치며 서해로 빠져나간다. 또한 한강의 공릉천, 경안천, 청미천과 임진강의 문산천과 같이 배를 운용할 수 있는 지류도 많다. 이러한 강과 하천을 이용하여 경기도는 일찍부터 수운이 발달될 수 있었다.

한강의 미사리와 임진강의 전곡리 등 경기도의 강변 도처에는 선사시대의 유적들이 많이 발견된다. 이는 선사인들이 강을 생활의 최적지로 선택하였다는 것을 의미한다. 선사인들은 강변 생활을 통해 부력浮力이 생기는 물체를 사용하면, 강을 수월하게 건널 수 있을 뿐 아니라, 고기를 잡는 데도 용이하며, 무거운 물건을 손쉽게 이동시킬 수 있다는 것을 어렵지 않게 발견할 수 있었다.

이렇듯 소박하게 이용되었을 강길은 고대사회로 접어들면서 군사적, 정치적, 경제적 목적으로 활용되며 국가적으로 정비되고 체계화된다. 한강과 임진강변의 보루와 성들 중 대다수가 삼국시대에 축조되어 고려, 조선을 거치며 확장되고 개축되면서 오늘에 이르고 있다는 사실은 강길이 지속적인 관심의 대상이 되어왔음을 방증해준다.

고려시대 세금으로 거두어들인 곡식을 물길을 통해 운반하는 조운제漕運制가 시작되면서부터 전국적인 내륙수로망이 정비된다. 이미 고려 초에 세곡稅穀을 보관하기 위하여 전국에 열두 개의 조창을 설치하는데, 이 중 두 개의 조창이 한강에 위치하고 있었다. 원주의 흥원창興原倉과 충주의 덕흥창德興倉이 바로 이 두 곳이었는데, 덕흥창은 후에 인근에 있는 가흥창可興倉으로 대체된다.[12] 강원, 영남, 충청 등지에서 올라오는 세곡들은 이들 조창에 집결되었다가 경기도를 관통하는 한강 물길을 이용하여 개성과 한양으로 운송되었다. 애초 조선이 한양으로 천도하는 이유 역시 이러한 한강 수운의 중요성에 영향을 강력하게 받은 것이었다.[13] 초창기 세곡의 운반은 바닷길을 이용하는 해상 수운이었기 때문에 대부분의 조창은 서해안의 포구에 위치하고 있었다. 하지만 고려 말에서 조선

---

12) 국립민속박물관, 『한강 －한민족의 젖줄』, 2000, 54쪽
13) 태조실록, 권3, 태조 2년 2월조

초까지 왜구들의 해안 출몰과 약탈이 잦아지고, 풍랑과 암초에 의한 세곡선의 전복 사고가 속출하자 기존 조운체계에 변화가 생겨서 해상 수운은 약화되고, 내륙 수운 위주로 바뀌게 된다. 강길은 바닷길에 비해 큰 배가 운항하는 데는 제약을 많이 받지만, 왜구의 약탈이나 풍랑의 위험으로부터는 안전했다.

세곡의 운송은 처음 관선官船을 이용하였지만, 16세기 이후에는 사선私船으로 대체된다. 이렇듯 수운이 사선업자들에 의해 주도됨에 따라 물길을 이용한 물류의 운반 체계에도 커다란 변화를 가져왔다. 사선은 그간 소작료에 해당하는 곡물의 운송과 소규모의 물물교환 정도를 담당하였을 터이지만, 사선업자들이 세곡의 운송에 뛰어듦으로써 드디어 물길의 새로운 주인으로 등장하는 계기를 마련하였다. 사선업자들은 이윤의 창출을 극대화하기 위하여 배의 규모와 척수를 늘리고, 세곡운송을 통해 축적된 경험을 바탕으로 다양한 상품의 유통에도 적극적으로 뛰어들게 되었다.

사선업자들은 한양에 근거지를 둔 경강선인京江船人과 각 지방에 근거지를 둔 지방선인地方船人들로 구분할 수 있었다. 이중 자본력이나 세력에 있어서 출중하였던 경강선인이 세곡운송의 주도적 역할을 선점하였다. 그러다 배의 파선을 핑계로 세곡을 빼돌리는 등 경강상인들의 부정행위로 인한 폐해가 심해지자 17세기 이후에는 세곡운송의 비중이 지방선인들에게로 기울어진다. 이를 계기로 상대적 열세에 있었던 지방의 선주들은 그 동안 벌어졌던 경강선인들과의 격차를 줄이며 지역의 신흥세력으로 급부상하게 되었다.

지방선인들의 성장은 18세기 경 상품화폐경제의 발달로 인한 상품 유통의 증대와 맞물리면서 드디어 한강 수운의 전성기를 이끌어냈다. 조선 후기 생산력의 증대는 잉여생산물의 급증으로 이어졌고, 이 잉여생산물의 교환을 위해 각 지역마다 장시와 포구가 활성화 되었다. 특히 배의 규모와 종류가 다양해지는 등 운송수단도 발전하여[14] 한강의 중·하류 지역에 있는 경기도의 나루들은 장삿배가 수시로 올라와 짐을 푸는 상업포구로 성장하였다.

---

14) 바다에서 운용되는 당두릿배와 달리 강에서는 강길의 운행에 편리한 널배를 만들어 운송에 이용하였다. 당두릿배는 선체가 U자 모양으로 둥그스름하며 폭이 넓으며 규모도 커서 돛을 두세 개 달고 다니는 경우가 많다. 이에 비해 널배는 강배로 바닥이 평편하여 여울목에서 끌기 편하고 폭이 좁은 대신 길다. 돛은 대개 한 개만 달고 다니는데, 규모가 큰 널배는 세 명이 타고 다니며, 쌀 300석 정도를 실을 수 있었다.

3부

경기도의 장시

01
장시의 역사적 전개 양상

전통사회의 장시에서 이루어지는 일들

시장(market)이라는 단어에는 광의의 개념과 협의의 개념이 있다. 광의의 개념은 추상적으로 상품의 수요와 공급을 통하여 가격을 형성하는 교환 경제 자체를 의미하고, 협의의 개념은 상품의 교환과 매매가 이루어지는 구체적 장소를 의미한다.

이중 이 글에서 다룰 시장은 물건을 사고파는 교역의 장소이고, 범위는 예로부터 이어져온 전통시장이다. 종래 시장을 지칭하는 용어에는 장, 장시, 장터, 장판 등이 있었는데, 이 글에서는 전통시장을 총칭할 때는 '장시', 개별적인 종류나 이름으로 구분할 때는 '○○시장', 시장이 서는 장소를 나타낼 때는 '장터'라는 용어를 사용하기로 하겠다. 무리하게 용어를 통일하는 것보다는 이러한 용법이 일반적으로 통용되는 것이기도 하므로 자연스럽게 들리기 때문이다.

장시가 지니는 기본적인 기능은 물품의 원활한 유통을 가능하게 하는 것이다. 그러나 여기서 파생되는 다양한 기능 역시 장시를 지금껏 유지하는데 무시하지 못할 원동력이 되어왔다. 장시에는 항상 사람들이 붐비는 법이므로 도처에서 유입되는 각종 정보가 수집되고, 전달되기도 하였다. 또한 단조로운 일상에서 벗어나 망중한忙中閑을 즐길 수 있는 사교와 유흥의 장소로서의 역할도 충실히 해내었다. 이는 전통적으로 장시가 경제적 역할만을 담당한 것이 아니라 사회적, 문화적으로도 비중 있는 역할을 톡톡히 수행해왔음을 말해준다. 따라서 장시에 대한 관심은 지역 문화를 이해하는데 필수적인 요소인 것이다.

이렇듯 다양한 역할을 담당하며 지역 사회를 지탱하는 축으로 자리잡아왔던 장시는 현재에 이르러 편리성과 신속성을 무기로 하는 슈퍼마켓과 대형연쇄점들에게 상권을 빼앗기고 이제 설 자리를 잃어가고 있는 실정이다. 이러한 현상은 도시뿐만이 아니라 이제 지역 사회 구석구석까지 확산되고 있다.

그럼에도 불구하고 대다수의 지역 사회에서는 정체된 지역 경제를 되살리기 위하여 장시를 유지하고 복원하려는 노력을 기울이고 있고 경기도 역시 예외는 아니다. 과연 장시가 시대적 불리함을 극복하고 자신의 존재 가치를 재현할 수 있을 것인지는 현재 전통시장들의 현황을 통해 신중하게 진단해 볼 필요가 있다. 장시는 위에서 언급한 대로 슈퍼마켓이나 연쇄점이 갖지 못하는 장점을 많이 가지고 있는 것이 사실이므로 이러한 장점을 살려 나갈 수 있을 때 편리성을 앞세우는 현대의 유통구조를 극복하고 살아남을 수 있을 것이다.

장시의 종류와 역사

자급자족의 삶이야말로 가장 이상적인 삶이라 할 수 있지만 사회가 발전하고 다양해짐에 따라 자급자족의 삶은 불가능하다. 이에 장시는 상고시대부터 소박한 물물교환을 할 수 있는 장소로부터 출발되었다. 이후 장시는 기나긴 역사의 변천에 따라 시대적, 사회적 특성에 맞는 체계를 갖추면서 다양한 형태로 발전하며 현재까지 이어지고 있다.

현재의 전통시장들을 기준으로 장시의 종류를 분류하고, 이를 전통사회 장시의 양상과 비교해보도록 하자.

　· 시장이 열리는 시기에 따라
　　상설시장 : 날마다 열리는 시장
　　정기시장 : 정해진 날짜에 여는 시장

　· 판매하는 물건에 따라
　　농산물시장 : 곡식 등의 농산물을 파는 시장
　　수산물시장 : 생선이나 조개, 해조류 등 수산물을 파는 시장
　　청과물시장 : 채소나 과일을 파는 시장
　　의류시장 : 옷 등의 의류를 파는 곳

　· 물건을 구매하는 사람에 따라
　　소매시장 : 낱개의 물건을 소비자에게 직접 파는 시장
　　도매시장 : 대량의 물건을 중간 상인들에게 파는 시장

전통사회의 경우 판매하는 물건에 따른 장시는 발달하지 않았다. 아무래도 분업화된 현대사회의 논리가 현재의 장시에도 영향을 미친 것으로 보인다. 물론 전통사회에도 산지 근처의 집산지를 중심으로 약재가 거래되던 약령시藥令市[15]

---

15) 약령시는 봄, 가을 일 년에 두 번 열리는 정기시로 대구, 원주, 전주가 유명했고, 그 외에도 공주, 진주, 청주, 충주 등지에서 한동안 열린 적이 있다.

와 조기나 고등어, 멸치 등의 어획기에 서해와 남해의 도서지역에서 열렸던 파시波市가 있었지만, 이러한 장시는 특정 시기에 산출되는 특수한 물품을 판매하기 위한 예외적 사례였고, 일반적으로는 다양한 물건들을 판매하는 장시가 대부분이었다.

전통사회에서는 도매시장과 소매시장이라는 장터의 구분은 없었지만 도매업의 개념은 존재했다고 보아진다. '사상도고'라고 하여 도매업을 하는 상인들이 존재하였고, 이들이 물품을 저장하고 판매하는 곳을 '도가'라고 불렀기 때문이다. 또한 상업도시에는 객주와 여각이 있어서 각 지방에서 생산되는 물건들을 집산하여 판매하는 역할을 하였다. 객주는 지방 상인의 물건을 위탁받아 팔아주거나 매매를 거간하는 중간상인이었는데, 상품 판매와 관련된 창고업 · 화물수송업 · 금융업 등의 업무도 맡고 있었다. 여각 역시 객주와 유사한 역할을 하지만, 상인이 아니라 상인이 운영하는 기관을 뜻하며 주로 연안의 포구에 위치하여 어류와 같은 해산물이나 소금 · 곡물 · 연초와 같은 부피가 큰 물품을 취급했고, 지방에서 올라오는 상인들을 위해 여관업을 겸하였다.

상설시장과 정기시장의 구분은 현재와 마찬가지로 전통사회에도 존재하였다. 전통사회의 장시에는 경시京市와 향시鄕市가 있었는데, 경시는 대부분 상설시장이었고, 향시는 정기시장이었다.

많은 사람들이 우리나라 최초의 상설시장이 서울의 광장시장이라고 알고 있다. 하지만 고대사회부터 상설시장은 엄연히 존재했으니 역사적 검토 없이 섣부르게 우리 장시의 역사를 늦출 까닭은 없다.

상설시장이었던 경시京市와 정기시장이었던 향시鄕市

경시는 수도에서 열리는 장을 말한다. 『삼국사기』에 의하면 신라 소지왕 12년 (490년)에 수도인 경주에 경사시京師市를 개설하여 널리 사방의 물화를 교역했다는 기록이 보이므로[16] 경시의 역사가 자못 깊다는 것을 알 수 있다. 신라의 경사시는 점포가 밀집된 상가를 설립한 관설시장이므로 분명히 상설시장의 형태였을 터이다.

고려시대에는 방시坊市라는 경시가 있었다. 여기서의 '방坊'은 상인들의 거주 지역을 뜻하는 말이기 때문에 방시는 관설시장임과 동시에 상인들이 상주하던 상설시장이었음을 알 수 있다.[17]

경시는 조선시대에 와서 더욱 확고한 체계로 자리잡는다. 조선 초부터 조정에서는 2,500칸이 넘는 대규모의 공랑公廊을 만들고, 이를 상인들에게 대여하여 장사를 하게 하였다. 대신 국가는 상인들에게 일정한 세금을 받는 동시에 국가에서 필요한 물품을 조달케 하였으며 국가의 잉여 물품을 처리하게 하였다. 이를 시전市廛이라 불렀는데, 이 중 국역의 부담이 컸던 6개의 시전을 육의전이라 하였다.[18]

시전은 국역國役의 부담이 있는 만큼 물건을 독점할 수 있는 금난전권禁難廛權을 보장 받아 큰 이윤을 남길 수 있었다. 하지만 조선 후기로 넘어오면서 배오개, 칠패, 송파, 마포 등지에서 활약했던 신흥 사상私商들의 성장을 막지 못하여 쇠퇴해갔다. 사상들은 객주나 여각 또는 보부상 출신의 진취적 상인들로 처음에

---

16) 『삼국사기』 권 제3 소지마립간조
17) 『고려도경』 서긍
18) 육의전에는 선전線廛(비단점), 면포전綿布廛(무명전), 면주전綿紬廛, 내외어물전內外魚物廛, 지물전紙物廛, 저포전苧布廛(모시, 베) 등이 있었다.

구한말의 난전. 놋그릇(유기) 장수

는 아무런 설비 없이 맨땅 위에 물건을 늘어놓고 일용품을 매매하였으나, 시전의 금난전권을 배제하는 신해통공 이후 특정품목을 장악하는 거상巨商인 사상도고로 성장하였다. 이후 배오개 시장의 상인을 중심으로 조합을 결성하고 자본을 모아 1905년에 설립한 상설시장이 바로 광장시장이다.[19]

향시는 지역 주민들이 생산물을 판매하고 필요한 물품을 구입하기 위해 자연발생적으로 열리게 된 지방시장을 말한다.

---

19) 광장시장의 설립자 중에는 두산그룹의 창업주인 박승직이 포함된다. 그는 경기도 광주 출신으로 포목행상을 하다 배오개에 박승직상점을 차리고 거상으로 성장한다.(두산백과 참조)

공식적인 장터가 생기기 이전에도 사람들이 다수 모이는 장소에서는 물물교환과 같은 거래가 행해졌을 것이다. 삼한시대에 이르면 곡물뿐 아니라 양잠이 널리 행해지며 방적, 직포에 의한 생산물도 다양하게 출시되었다. 삼한은 78개의 작은 성읍들로 이루어져 있었는데, 성읍들에서는 장시가 열렸고, 이 장시가 후대 향시의 기본이 되었다고 판단된다.[20]

고려시대로 접어들면 향시가 어느 정도 체계를 갖추게 되었다는 사실을 기록을 통해 확인할 수 있다. 한낮이 되면 관리 및 온갖 직업의 사람들이 각자의 소유물을 가지고 상설 점포가 없는 일정한 장소에 모여들어 교역을 행하였다. 이때 주조된 화폐는 쓰지 않고 다만 저포紵布나 은병을 가치의 기준으로 삼아 교환하였다. 큰 거래의 우수리 계산이나 사소한 일용품의 교환에는 쌀이 쓰였는데, 사람들은 이러한 관습에 익숙해져서 이를 불편하게 여기지 않았다 한다.[21]

향시는 조선시대로 넘어오면서 전성기를 맞이하게 되어 전통사회의 기본적인 장시의 모델을 전국적으로 확산시켜 나갔다. 조선시대의 향시는 성읍을 중심으로 상설시장이 열리는 경우도 있었지만 대부분은 정기시장이었다. 정기시장은 개장하는 일시에 따라 3일장, 5일장, 10일장, 15일장 등으로 다양했으나 그 중 5일장이 가장 보편적인 형태였다.

『임원경제지林園經濟志』나 『증보문헌비고增補文獻備考』, 또는 각종 '읍지'류 등을 통해 조선시대 중기 이후 장시가 전국 도처에 자리잡기 시작하고, 임진왜란을 거치면서 그 수가 증가하며, 17세기 후반에는 5일 간격으로 열리는 장시가 전국적으로 일반화되었다는 사실을 확인할 수 있다.

---

20) 진한에서는 철이 많이 생산되어 매매나 무역에 화폐처럼 쓰였고, 마한, 변한뿐만이 아니라 예濊와 왜倭에까지 거래되었다고 한다.

21) 『고려도경』 서긍

이렇듯 5일장이 성행을 하게 된 이유는 합리적인 수요와 공급이라는 경제의 원리에서 찾을 수 있다. 즉 인구가 밀집된 소수의 성읍을 제외하고는 당시의 낮은 생산성과 적은 수요로는 하나의 지역에서 이윤을 얻어내기 힘들었으므로 5일이라는 시간성과 30리~50리라는 공간성을 전통시장의 체계에 적용시킨 것이다. 시간성은 지역 주민들이 물품을 생산하고, 필요한 생필품의 수요를 증가시키는 역할을 했고, 공간성은 장시의 배후지를 확보하고, 장시 상호간의 교역의 범위를 만들어내는 역할을 하여 큰 무리 없이 장시권이 유지될 수 있었다.

　　그런데 지방의 모든 장시들이 동등한 위상을 가지고 있었던 것은 아니었다. 『임원경제지』, 『만기요람』, 『증보문헌비고』 등 조선후기 장시에 대한 문헌기록을 보면, 시장들은 거래액, 그 시장에 의존하는 인구 혹은 마을의 수, 교통과 운송수단 등과 관련하여 상호간의 수평적·수직적 관계가 성립했다. 그래서 시장 중에는 마을의 주민들만을 대상으로 열리는 낮은 단계의 작은 시장이 있는 반면에, 교통의 중심지에 위치하고 상품이 대규모로 매집되어 도매업을 겸하는 큰 시장이 있었다. 큰 시장에서는 각 지방에서 올라온 물품을 집산하여 대도시에 공급하고, 그 반대로 대도시나 다른 지방에서 내려온 물품을 작은 시장에 분배하는 역할을 담당하였다. 그러므로 자연스럽게 큰 시장를 중심으로 인근의 작은 시장이 결속되어 지역의 시장권을 형성하게 되었던 것이다.

　　※ 향시에서 물품의 유통 과정
　　생산자 → 향상, 선상 → 객주, 여각, 거간 → 보부상 → 향시 → 소비자

장시는 장돌뱅이, 장돌림, 보부상이라고 불리는 행상조직[22]과 객주, 여각, 거간 등의 좌상조직에 의해 주도되었다. 각 지역에서 생산된 상품들은 생산자로부터 소비자에게로 직접 전달되는 것이 아니라 선상船商이나 향상鄕商 등의 상인들에 의해 수집되어 큰 시장에 자리잡은 객주나 여각에 집산되고, 집산된 상품은 보부상들에게 인계되어 작은 시장에 공급되었다. 그래서 보부상들은 1일과 6일, 2일과 7일, 3일과 8일, 4일과 9일, 5일과 10일 등 매 5일마다 열리는 30리에서 50리 정도의 인근의 작은 장터들을 순환하며 장사를 하여 끊임없이 물품을 매매하고 수집하지만, 해당 지역 사람들은 5일에 한 번씩 생산품을 내다 팔고 대신 필요한 물품을 구입하게 되는 유통체계가 성립하는 것이다.

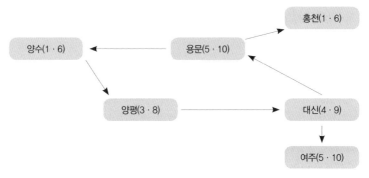

장돌림의 예시. 양평, 여주, 홍천을 왕래하던 장돌림의 이동경로이다.

---

22) 조선조의 보부상조직은 단원수가 100만을 넘었고 지부는 1000여개나 되었다고 한다.

02
경기도의 장시권과 장시

전통시장은 결코 낙후된 시장을 의미하지 않는다

이 단원에서 다루려는 대상은 경기도의 전통시장이다. 전통시장은 각 지역 고유의 특성을 간직하고 지역주민의 사회적, 경제적 필요에 의해 자연발생적으로 성립된 시장을 말한다. 하지만 전통시장은 현대화된 백화점과 대형마트와의 대비 속에서 한동안 부정적인 의미로 변질되기도 하였다.

전통시장에 대한 종래의 법률상 명칭은 '재래시장'이었다. 2004년 「재래시장 및 상점가 육성을 위한 특별법」이 제정되었던 것이다. 이 특별법에서 재래시장은 시장의 기반시설이 오래되고 낡아 개수와 보수가 필요하거나, 유통기능이 취약하여 경영 개선 및 상거래의 현대화 촉진이 필요한 장소를 지칭하였다. 재래시장이란 용어가 갖는 이러한 부정적인 의미를 탈피하고자 기존의 특별법은 2010년 「전통시장 및 상점가 육성을 위한 특별법」으로 변경되면서 전통시장이라는 명칭을 공식화하였다. 물론 세부적인 내용에서는 변화가 없지만 어차피 취약한 환경을 개선해야 한다는 특별법의 취지는 바람직한 것이므로 전통시장이란 명칭을 통해 미래지향적인 가치를 추구했다는 점에서 긍정적인 평가를 하고 싶다.

오일장터에 점포가 들어서며 상설시장화 되는 것은 일제강점기부터이다.
연천장에 남아있는 일제강점기의 연초가게. 현재는 신발가게인데 그 전통 때문인지 담배를 판매하고 있다.

전통시장은 대규모 점포의 요건 충족 여부에 따라 등록시장과 인정시장으로 구분된다. 등록시장은 「유통산업발전법」에 따른 대규모 점포로 등록된 시장을 말하고, 인정시장은 대규모 점포의 요건은 갖추지 못했지만, 나름의 규정을 갖춘 도매업 · 소매업 또는 용역업을 영위하는 점포의 수가 50개 이상인 곳으로서 특별자치도지사 · 시장 · 군수 · 구청장이 인정한 곳을 말한다.

현재 경기도의 각 시와 군에는 상설 전통시장이 없는 곳이 없고, 대부분의 읍면지역에서는 전통오일장이 유지되고 있다.

상설 전통시장은 주민들이 일정한 장소에 점포를 차리고 항시 물건을 판매하는 장소이다. 대개 오일장터에 점포가 들어서서 상점가를 형성하는 경우가 많다. 상인들은 시장상인회, 상가번영회 등으로 불리는 단체를 조직하여 회원으로 참여하고, 회장을 뽑아 시장의 일을 총괄하도록 한다. 상설시장이 좀 더 현대화되고 규모가 커지면 사단법인체를 만들고, 현대식 건물을 신축하여 상가를 분양하기도 하는데, 이 정도가 되면 시장이라는 단어가 어색하게 느껴진다.

오일장은 5일마다 상설전통시장의 골목이나 주변에 노점상들이 모여들어 좌판을 차리는 형태가 일반적이지만, 교통 체증을 심하게 유발하거나 상설시장 상인들과 마찰이 있는 등 문제가 유발되는 지역에서는 공영주차장이나 공터, 사람들의 왕래가 많은 중심지의 골목 등에서 열린다.

요즘은 오일장이라 하더라도 가락동 농수산물 시장이나 남대문 의류상가와 같은 도매시장에서 물건을 떼서 봉고차나 용달차에 싣고 전국 어디에 있는 장이든 누비고 다니는 상인들이 노점상들의 주류를 이루고 있다. 이 때문에 종래의 시장권의 개념도 희박해지고 지역 장터로서의 특성을 잃어버리고 획일화되는 경향이 있다. 하지만 도심에서 벗어나면 아직은 인근 장터들을 5일 단위로 돌아다니며 단골손님과 한담을 나누는 낯익은 장돌뱅이와 직접 만든 공예품이나 수제품을 판매하는 할아버지, 직접 채취하거나 재배한 산나물, 채소 등을 파는 할머니를 만날 수 있는 장터가 다수 남아 있다. 예전 같지는 않지만 어린 시절 장날이면 접할 수 있었던 정겨운 입담과 후덕한 인심도 느껴볼 수 있다.

앞서 경기도의 도로와 물길에 대하여 고찰을 한 바 있는데, 전통사회의 장시는 이러한 교역로를 기반으로 하여 형성되었다. 따라서 이 도로와 물길을 감안하여 경기도의 지역 장시들을 장시권으로 분류하여 고찰함으로써 현재 존재하는 경기도의 전통시장이 어느 정도 전통을 계승하고 있고, 어느 정도 변모되었는지를 아울러 살펴보기로 한다.

경기도의 장시권	경기도의 도로, 바닷길, 강길
고양시, 파주시, 연천군	의주대로 / 한강 혹은 임진강 수운
양주시, 의정부시, 동두천시, 포천시	경흥대로
김포시, 시흥시, 광명시, 부천시, 안산시	경기해연로 / 한강 수운(김포)
과천시, 군포시, 안양시, 의왕시	삼남대로
수원시, 화성시, 오산시, 평택시	삼남대로 / 경기해연로
광주시, 하남시, 성남시, 용인시, 안성시	영남대로 / 한강 수운(광주시, 하남시)
구리시, 남양주시, 가평군	한강 수운(북한강 ~ 한강)
양평군, 여주시, 이천시	한강 수운(남한강)

1) 파주시, 고양시, 연천군

파주시와 고양시는 의주대로가 통과하는 길목이었다. 또한 파주시와 고양시의 서편으로는 한강이 흐르고, 파주시의 북부와 연천군으로는 임진강이 흐른다. 이 도로와 강길의 연결로 인해 예로부터 이 지역에는 장시와 포구가 발달하였고, 이들 지역 상호간의 교류도 활발히 전개되었다.

경기북부에 위치해 있는 파주, 고양, 연천 지역은 6 · 25동란 이후 국토가 분단되면서, 전쟁 이전 활발한 교류가 있었던 한반도 북쪽 지역과 단절되고 말았다. 더욱이 휴전선에 인접해 있어서 한국군과 미군이 다수 주둔하고 있기 때문에 군사지역으로서의 규제도 심하게 받았다. 이로 말미암아 지역 발전은 정체되었고 다수의 인구가 빠져 나가 한동안 이 지역의 장시는 쇠퇴의 일로를 걸어왔다. 하지만 현재는 개발제한이 완화되어 대규모의 산업단지가 조성되었고, 일산을 필두로 하여 문산, 금촌, 교하, 전곡 등이 수도권 위성도시로 자리 잡으며 인구가 폭증하고 있다. 이에 그간 정체상태에 빠졌던 지역의 장시들은 다시 활기를 찾아가고 있다.

(1) 파주시의 장시

파주는 고려 때부터 개성과 남경(서울)을 이어주던 교통의 요지였다. 여말선초의 학자이자 관리였던 권근은 파주를 가리켜 "두 서울 중간에 유숙하는 곳, 세 도에서 모여드는 길"이라고 말한 바 있다. 파주를 통과했던 조선시대의 의주대로는 한양에서 황해도와 평안도를 지나 중국으로 향하던 사행로이자, 무역로였다. 또한 파주는 도로 외에도 한강과 임진강, 공릉천의 강길을 이용한 수운水運이 활발했던 지역이기도 했다.

사람과 물류가 오가는 곳에는 시장이 발달하는 법이므로 파주에는 다수의 시장이 세워져 물류 유통의 거점이 되었다. 한반도 남부지역에서 한양으로 향하는 길목이었던 안성에 경기 남부를 대표하는 시장이 있었듯이, 한반도 북부지역에서 한양으로 향하는 길목이었던 파주에는 경기북부를 대표하는 시장이 있었던 것이다. 조선 중기까지 파주는 개성과 같은 대상권에 인접해 있었고, 한양 도성으로의 물자 수급에 방해가 될 것을 우려하여 시장이 개설되지 못하도록 제약을 받았다. 그러나 17세기 이후 상업이 발달하자 편리한 교통과 풍부한 생산물로 인해 인구가 다수 거주하였던 파주 지역에서는 장시가 활성화되며 도성과 경기 서북 및 관서지역을 이어주는 상업의 중심지로 부각되었다.

19세기 초의 기록인 『임원경제지』를 보면 파주의 시장으로 봉일천장(조리동면 2·7장), 문산포장(칠정면 5·10장), 눌노장(파평면 4·9장), 원기장(천현면 1·6장)이 있었고, 교하군[23]의 시장으로 신화리장(아동면 4·9장), 삽교장(석곶면 1·6장)이 있었다. 이 중 문산천을 통해 임진강과 이어졌던 문산장과 공릉천을 통해 한강과 이어졌던 봉일천장(공릉장)은 경기북부를 대표하는 대시장으로 성장하였다.

---

23) 교하군은 1914년 파주군에 병합되었다.

파주의 시장은 한국동란 후 위기를 맞게 된다. 한반도 북부 특히 황해도와 평안도 지방으로 연결되던 교통망은 휴전선이 생기며 단절되었고, 한강과 임진강을 이용한 수운도 중단되었다. 또한 판문점이 속해 있는 파주는 1971년 미군 제2사단이 동두천으로 이주할 때까지 읍과 면 열한 군데에 모두 미군기지가 들어서 전국적으로 기지촌이 가장 많았던 곳이기도 했다. 미군이 철수한 후에도 파주는 계속 군사제한구역으로 묶여 있었으므로 지역개발에 많은 제약을 받으며 정체 상태에 빠져 있었다. 이러한 상황은 파주의 장시에도 직결되어 장세는 약화될 수밖에 없었지만, 서민경제를 지탱하는 지역시장으로서의 명맥은 유지하여 왔다.

개발제한이 완화된 현재의 파주시에는 문산, 금촌, 교하 등지에 신도시가 건설되고, 엘지디스플레이 등 산업공단들이 들어서며 활기를 되찾고 있지만, 이와 함께 대형마트와 체인점도 함께 생겨나 파주의 장시들은 이들과의 경쟁이 불가피해졌다.

현재 파주시에는 아래의 표와 같이 여덟 기의 상설시장이 있고, 여섯 기의 오일장이 선다.

:: 파주시의 시장 (2017. 9월 현재)

상설시장		정기시장(오일장)		
금촌시장	금촌동	금촌장	1 · 6일	금촌동
문산시장	문산읍 문산리	문산장	4 · 9일	문산읍 문산리
선유시장	문산읍 선유리			
파주시장	파주읍 파주리			
연풍시장	파주읍 연풍리			
자유시장	법원읍 대능리	법원장	3 · 8일	법원읍 법원리
봉일천시장	조리읍 봉일천리	봉일천장	2 · 7일	조리읍 봉일천리
광탄시장	광탄면 신산리	신산장	5 · 10일	광탄면 신산리
		적성장	5 · 10일	적성면 마지리

봉일천장

파주시 조리읍 봉일천리에는 상설시장으로 봉일천종합시장이 있고, 2일과 7일로 끝나는 날에는 전통오일장이 선다. 예전 경기도의 시장에 대해 이야기하며 '안성장 다음에 파주장'이라 하였는데, 여기서 말하는 파주장은 파주의 읍내장이나 문산장이 아니라 봉일천장이었다. 조선 제8대 왕 예종의 원비 장순왕후 한씨의 능인 공릉이 있어서 공릉장이라고도 불렸던 봉일천장은 조선 후기 영조 때 문헌인『동국문헌비고』(1770년)에도 기록되어 있는 유서 깊은 장이다. 파주뿐 아니라 인근 지역인 고양과 양주의 물산들이 집산되어 전국적으로 규모가 컸는데,『만기요람』에 의하면 공릉장은 조선후기 15기의 장터 중 하나로 꼽혔다. 봉일천장이 이렇듯 성시를 이룬 것은 애초 능의 관리를 위해 지역이 개발된 데다가 공

봉일천시장. 시장입구에는 지역상인들이 손수재배한 나물과 채소를 팔고 있고,
외부 행상인들은 골목앞 공터와 주변 골목에 노점을 차린다.

릉천으로 장삿배가 소강할 수 있었고, 의주대로 인근에 위치하여 인원과 물자의 공급이 원활했기 때문이라 판단된다.

1960년대 초까지만 해도 봉일천장은 파주를 대표하는 시장으로서의 전통을 이어가고 있었고, 주민들이 서울 이북에서는 가장 컸다고 자부하던 '쇠전'은 경기도 4대 우시장으로 꼽히며 여전히 건재했다. 하지만 인근 금촌읍으로 파주 군청이 옮겨온 후 금촌이 급속하게 발전하고, 봉일천에 미군부대가 주둔하여 기지촌이 생기면서 일반인들의 왕래도 뜸해지자 봉일천장은 우시장과 함께 지역을 주도하던 상권을 금촌장에 넘겨주게 되었다.

현재 상설시장인 봉일천종합시장은 봉천로의 좁은 T자형 골목에 점포들이 들어서 있고, 골목은 비 막음 시설로 오래된 슬레이트지붕이 덮여 있다. 시장 골목 안쪽으로는 꽤 넓은 공터가 펼쳐져 있어서 이 공터와 공릉장터길 주변으로 2·7 장날이 되면 노점이 들어선다. 손수 재배한 채소와 나물을 팔러 나온 할머니들 10여 명이 시장 입구에 옹기종기 자리를 잡아 나물을 다듬고 있고, 행상인들은 의류와 신발, 과일, 생선, 건어물, 공예품, 먹거리 등을 팔고 있었는데, 장세는 나날이 위축되어 노점은 40여 군데 정도에 불과했다.

문산시장

문산천을 통하여 임진강과 연결되었던 문산은 파주를 대표하는 상업도시이자 포구도시였다. 『한국수산지』(1911)에 의하면 문산포는 '파주군의 입구에 있고 경의선이 지나는데다가 배가 드나들어 번성한 장이었고, 인천이나 고랑포와 거래가 많았다.'고 하였다.

문산은 포구뿐만 아니라 대시장이 서던 곳이기도 하다. 문산의 장날은 예전

문산 오일장 (파주시지, 9권, 411쪽). 문산장의 어패류는 싸고 싱싱하기로 정평이 나 있다.

에는 5일과 10일로 끝나는 날이었는데, 주로 적성, 주내, 천연, 탄현, 법원 등지의 파주주민들이 문산장을 보러 다녔고 멀리 양주에서 장을 보러 오기도 했다. 하지만 우시장은 없어서 봉일천장이나 고랑포장을 이용해야 했다. 휴전협정 이후 임진각을 코앞에 두고 있는 문산에 미군이 주둔하면서 이곳에 있던 군청이 금촌으로 이전되었고 문산은 행정중심지 역할을 상실하게 되었다. 전쟁으로 열리지 못했던 문산장은 1950년대 후반에 재개되었다. 하지만 장세가 나날이 위축되자 장터 주변에 상설점포를 가지고 있던 상인들이 정기시장을 폐쇄해줄 것을 요구하여 1966년에 정기시장이 폐쇄되었다가 1989년에 부활되었는데, 이때 4, 9장으로 장의 개시일이 변경되었다.[24]

24) 당시 광탄장과 적성장이 5, 10장이었으므로 날짜가 겹치는 것을 피하고자 변경하게 되었다.

현재 문산에는 상설시장으로 문산자유시장이 있는데, 문산읍내의 한복판에 위치하며 문산역에서 도보로 8분 정도 걸린다. 또한 4일과 9일로 끝나는 날에는 상설시장 주변 도로에 노점들이 들어서며 전통오일장이 열린다. 1996년과 1999년 두 번의 연이은 수해로 문산장이 폐허가 되다시피 한 적도 있었지만, 시장상인들은 수해복지융자금을 지원받아 위기를 극복하고 재기하였다. 최근 경의중앙선 전철이 문산까지 운행되면서 문산시장은 다시 활기를 띠고 있다. 문산이 개발된 후 전통시장 주변으로 주공, 호수, 미림, 율곡, 한진훼밀리 아파트가 들어서며 인구가 급증한 반면 대형 슈퍼마켓 등 상가도 아울러 생겨났다. 하지만 문산시장은 농수산물에서부터 생활필수품과 각종 잡화에 이르기까지 없는 게 없어서 장보기에는 편리하며 가격도 저렴하다. 특히 옛날부터 문산장의 주요 품목이었던 생선 등의 어패류는 지금도 유명해서 인근 도처에서 구입하기 위해 문산장을 찾기도 한다.

금촌시장

1906년 경의선 철도가 개통되고 금촌역이 설치되면서 역 앞으로 금촌장이 들어섰는데 당시의 이름은 무네미장이었다. 장이 무네미고개水踰峴 아래에 위치해 있었기 때문이다. 금촌장이 규모가 큰 장이었음에도 불구하고, 6·25 전쟁 이전까지는 파주뿐 아니라 경기 북부의 대시장이었던 문산장과 봉일천장의 사이에 끼어 있어서 크게 주목을 받지는 못했다. 그러다가 6.25 전쟁 이후 문산에 있던 군청이 금촌으로 옮겨오면서 금촌이 파주의 행정 중심지가 되었고 인구도 급증하였다. 반면 문산과 봉일천에는 미군기지촌이 들어서면서 발전에 많은 제약을 받게 되었다. 이에 교하나 탄현 등 인근 지역 사람들이 문산장이나 봉일천장 대

금촌전통시장 정경

신 금촌장을 이용하면서 지역의 장세가 급속히 금천장으로 넘어오게 되었다. 특히 1970년대 봉일천 우시장이 금촌장으로 옮겨오자 봉일천장과 금촌장의 명암은 급격히 갈리게 되었다. 상인들의 기억에 의하면 1970년대 중반부터 1990년대 초반까지 금촌시장의 경기가 정말 좋았던 시기라고 한다.

현재 금촌동에는 상설시장인 금촌전통시장이 있는데 1953년 전쟁으로 중단되었던 오일장이 재개되며 장터 주변으로 점포들이 하나 둘씩 자리 잡기 시작하다가 1970년대 전후로 상설시장이 형성된 것이다. 금촌전통시장 주변의 도로에는 상점가로 이루어진 명동로 시장과 문화로 시장, 금정로 시장도 있다.[25] 이

---

25) 금촌전통시장과 명동로시장, 문화로시장은 문화관광형시장에 선정되어 2015~2017까지 금촌통일시장이라는 이름으로 연합하기도 하였다.

중 금정로 시장 골목에서는 매 1일과 6일로 끝나는 날 정기시장인 전통오일장도 서는데 200여 개의 노점들이 들어선다. 1990년대까지 금정로시장상인회 건물 위쪽으로 등기소까지 넓은 공터가 있어서 우시장이 포함된 금촌가축시장이셨다지만 지금은 자취를 찾아볼 수 없다.[26]

선유시장

문산에는 읍내에 서는 문산시장 말고도 선유리에 위치한 선유시장이 있다. 선유시장은 25개 정도의 점포가 늘어서 있는 작은 규모의 상가주택복합형의 상설시장으로 전통오일장은 서지 않는다. 손칼국수와 과메기가 유명해 이를 먹기 위해 일부러 시장을 찾는 이들도 적지 않다.

파주시장

파주읍은 과거 파주의 읍치 지역이었으나 파주의 중심이 문산과 금촌으로 이동된 후 낙후된 지역으로 변했다. 하지만 최근 파주읍이 파주희망프로젝트 사업의 중심지가 되며 지역발전에 대한 기대가 고조되고 있다. 파주시장은 파주리에 서는 시장으로 예전에는 읍내장이라고 불렸다. 조선후기부터 1·6장이 섰었으나 일제강점기 폐쇄되었다가 1954년 잠시 부활한 적도 있지만 지금은 사라지고 상설시장만 있다.

연풍시장

파주읍 연풍리에 있는 시장으로 50여개 점포가 들어서 있는 작은 규모의 상설

---

26) 금촌가축시장은 1960년대부터 서기 시작했는데, 금촌사거리 북쪽(구 시외버스터미널) → 등기소 앞쪽의 공터 → 금능리 파주병원 앞쪽 → 금촌체육공원 옆 파주축협 유통사업부 부지 등으로 옮겨다니다 2000년 대 말에 폐쇄되었다.

시장이다. 1971년 미군 제 2사단이 동두천으로 이전되기 전까지 파주는 곳곳에 미군부대가 주둔해 있었고, 미군들을 상대로 하는 집창촌과 유흥업소가 들어서 있었다. 그 중 가장 유명했던 곳이 바로 연풍리의 용주골로 1956년 미군 종합 휴양 시설인 '알씨'가 들어서면서 서부 전선 미군들의 휴양지가 되었던 곳이다. 당시 우리나라를 다녀간 미군치고는 모르는 사람이 없을 정도였다는 용주골은 관광업소만 20개가 넘게 몰려있었고, 양색시만도 천명이 넘었다 한다.[27] 2004년 10월 파주에 남아있던 6개 미군기지가 완전히 철수된 후 이곳의 지역경제는 급속히 쇠퇴하였다.[28] 하지만 현재 이 용주골 지역은 정부3.0창조문화밸리 프로젝트 사업지으로 확정되었고, 파주시에서는 2017년부터 5년간 104억원이 투입하여 새로운 문화명소로 탈바꿈시킬 계획이라 하니 연풍장도 활기를 띠게 될 것으로 기대된다.

법원시장

법원리 오일장 (파주시지, 9권, 409쪽)

27) 「한국의 발견」 경기도, 뿌리깊은나무, 1986, 154쪽
28) 용주골은 지금도 대한민국의 대표적 집창촌으로 남아있으며, 현재 80개소 200여명이 종사하고 있는 것으로 알려졌다.

법원읍[29)]에는 조선시대 원기장(원터장)이 있었는데 일제강점기 폐쇄되었다가 광복 이후에 법원장으로 재개되었다. 오일장은 법원리에서 3일과 8일로 끝나는 날 서는데, 소박한 시골장의 모습을 보여준다. 대능리에는 상설시장인 자유시장이 있다. 시장 근처의 뒷골목에는 우리나라 최장이라는 벽화마을이 조성되어 있어 볼거리를 제공한다.

광탄시장

광탄은 의주로가 통과하는 곳이었고, 관에서 운영하는 숙박시설인 광탄원이 자리하고 있었던 교통의 요지였다. 따라서 광탄장이 이른 시기부터 개설되었을 것이라 추정되는데 『동국문헌비고』(1770)에 장의 기록이 보이며 개시일은 4일과 9일이었다.

　　광탄시장은 광탄면 신산리에 있는 상설시장으로 파주에서 최초로 등록된 인정시장이라고 한다. 광탄시장은 전형적인 골목형 아케이드 시장이며, 전국 최초로 경매장터를 운영하는 것으로도 유명하다. 매주 토요일에 열리는 경매장터에서는 파주의 농특산물, 기업생산품, 중고품 등을 경매하고 있으며 홈페이지를 통해 경매정보도 미리 확인할 수 있다. 경매는 대개 시중보다 낮은 시세에 낙찰이 되기 마련이며 경매과정 자체도 흥미롭게 진행된다. 경매에 참여하기 위해서는 등록비 만원을 납부하고 경매번호를 수령해야 하는데, 등록비는 경매가 끝난 후 반환된다. 경매장터는 3월부터 11월까지 열리는데, 동절기인 12월~2월에는 휴정한다.

　　5일과 10일로 끝나는 날에는 광탄파출소 앞에 있는 사거리를 중심으로 노

---

29) 1989년 천현면이 읍으로 승격하면서 중심지인 법원리의 이름을 따서 법원읍이 되었다.

점상들이 들어서며 전통오일장이 서는데 이 장을 신산장이라고도 부른다. 사계절 싱싱한 농수산물들이 마트보다 저렴한 가격으로 거래되며 흥정하는 재미도 쏠쏠하다.

적성시장

파주시 북동쪽에 위치한 적성면은 조선시대 적성현이었고, 일제 강점기에는 연천군에 속해 있다가 해방 후 파주에 속하게 되었다. 적성장은 원래 적성읍내장이라 하여 구읍리에 서다가 한국동란 이후 면사무소가 자리잡은 마지리로 이전되었다. 적성장의 장날은 5일과 10일로 끝나는 날이며, 적성터미널 부근에 있는 2차선 대로변에 30~40여 개의 노점이 들어선다. 노점의 수가 많은 편은 아니지만 규모가 큰 편이다. 다른 지역의 5일장과 달리 주로 공산품을 주로 취급하며,

적성시장 정경

의류를 취급하는 노점들이 많다. 적성면은 절반이 넘는 땅이 감악산 줄기에 덮여 있는 지역이므로 특산품으로 산채가 유명하다. 먹거리로는 한우를 들 수 있는데, 적성장은 한우시장으로 특성화되어 있기도 하다. 최근 파주시의 지원으로 적성전통시장에 있는 점포들의 위치를 알리는 표지판들이 새로 정비되었다.

⑵ 고양시의 장시

고양시는 의주대로가 통과하는 곳이었다. 한양을 출발한 의주대로는 삼송동 → 신원동 → 벽제동을 지나 파주로 이어진다. 특히 벽제동에 있던 벽제관은 고양군에 있었던 역관이며 객사로 중국사신을 영접하던 중요 시설이었다. 또한 고양시의 서쪽은 한강변에 접해 있는데, 고양시를 지난 한강은 조선후기 한양의 가장 큰 포구였던 마포에 이르게 된다. 이러한 도로와 강길을 이용하여 고양시에는 일찍이 장시가 발달했다.

　　조선시대 고양군은 9개의 면으로 이루어져 있었는데, 『임원경제지』의 기록을 보면 면 단위로 1기씩의 장시가 있었다. 곧 원당면의 신원장(3 · 8장), 사리대면의 휴암장(1 · 6장), 사포면의 사포장(3 · 8장), 하도면의 덕은리장(3 · 8장), 덕수면의 덕수천장(4 · 9장), 구지도면의 이패리장(4 · 9장), 행주면의 행주장(1 · 6장), 해포면의 해포장(1 · 6장), 하패면의 하패리장(1 · 6장)이다.[30] 이 중 사포장은 『동국문헌비고』(1770)에도 기록이 보이므로 고양에서는 가장 오래된 장터라 판단되고, 의주대로의 요지에 위치했던 원당면의 신원장도 널리 알려졌던 중요한 장터였다.

　　하지만 이들 장터들은 거의 자취가 없어졌고, 현재는 상설시장으로 일산구

---

30) 『임원경제지』

일산동의 일산종합시장과 덕양구 성사동의 원당종합시장이 있고, 전통오일장으로는 일산장이 남아있을 뿐이다.[31)]

일산시장

일산장은 1906년 경의선 철도가 개통되어 일산 지역에 물자 수송이 용이해지고 고양의 중심지가 되면서 세워졌던 장시이다. 그런데 일산장의 모태를 사포장으로 삼을 경우에는 그 유래가 조선후기까지 거슬러 올라갈 수 있다. 사포장은 일산 인근인 대화동 일대에 섰던 장인데, 지금도 장말이라는 명칭이 남아 있다. 하지만 경의선 일산역이 개설되고 면사무소가 일산으로 이전하면서 사포장도 일산장으로 옮겨진 것이다.[32)]

일산은 6.25 동란 이후부터 일산 신도시가 개발되기 전까지 서울에 인접해

일산시장 정경. 일산시장은 상설시장과 오일장 둘 다 규모가 상당히 큰 편이다.

31) 고양시, 『고양시사』, 5권, 경제와 도시, 2006, 228쪽

32) 『한국수산지』에는 현재의 일산 동구 백석동에 흰돌장이라고도 불렸던 백석장(5.10장)이 있었다고 하지만, 1926년의 조사에서는 언급되지 않으므로 경의선 철도와 관련하여 일시적으로 섰던 장으로 존속기간이 길지는 않았던 듯하다.

있던 한적한 농촌지역에 머물고 있었기 때문에 서울의 신촌시장이나 모래내시장을 이용하는 사람이 많아 장세가 점점 위축되고 있었다. 그러다 1993년 일산에 신도시 아파트가 건설되고 인구가 급증하면서 새로운 시장권이 형성됨에 따라 활력을 되찾았고, 도심 속의 전통시장으로 거듭났다.

일산장 하면 워낙 오일장이 유명하여 잘 거론되지는 않지만 일산에도 엄연히 일산종합시장[33]이라는 상설시장이 존재한다. 1979년에 개설되었으며 현재는 150여 개 매장으로 이루어진 중형시장의 규모로 시장 골목에는 아케이드형 지붕 가림막이 설치되어 있다. 주요 취급품목은 청과, 생선, 육류, 의류 등이 있고 먹거리로는 순대와 순대국밥이 유명하다. 시장 골목길로 조금만 오르면 벽화거리가 있어 한번 둘러볼 만하다.

일산종합시장 주변의 고양대로에는 3일과 8일로 끝나는 날에 일산오일장 서는데, 약 5000여 평 규모에 350여 개의 점포가 들어선다. 외지에서 오는 행상인들은 농산물, 수산물, 의류와 잡화, 기타 생활용품 등의 일반적인 품목을 취급하지만, 지역주민들이 가지고 나온 열무, 산나물, 잡곡, 채소, 민물고기 등도 간혹 눈에 띈다. 특히 열무와 얼갈이배추는 일산의 명물로 유명하며, 미꾸라지를 통째로 끓이다가 면을 넣어 먹는 '털레기'라는 국수는 일산의 특미이다. 농협중앙회 일산지점 뒤편에는 가축시장도 선다. 오리, 닭, 병아리, 토끼, 고양이, 강아지들을 파는데, 장을 구경나온 아이들에게는 인기 만점이다.

---

33) 경기 고양시 일산서구 일청로 20

원당시장

원당시장[34]은 덕양구 성사동에 위치하고 있는 상설전통시장이다. 1980년대 말에 개설되었으니 상설시장으로서의 역사는 그리 오래된 편은 아니지만, 조선후기 원당면에 신원장이 있었음을 감안하면 이 지역에 장시의 전통이 시작된 것은 1800년 대 중반 이전으로 거슬러 올라갈 수 있다.

　　　원당시장은 골목형 아케이드 시장으로 64개 정도의 점포로 이루어져 규모는 작지만 필요한 물품이 다양하게 잘 갖춰진 편이라 평일에도 찾는 손님들이 많다. 원당시장에는 매콤한 떡볶이와 김밥, 순대 등을 파는 분식집이 많이 몰려 있는데, 그 중 '소문난 김밥'이라는 분식집이 유명하다.

원당시장 입구 정경

34) 고양시 덕양구 성사동 709

(3) 연천군의 장시

연천군은 경기도 최북단에 위치한 고장으로, 조선시대 연천현이었다가 1907년 연천군이 되었다. 군내에 임진강과 그 지류인 한탄강이 흘러 강길을 이용하던 시기에는 장삿배가 거슬러 올라와 물류가 유통되며 장시를 형성하였다. 조선총독부에서 작성한 『조선하천조사서』에 의하면 임진강 하구에서 고랑포까지는 400석 분량의 곡식을 실은 선박의 운행이 가능했고, 전곡까지는 적어도 60석 규모의 소규모 선박이 쉽게 이동할 수 있었다고 한다.[35]

『임원경제지』에는 연천현 현내면에 차탄장(1·6장)과 세곡면에 신설장(2·7장)이 섰다고 기록되어 있다. 일제강점기 1926년 조사에서는 군내면 차탄리의 차탄장(1·6장), 중면 삼곶리의 삼곶장(4·9장), 북면 삭녕리의 삭녕장(5·10장), 서남면 귀존리의 귀존장(3·8장), 미산면 마전리의 마전장(3·9장), 백학면 두일리의 두일장(5·10장), 영근면 전곡리의 전곡장(4·9장)이 있었다고 보고된 바 있다.[36] 현재 연천군에서는 연천과 전곡에 상설시장과 오일장이 있고, 백학, 왕징, 신서에는 오일장이 선다.

연천시장

연천시장[37]은 연천읍 차탄리에 서는 상설 겸 정기시장이다. 평일에도 장이 서지만 상설점포가 아닌 노점으로 운영된다. 장터는 3번국도 오른편 노변이며, 길이 약 200m 정도로 말끔하게 아케이드로 지붕가림 시설을 갖추어 놓아 비가 오는 날에도 장이 서는 데는 지장을 받지 않는다. 연천읍은 인구가 5,000여 명으로 전

35) 파주시, 『파주시지』, 3권 파주 생활, 2009. 136쪽
36) 『조선의 시장경제』, 110~111쪽.
37) 경기 연천군 연천읍 차탄리 60-20

연천장 정경

곡읍의 20,000명에 비해 1/4 수준이므로 전곡장에 비해 규모가 매우 작다. 비교적 시장이 잘 운영되고 있다고는 하지만, 정작 현장조사를 나갔을 때는 장날인데도 20여 개의 노점이 장사를 하고 있었다.

연천시장은 장이 서는 지역이라든지 2일과 7일로 끝나는 날 오일장이 선다든지 하는 면에서 조선후기의 차탄장의 전통을 잇고 있다 할 수 있다. 하지만 6.25 동란 이후 한동안 장이 폐지된 까닭인지 주민들은 현재의 장이 1963년부터 그 역사가 시작된 것으로 인식하고 있다.

연천시장은 예로부터 콩과 소의 집산지로 이름나 있었는데, 특히 연천태라 불리는 콩은 전국적으로 유명하였다. 한때는 현무암으로 만든 연천맷돌이 이 고장의 특산물이기도 했지만, 믹서기가 발달된 요즘 별 쓸모가 없어져 기념품이나 골동품이 되고 말았다. 현재 연천장에서 거래되는 주요 품목은 지역민이 직접 판매하고 있는 연천에서 생산되는 각종 농산물과 외부에서 들어오는 공산품, 의류, 농기구, 수산물, 과일 등이며, 국수와 핫도그, 호떡과 같은 먹거리들도 눈에 띈다.

전곡시장

선사 유적지로 유명한 연천군 전곡읍 전곡리에는 상설시장도 있고[38], 4일과 9일로 끝나는 날 전통오일장도 선다. 상설시장은 78개의 점포로 이루어져 있는 상가건물형 시장으로 1963년부터 개설되어 지금까지 주민들의 생필품을 공급하였다. 오일장은 매 4와 9로 끝나는 날 선다. 원래 전곡 5일장은 상설시장이 있는 골목에서 열렸으나, 이후 상설시장과 분리되어 영도사거리에서부터 구석기사거리에까지 이르는 거리에 직선으로 길게 장이 서게 되어 규모면에서 과거에 비해

전곡장 정경

---

38) 경기 연천군 전곡읍 전곡로172번길 14

커졌다. 주변 5일장에 비해 품목도 다양한 편으로 공산품부터 농축산물, 수산물까지 대부분의 물품이 빠짐없이 거래되고 있다. 과거에는 토끼, 닭, 오리, 염소와 같은 가축도 거래되었으나 악취와 A.I., 구제역 등의 이유로 현재는 닭을 파는 점포 하나만 존재하고 있다. 먹거리로는 핫바와 핫도그, 그리고 도넛, 족발, 닭꼬치 호떡 등과 같은 간단한 음식들이 팔리고 있다.

왕징시장

왕징장은 왕징면 무등리에서 열리는 오일장으로 매 3일과 8일로 끝나는 날마다 열린다. 노점은 11개 정도밖에 안 되는 조용하고 한산한 소규모의 시골장이지만 이 곳 주민들의 생필품을 공급하는 중요한 역할을 한다.

신서시장

신서장은 신서면 도신리에서 열리는 오일장으로 매 1일과 6일로 끝나는 날마다 열린다. 장의 규모는 작은 편이어서 43개의 노점으로 운영되는데, 이 지역에서 생산되는 다양한 농산물들이 저렴하게 판매되고 있기 때문에 무공해의 신선한 농산물을 구매할 수 있고, 도신리 주민들의 넉넉한 인심도 느낄 수 있다.

백학시장

백학장은 백학면 두일리에서 열리는 오일장으로 매 3일과 8일로 끝나는 날마다 열린다. 1926년의 시장보고에도 두일장이 나타나므로 역사가 오래된 편이지만, 장날은 5일과 10일에서 3일과 8일로 변경되었고, 한동안 폐시되었다가 1990년대부터 다시 장이 서기 시작했다. 노점수가 20여 개 정도로 장시의 규모는 작은 편이어서 장날이 되어도 붐비지 않는 반면 시골장 특유의 훈훈한 정을 느낄 수 있는 장터이다.

2) 양주시, 의정부시, 동두천시, 포천시

의정부시와 동두천시는 원래 양주시에 포함되어 있다가 분할 독립된 시들이다. 따라서 이들 지역들을 동일한 장시권으로 설정하는 데는 문제가 없다. 포천의 경우 예전에는 한양에서 함경도로 이어지는 경흥대로가 양주를 관통하여 포천으로 이어졌다. 경흥대로는 함경도에서 생산되는 명태 등이 운반되던 길이었으므로 포천 역시 옛 양주 지역과 같은 장시권으로 묶은 것이다. 더욱이 2000년대부터는 동두천-포천, 양주-포천간 신도로가 개통되고 기존도로도 확장되어 포천 중부와 북부지역은 자연스레 동두천, 양주로 장을 볼 수 있게 되었다.

(1) 양주시의 장시

양주시는 해방 이후 의정부를 비롯해 남양주, 동두천이 독자적 행정구역으로 분리되면서 위상이 약화되기도 했었다. 그러나 2000년대 이후 덕정과 회천, 옥정 등 신도시가 개발되고 인구가 증가하면서 다시 활기를 찾아가고 있다.

　　양주는 조선시대 함경도로 가기 위해서는 반드시 거쳐야 할 경흥대로의 길목이었다. 이런 지리적 이점으로 예로부터 시장이 발달했는데, 특히 조선 후기 누원점[39]은 한양 시전상인들의 독점권인 금난전권이 미치지 않는 지역이었기 때문에 함경도의 특산물인 북어와 북포라고 불린 삼베를 매점매석할 수 있었기 때

---

39) 현 도봉구 도봉동에 위치했던 누원점은 조선 초기에 덕해원이 있던 곳이었다. 덕해원은 달리 다락원(樓院)이라고도 불렸는데, 그것은 덕해원 건물에 다락이 있어서 생긴 이름이었다.

문에 민간상인들의 거점이 되기도 했다.

현재 양주시에는 가래비시장, 덕정시장, 신산시장이 있어서 조선후기부터 이어오던 오일장이 여전히 서고 있다.

가래비시장

가래비시장은 양주시 광적면 가납리에 있는 시장으로 가납장이라고도 한다. 4일과 9일로 끝나는 날에는 전통오일장이 선다.[40] 가래비는 조선 후기 『동국문헌비고』에 가라비라고 표기가 되어 있는데, 갈림길을 뜻하는 '갈'에서 유래하였다. 가래비장은 양주에 있는 시장 중 역사가 가장 오래된 시장으로 구한말 포천의 솔모루장(송우리장)과 파주의 공릉장(봉일천장)과 함께 동대문 북쪽의 3대 시장으

가래비시장 입구 정경

---

40) 경기도 양주시 광적면 가래비7길 5

로 꼽힐 만큼의 장세를 자랑했다. '왔다 갔다 가래비장'이라는 말도 유행했는데, 솔모루장과 공릉장의 중간 지점에 위치에 있어서 행상인이 왔다 갔다 했기 때문이라 한다. 6·25동란 이후 한동안 쇠퇴했던 가래비시장은 1965년 새롭게 개장하여 전통시장의 명맥을 유지해오고 있는데, 다행히 2000년대에 들어 이 지역의 인구가 증가하고 관광객들도 즐겨 찾으면서 시장이 다시 활기를 띠고 있다.

　　가래비시장은 조선시대에는 하루에 400마리를 거래할 정도로 큰 우시장이 있었다. 우시장은 일제강점기에 폐쇄된 후 1960년대 한때 부활된 적이 있으나 곧 사라지고 말았다. 시장에서 조금 떨어진 가납천 부근에 동물을 파는 가축시장이 조그마하게 열리는데 주요 취급 가축은 개, 염소, 토끼, 닭, 관상용 물고기 등이다. 그러나 2011년부터 악취와 개의 불법 도축이 있다는 민원이 지속적으로 접수되어 현재는 폐쇄 직전에 있는 상황이다.

덕정시장

덕정시장[41]은 양주시 덕정동에 있는 시장으로 2일과 7일로 끝나는 날에는 오일장이 선다. 덕정시장은 조선 후기 현 덕정동과 은현면 용암리가 맞닿는 신천 변에 장이 섰으므로 신천장(신내장)이라 불렸다. 그러다가 경원선 철도가 놓이고 덕정역이 생기면서 자연스럽게 역 부근으로 장터가 옮겨지며 덕정시장이 된 것이다. 한국전쟁 중 영국군과 터키군이 이곳에 진주하여 군대에서 흘러나온 군수물자가 거래되는 바람에 덕정장이 호황을 누렸지만 전쟁 이후 이들이 철수하자 장세도 시들해져서 장터만 덩그렇게 남아 있던 적도 있었다. 1970년대 농협연쇄점이 생기면서 상가가 들어서기 시작했고, 1980년대가 되어서야 역 주변에 오늘과

---

41) 경기도 양주시 덕정동 132-3

같은 상점가가 형성되어 장날이면 행상인들로 북적이게 되었다.

또한 덕정지역은 양주시에서 가장 먼저 도시화가 진행된 곳이어서 시장 인근에 신도시들이 자리하고 있는데, 지하철 1호선 덕정역 주변에 장이 서기 때문에 교통이 편리하여 많은 사람들이 찾는다. 현재는 장터의 규모가 확대되어 회합대로 350m 거리에도 T자 형으로 장이 서고 있다. 덕정장의 명물로는 들깨, 참깨 등 기름을 짜주는 노점상인데, 이 기름집은 덕정, 가래비 등 양주지역의 시장을 두루 돌아다닌다고 한다.

신산시장

신산시장[42]은 남면 신산리에 있는 시장이다. 2일과 7일로 끝나는 날 남면사무소 주변에 오일장이 들어선다. 남면 신산리는 일제강점기 때까지 연천에 속해 있었

---

42) 경기 양주시 남면 개나리길 79-6

신산장. '오늘은 장날입니다.'라는 표지판이 무색할 정도로 쇠락한 모습이다.

는데, 해방 이후 잠시 파주에 속했다가 1946년에 양주군에 편입되었다.

신산시장이 생기기 전에는 갓바위장이라고도 부르는 '입암立巖시장'이 하천 주변에서 열렸는데,[43] 홍수로 장의 위치가 자주 변경되다가 남면 신산리에 장이 개설된 후 폐쇄되었다. 신산리는 주변에 군부대가 늘어나면서 군인들과 그 가족들이 전입해 왔고, 부대에 납품하는 부식이 많아지면서 시장의 규모가 확대되었다. 1990년대 이후 양주와 동두천 등지에 대형마트가 등장하면서 장세가 크게 위축된 상태지만 아케이드를 설치하는 등 시설을 현대화하면서 시장 활성화에 노력하고 있다. 장터에 설치된 아케이드는 길이가 약 50m 정도로 길을 사이에 두고 이어져 있으며, 평상시 장터는 주차장으로 이용되고 있다. 현장 조사를 갔을 때는 약 20여개 정도의 점포만이 운영되고 있었다.

---

43) 입암이라는 말은 망당산 북쪽 기슭에 관을 쓰고 있는 사람 모양의 큰 바위가 있어서 붙은 이름이다.

(2) 의정부시의 장시

의정부는 양주군의 조그만 면에 불과했다가 일제강점기 경원선 철도가 경유하며 읍으로 승격되었다. 한국전쟁 이후에는 미군이 주둔하면서 군사도시이자 소비도시로 기반을 잡으며 1963년 시로 승격되어 양주에서 분리되었다. 이곳의 최고의 명물 중 하나가 미군부대에서 나온 음식물로 만든 부대찌개라는 사실이 이러한 역사를 반영해주며, 미군이 철수한 지 오래되었지만 현재까지 시장 부근에 부대찌개 거리가 별도로 형성되었을 정도의 기호음식이 되었다.

　　의정부는 오일장은 없고 의정부제일시장, 의정부시장, 청과물시장 등의 상설시장이 의정부동에 몰려 있다. 의정부는 지역 중심시장으로 인근 정기시장의 물류공급에 중요한 역할을 차지하고 있고, 인근의 오일장에 다니는 상인들 중 다수가 의정부에 거주하고 있다. 전철 1호선 의정부역과 의정부경전철 의정부중앙역이 인근에 있어 교통이 편리한 편이다.

의정부제일시장

의정부 제일시장 정경

의정부제일시장[44]은 의정부동에 있는 상설 전통시장이다. 약 690개의 점포로 이루어진 큰 규모의 시장이고, 찾는 사람들이 많아 항상 북적이는 편이다. 시장 2층에 주차시설을 마련해 놓아 실내상가로의 접근성이 좋으며 편리하게 장을 볼 수 있다. 다양한 물건과 맛있는 먹거리들이 많은데, 특히 '의정부 통닭'과 '곰보냉면'이 유명하다.

의정부시장

의정부시장은 구터미널 주변으로 번성했던 시장이다. 대부분의 사람들은 의정부 중앙시장으로 부르고 있으며, 구터미널을 중심으로 한 먹거리 위주의 시장이다. 제일시장과 부대찌개 거리를 잇는 골목에 위치하고, 용천통닭이라는 옛날통닭, 바로어묵, 바로 돈까스 등이 명물로 손꼽힌다.

의정부 청과물시장

의정부 청과물시장은 새벽에만 열리는 도매시장이다. 경기 북부지역의 5일장에 물류를 대는 중요한 역할을 담당한다. 더불어 개고기와 같이 제일시장에서 밀려난 점포들도 청과물시장에서 발견할 수 있었다.

(3) 동두천시의 장시

동두천은 양주에 속해 있는 고을이었다가 한국동란 때 기지촌으로 발전한 후 1981년 동두천시로 승격되며 양주에서 분리되었다. 동두천의 모든 시장들은 생연동에 위치하는데, 이는 1967년 이후 동두천의 중심이 동두천동에서 생연동으

---

44) 경기 의정부시 태평로73번길 20

로 옮겨졌기 때문이다. 동두천에는 큰시장, 중앙시장, 양키시장, 제일시장 등의
상설시장이 연이어 붙어있고, 큰시장 주변에는 5일, 10일로 끝나는 날 전통오일
장이 선다.

중앙시장

중앙시장[45]은 동두천에서 가장 규모가 큰 전통시장이다. 생연동이 동두천시의
중심이 된 후 생활에 필요한 식료품을 공급하기 위해 자연발생적으로 장터가 형
성되다가 1969년 개설되었는데, 현재 점포수는 200개 정도에 달한다. 개별 점포
에서 부담하던 창고 비용을 줄이고 고객에게 보다 저렴한 가격에 싱싱한 물품을
공급하고자 60평 규모의 물류창고를 설치하여 공동으로 운영하고 있다. 2005년
부터 시장의 활성화를 위해 주차장을 확보하고[46] 아케이드를 설치하였으며, 점
포 간판을 정비하는 등 시설 개선에 노력하고 있다.

큰시장

큰시장[47]은 1961년 인근 지역 농
민들이 직접 생산한 농산물을
거래하면서 자연스럽게 형성되
었다. 상설시장의 점포수는 약
109개소의 중형 규모이며 상가

동두천 큰시장 장날 정경

45) 동두천시 중앙로 285번길 9
46) 신시가지 개발로 이사를 가고 빈집으로 남아있는 골목을 개발하여 주차장으로 활용하면서 교통 문제를 일부 해결
할 수 있었다.
47) 동두천시 큰시장로 52

주택복합형의 시장이다. 다양한 물품을 취급하지만 특히 농·축산물의 도·소매 거래로 유명하다. 시장 근처에 아파트가 많이 몰려있기 때문에 이용객도 많은 편인데, 시장 측에서도 볼거리를 풍부하게 하기 위하여 축제도 열고 다양한 경품행사와 상품권을 발행하고 있다.

　큰시장 주변에서는 매 5일과 10일이 들어가는 날에 오일장이 선다. 오일장 상인회에 속해있는 점포수만 100~130여 개 되며, 이 외에도 큰시장 입구에서 중앙사거리의 425m에 이르는 곳에도 상인회에 속해있지 않은 50~70여 개에 달하는 노점이 들어선다. 주로 지역주민이 직접 생산한 농산물을 팔고 있지만 그렇지 않은 경우도 있다. 과거에는 개고기와 같은 보양식이 활발히 거래된 적이 있었는데, 현재에는 동물보호단체의 민원 등으로 인해 폐업을 하거나 업종을 변경하여 그 규모가 매우 줄어들었다. 한때 가축장이 삼육사로를 끼고 크게 들어섰으나 악취 등 민원발생으로 인해 신천교 밑 둔치마당 주차장으로 이동하여 2013년까지 존속하다가 현재는 둔치마당에 자전거 도로와 산책로를 조성하는 바람에 폐쇄되었다.

애신시장

애신시장[48]은 양키시장이라는 이름으로 더욱 알려져 있다. 포천에 주둔했던 미군2사단이 동두천으로 이주한 후 형성된 시장으로 군용 의류와 식품, 캠핑용품 등 각종 미군용품을 취급한다. 미제 물품이 선망의 대상이던 시기 큰 호황을 누렸지만, 지금은 사람의 발길이 뜸해진 편이다. 이색적인 시장의 분위기를 느끼기 위해 외지에서 찾아오는 관광객들도 종종 있다.

---

48) 동두천시 어수로 83번길

제일시장

동두천 제일시장[49]은 양키시장 옆에 위치한 상가주택복합형 시장이다. 1967년에 형성된 의류전문시장이며 현재 점포수는 66개소로 소형시장에 속한다. 점포들이 서로 다른 제품들을 판매하고, 다양한 의류가 줄지어 정리되어 있어 쇼핑하기에 편리하다.

(4) 포천시의 장시

포천은 조선시대에 한양에서 함경도를 잇는 경흥대로[50]가 지나던 곳이어서 원산 등지에서 생산된 북어와 같은 어물이나 임산물, 삼베 등을 한양으로 유통시키는 역할을 하던 곳이다. 특히 민간 상업이 활발히 전개되었던 18세기경에는 송우리(솔모루)에 큰 시장이 형성되었고, 이 곳을 거점으로 하는 송우 도고都賈가 함경도에서 오는 물산을 독점하다시피 하였다. 한국전쟁 이후 남북이 분단되면서 포천의 이러한 상업적 역할은 소멸되었고, 더욱이 38선이 통과하는 포천에는 군부대가 들어서면서 개발이 제한되었다. 최근 이러한 제약이 점차 해제되고 수도권의 영역이 확장됨에 따라 포천의 인구도 급증하며 시장 경기도 되살아나고 있다. 현재 포천 시장을 이용하는 계층은 내지인, 군인, 관광객 순이다. 또한 포천시는 남북으로 긴 지형이므로 지역내 시장의 수가 많을 수 밖에 없다.

　　포천 지역에는 신읍동에 있는 중앙시장[51]과 영북면에 있는 운천전통시장,

---

49) 경기도 동두천시 생연동 823

50) 경흥로는 관북대로라고도 한다. 한양에서 수유리를 거쳐 누원(다락원), 축석령, 송우, 포천, 만세교, 양평의 양문역, 풍전역, 철원, 원산을 거쳐 함경도 경흥으로 이어졌다.

51) 중앙시장은 포천동사무소 앞으로 길이 생기면서 자리에서 옮겨 마트형 건물로 이사를 했다. 하지만 교통도 불편하고 주차시설도 마땅치 않은 편이다. 마트에는 입주한 점포도 많지 않고, 장사도 잘 되지 않아 문을 닫는 점포도 속출하고 있다.

일동면에 있는 일동전통시장 등 세 곳의 상설시장이 있다. 운천전통시장과 일동전통시장은 1960년대 중반에 개설된 시장들인데, 점포수는 50여 개 정도로 크지 않은 편이다. 이들 상설시장들은 시의 지원을 받아 아케이드와 소방 시설, 간판을 정비하는 등 꾸준히 시설을 현대화하며 고객유치에 힘쓰고 있다. 또한 포천에는 여덟 군데에서 전통오일장이 열리고 있다. 이들 오일장 중에는 장세가 극도로 위축된 곳들이 많으나 지금껏 유지되는 이유는 포천 자체 내를 돌아다니는 장돌뱅이가 있어 다른 장에서 이익을 남길 수 있기 때문이다. 포천의 대시장은 신읍장이다. 포천의 특산물로는 갈비, 느타리버섯, 막걸리 등을 들 수 있다.

::포천의 전통오일장(2016년 11월 현재)

시장명	소재지	개장일
신읍시장	군내면 구읍리	5, 10장
송우시장	소홀읍 송우리	4, 9장
내리시장	내촌면 내리	1, 6장
양문시장	영중면 양문리	4, 9장
일동시장(기산장)	일동면 기산리	2, 7장
이동시장	이동면 장암리	3, 8장
운천시장	영북면 운천리	4, 9장
관인시장	관인면 탄동리	2, 7장

신읍시장

신읍시장[52]은 원래 포천시청이 있는 신읍동에 서던 오일장이었지만 불법주차 등으로 시내가 마비되는 등의 부작용 때문에 장터를 군내면 구읍리로 옮기게 되었다. 따라서 신읍장이라는 명칭은 적절치 않으나, 주민이나 상인들은 예전부터 지금까지 포천장이라 불러왔으므로 별로 신경 쓰지 않는다. 장날은 5와 10으로

---

52) 경기도 포천시 군내면 포천로 1554번길 45-1

신읍시정 전경

끝나는 날이며 구읍리에 있는 포천천 둔치마당을 따라 노점이 들어서서 장소가 협소한 편이었는데, 복개 공사를 하면서 장터가 커졌다. 노점이 350개 정도에 이를 정도로 다양한 상품들이 판매되고 있으며 포천의 정기시장 가운데 가장 큰 규모를 자랑하고 있다. 신읍시장의 대표적 먹거리로는 등갈비와 수구레[53]를 들 수 있는데, 이를 취급하는 포장마차가 장터에 줄줄이 이어 있다. 이곳에서 포장마차를 하는 상인 중 한 분이 남양주 마석장에서 국밥을 하다가 신통치 않아 신읍장에서 성업하던 등갈비를 취급하자 평판이 좋아져서 이후 마석장에도 등갈비를 취급하는 포장마차 구역이 생겨날 정도였다고 한다.

운천시장

운천전통시장[54]은 영북면 운천리에 위치한 상설전통시장이다. 160개의 점포를 가지고 있는 중형규모의 시장으로 포천에 있는 상설시장 중 비교적 규모가 큰 편이다. 아케이드를 설치하는 등 시설을 개선하였고, 취급품목은 과일, 전자제품, 농산물, 수산물, 축산물 등 다양하다.

---

53) 쇠가죽에서 벗겨 낸 질긴 고기를 말한다.
54) 경기도 포천시 영북면 영북로177번길 25

송우시장

송우시장[55]은 소흘읍 송우리에 서는 전통오일장으로 장날은 4일과 9일로 끝나는 날이다. 송우리는 조선후기 점막店幕과 역원驛院이 있었으며, '솔모루장'이 서던 곳이므로 포천에서 가장 역사가 오래된 장터의 전통을 잇고 있다. 일제강점기와 한국동란을 거치는 동안 장세가 쇠퇴하여 예전의 명성에 걸맞은 모습은 찾아보기 힘들지만 현재도 85개 정도의 노점이 들어서므로 그리 작은 규모는 아니어서 다양한 물품을 손쉽고 구입할 수 있다. 그러나 송우리가 도시화됨에 따라 시장 바로 옆에 홈플러스와 같은 대형 마트가 들어서다 보니 과거에 비해 규모가 줄어든 상태여서 포천의 대표적 시장 자리를 포천신읍시장에 빼앗기게 되었다.

송우장의 떡 노점. 장을 보면서 먹는 떡은 별미이다.

---

55) 경기도 포천시 소흘읍 송우로21번길 9

내리시장

내리공설시장[56]은 내촌면 내리에 개설된 전통오일장으로 장날은 1과 6으로 끝나는 날이다. 14개 정도의 노점이 운영되므로 장날 특유의 복작이는 분위기도 느낄 수 없다. 하지만 주변에 베어스타운이 인접해 있고 운악산, 일동갈비촌, 이동갈비촌, 온천 지역이 있으니 주민들 뿐만 아니라 관광객을 대상으로 하는 장의 운용이 필요하다.

일동시장(기산시장)

일동공설시장[57]은 일동면 기산리에 위치한 전통시장으로 기산시장이라고도 한다. 상설과 정기시장이 둘 다 존재하는데, 상설시장은 50여 개 점포로 이루어진 상가건물형 시장으로 골목에는 아케이드 시설이 되어 있다. 1980년대에 개장하여 30여 년이 넘는 세월 동안 지역주민들의 생필품을 책임져 왔다.

정기시장이 서는 날은 2일과 7일로 끝나는 날이며 장이 서는 곳은 일동면사무소에서 700m 정도 떨어진 공용 주차장이다. 직접 생산한 농산물과 임산물을 내다파는 지역주민들고 많아 지역 특산품을 싼값에 살 수 있는 시장으로 알려져 있다.

이동시장

이동공설시장[58]은 이동면 장암리에 서는 오일장으로 장날은 끝자리가 3일과 8일로 끝나는 날이다. 이동면 구종점에서 200m 정도 떨어진 상설상가 뒷골목과

---

56) 경기도 포천시 내촌면 내리 484-1 일원
57) 경기도 포천시 일동면 화동로 1039-6
58) 경기도 포천시 이동면 장암1길 14-1

도로변에서 장이 선다. 30여 년의 전통을 갖고 있는 시장이지만 현재 노점수는 15개 정도에 불과하다. 포천의 명물하면 떠오르는 것이 이동갈비이다. 장암리는 영평천 주변부터 백운계곡까지 200여 개에 달하는 갈비집들이 도로변에 늘어서 있고, 매년 9월 말에서 10월 초에 백운계곡 주차장에서 포천이동갈비축제를 개최한다. 이 축제와 연계해서 장세를 회복하는 방안도 고려해 볼 만하다.

양문시장

양문공설시장[59]은 영중면 양문리에서 서는 오일장으로 장날은 4일과 9일이 들어가는 날이다. 과거 양문리에 주민이 많이 거주하였을 때는 장세도 괜찮은 편이었다. 그러나 현재 양문리 인구의 감소와 더불어 포천 남부지역의 발달로 인하여 장터의 규모가 매우 감소하였다. 현장 조사 당시에는 4개의 노점만 있었는데 무더위 때문에 노점상들이 들어오지 않았기 때문이라고 했다. 취급 품목으로

양문장 장날의 정경

---

59) 경기도 포천시 영중면 양문리 819-11 일원

는 수산물, 의류, 뻥튀기, 과일 등이 있다. 포천 지역의 노점상들은 주로 포천 지역의 오일장들을 돌기 때문에 양문장에서 재미를 못 본다고 해도 5, 10일장인 포천신읍시장에서 만회를 할 수 있다고 한다.

관인시장

관인공설시장[60]은 관인면 탄동리에 서는 오일장이다. 장날은 2일과 7일로 끝나는 날이며 130개의 노점이 들어선다. 1980년부터 개설되어 30년 이상 관인면 주민들에게 식품류, 의류, 신발, 잡화 등의 공급원 역할을 이어오고 있다.

3) 김포시, 시흥시, 광명시, 부천시, 안산시

김포시, 시흥시, 안산시는 시의 서부 지역이 서해와 접해 있다. 이 해안 지역들은 포구가 발달되어 있었고, 조선시대부터 경기연해로로 이어져 있었다. 이 포구와 연로를 통하여 이곳에서 생산되는 해산물과 소금이 전국으로 유통되었던 것이다.

광명시는 조선후기 시흥에 속했던 지역이고, 부천시는 그 명칭에도 나타나 있듯이 부평부와 인천부에 속했던 지역이었다. 부평부의 대부분 지역은 지금의 서울시 구로구 지역이며, 부천시는 이전 인천부에 속했던 지역을 중심으로 새로운 행정지역으로 발돋음하였기 때문에 동일 시장권으로 설정하였다.

평택과 화성의 경우 서부 지역이 서해안에 접하므로 같은 서해안권의 장시로 묶을 수 있으나 평택의 진위현이나 화성은 수원과 연결되는 삼남대로가 통과하는 지역이기 때문에 육로와도 밀접한 관계를 가지므로 수원을 중심으로 하는

---

60) 경기 포천시 관인면 관인로 18

별도의 장시권으로 설정하였다.

⑴ 김포시의 장시

김포시는 조선후기 6대로 중 강화로가 통과하는 지역이었다. 강화로는 한양에서 양화나루로 한강을 건넌 후 양천, 김포, 통진을 지나 강화도로 이어지는 길이었다. 현재 양천은 서울시 양천구에, 통진은 김포시에 편입되었다. 이 짧은 노선이 대로에 포함된 것은 강화도가 유사시에 천도지로 이용되었던 이유가 컸겠지만[61] 경기만 일대의 바닷길과 임진강이 합류하여 서해로 빠져나가는 한강 하류인 조강의 강길이 연결되는 지역이어서 평상시에도 인적 물적 교통량이 많은 도로였기 때문이었다.

　김포는 한강의 물길이 운반한 토사가 퇴적되어 넓은 김포평야를 이루었고, 우리나라에서 최초로 벼가 재배된 농경문화의 근원지로 알려졌다. 또한 서해안의 물길을 타고 올라온 바닷배로 운반된 새우젓, 조기, 소금 등의 어염이 유통되던 지역이었고, 한강을 사이에 두고 파주, 고양과 마주보고 있었으므로 나루를 건너 이들 지역과 교류가 빈번했다.

　이러한 조건들로 인하여 김포에는 일찍부터 큰 시장이 존재했다. 현재는 김포시내와 통진읍, 양촌읍에 상설시장이 있고 전통오일장도 선다. 김포의 오일장은 양곡장(1·6장) → 김포장(2·7장) → 마송장(3·8일장) → 마곡장(4·9장)의 순으로 서며, 김포시 자체에서의 장돌림 구조를 갖추고 있다. 하지만 김포장을 제외하고는 장세가 크지 않으므로, 김포의 장꾼 중에는 고양의 일산장과 파주의 금촌장 등을 다니는 사람도 상당수 있다.

---

61) 강화는 행정구역 상으로도 유수부로서 상당한 규모와 비중이 있는 지역이었다.

시장명	소재지	점포수	장날
김포중앙시장	김포시 북변중로 55	124	상설
통진시장	김포시 통진읍 서암로 84번길 19-5	77	상설
양곡시장	김포시 양촌읍 양곡로 573 일대	76	상설

:: 표2 김포시의 전통오일장

시장명	소재지	점포수	장날
김포장	김포시 북변동 277-5	320	2 · 7장
양곡장	김포시 양촌읍 양곡리 421-4	80	1 · 6장
통진장(마송장)	김포시 통진읍 서암리 723-3	120	3 · 8장
마곡장	김포시 하성면 마곡리 635-9	60	4 · 9장

김포중앙시장

김포중앙시장은 북변동에 위치한 상가건물형 시장이다. 172개 점포가 북변중로 변에 늘어서 있어서 다양한 물품과 먹거리를 판매하고 있지만 전통시장의 분위 기는 전혀 찾을 수 없는 상점거리이다.

김포장

김포시 북변동에는 상설인 김포중앙시장이 있지만, 전통오일장이 서는 곳은 중 앙시장 주변이 아니라 북변공영주차장이다. 오일장의 개장일은 2와 7로 끝나는 날이며 약 1,500평 정도의 공간에 320개 정도의 노점이 들어선다. 파라솔과 천막 을 설치하고 좌판에 물건이 진열되면 주차장 공터는 순식간에 대형 마트로 변신 한다. 장터에서 거래되는 물품도 상당히 다양하다. 특히 김포는 서해와 접한 곳 이어서 생선과 건어물, 젓갈류의 종류가 많아 다른 장에서는 볼 수 없는 것들도 있다. 시장 한편으로는 먹거리를 파는 포장마차들이 들어서 아예 먹자골목을 형성한다. 가축시장은 따로 없지만 강아지와 고양이는 물론이고 금붕어, 새, 토끼, 병아리를 파는 상인들도 있다. 공영주차장에 장이 서는 까닭에 정작 주차하기가 힘든데, 대로변에 있어 대중교통을 이용하기에는 편리한 편이다.

양곡시장

양곡시장은 김포시 양촌면 양곡리에 있는 상설시장으로 오일장도 선다. 양곡시장은 1927년부터 개설되었다 하는데[62], 현재의 점포수는 76개 정도이다. 오일장은 1일과 6일로 끝나는 날에 열리며 노점수는 80개 정도로 규모가 크지는 않은

양곡장 정경

---

62) 옛 명칭은 오라니장터이고, 1919년 3월 23일 독립만세운동 시위가 전개되었던 곳이라 하니 실제 장터가 형성된 것은 훨씬 오래전부터인 듯하다.

편이다. 품목도 일반적인 의류, 잡화류, 식자재들이라 종류가 많지는 않지만 직접 재배한 나물과 채소를 가지고 나온 지역 어르신들이 꽤 눈에 띈다. 특색 있는 먹을거리로는 시원한 동치미국물과 잘 어울리는 올방개묵이 있다.

통진시장

통진시장 역시 상설시장과 정기시장이 모두 존재한다. 통진시장은 마송장이라고 불리기도 했지만 정작 시장 있는 위치는 마송리가 아니라 서암리이다. 아마도 통진의 읍치가 월곶면 군하리에서 마송리로 바뀌면서 읍내장의 의미로 마송장이라 불린 듯하다.

통진은 예로부터 한강 입구를 지키는 중요한 요충지로서 조선시대에는 경기도의 8도호부 가운데 하나로 독립되어 있던 행정구역이었다. 또한 이곳은 한강 하류의 조강나루에서 김포, 한양으로 이어지는 육로가 경유하는 지역이어서 일찍이 큰 장터를 형성했던 곳이다. 현재의 통진장은 1954년경에 개장되어 60여 년의 전통을 간직하고 있다. 상설시장은 골목형 시장으로 120여 개의 점포가 있다. 오일장은 3일과 8일이 들어가는 날에 서는데, 원래 상설시장의 골목을 따라 서던 장이었으나 지금은 공영주차장에서 열리며 커다란 천막으로 햇빛이나 비 가림을 하고 약 120여 개의 노점이 들어선다. 찾는 이의 발길이 예전만 못하지만 꾸준히 시장을 찾는 단골이 많이 남아 있다.

마곡장

김포시 하성면에는 상설시장은 없고 마곡리에 4와 9로 끝나는 날 오일장이 선다. 마을 공터에 60여 개의 노점이 들어서는 규모가 작은 장이지만 하성면에 상

마곡장

설시장이 없으므로 주민들의 이용도가 높은 편이다. 주요 거래품목은 채소류와
의류, 잡화류이다.

⑵ 시흥시의 장시

시흥시는 조선시대에 금천현, 혹은 정조 이후의 시흥현에 해당하는 지역이다.
1914년 행정구역 통폐합 때 시흥군이 되었고, 1989년에 옛 시흥군에 속해 있던
소래읍, 군자면, 수암면이 합쳐지며 시흥시로 승격되었다. 하지만 시흥은 오랜
기간에 걸친 행정구역 개편 때문에 조선시대의 시흥현과는 무관한 지역이 되고
말았다. 조선시대 시흥현의 중심지는 서울시 금천구 시흥동이고, 일제강점기 시
흥군청이 있었던 곳은 지금의 서울시 영등포이다. 어찌 보면 시흥시는 예전의 알

짜배기 지역들이 다 분리되어 나간 셈이지만, 시로 승격되며 공단들이 들어서고 시화지구와 능곡택지지구 개발로 인구가 급증하며 새로운 역사를 써가고 있다.

조선시대 시흥군에 속해 있던 금천 읍내장은 서울시 금천구 시흥동에 있었을 터이고, 오히려 안산군에 속해 있었던 초산면 상직곶리上職串理장과 대월면 석곡산대石谷山垈장이 현재의 시흥시 지역에 속하는 장이다.[63] 일제강점기 시흥군에 있었던 시장 중 현재의 시흥시와 관계있는 시장은 수암면 능곡리에서 섰던 삼거리시장(5·10장)뿐이고[64] 당시에는 부천군에 속해 있던 신천리에 뱀내장蛇川市 (1·6장)이 섰다. 삼거리시장은 1920년대에 개설되었는데 우시장도 있었다. 그러다 군자면 거모리에 군자시장(도일시장)이 개설되면서 급격히 쇠퇴하여 1962년 폐시되었다. 신천동과 대야동의 경계에 섰던 뱀내장 역시 1970년대에 사라졌으나 1980년대에 삼미시장으로 부활하였다. 현재 시흥시에는 삼미시장과 정왕시장, 도일시장의 상설전통시장이 있고, 이중 도일시장에서는 오일장이 선다.

도일시장

도일시장은 군자동주민센터 주변에 위치한 전통시장으로 3일과 8일로 끝나는 날에는 시흥에서는 유일하게 5일장이 선다. 도일시장은 1953년에 개설된 시장으로 이 일대가 군자면의 중심지였을 때 전성기를 구가했었고 우시장이 서기도 했다. 현존하는 시흥의 시장 중에서는 역사가 가장 오래되었지만 극도로 장세가 위축되어 있다. 군자동의 주민들도 대개 군자삼거리에 있는 진로마트를 이용하기 때문이다.

---

63) 『임원경제지』 상직곶리장은 3,8장이었고, 석곡산대장은 2,7장이었다.
64) 영등포시장, 군포시장, 안양시장, 삼거리시장 등이다.

1975년 도일시장 정경 [65]

　그런데『임원경제지』에 기록된 석곡산대장이 섰던 석곡리는 현재 거모동의 자연마을인 도일마을이다. 따라서 현재의 장과 직결되지는 않는다 해도 도일마을에 장이 개설되었던 때는 적어도 조선후기로 거슬러 올라간다.

삼미시장

신천동에 위치한 삼미시장[66]은 시흥시의 대표적인 상설전통시장이다. 현재 시장이 들어선 곳은 예로부터 '뱀내장터'라는 이름으로 불렸었다. 신천천을 예전에는 뱀내천이라고 불렀는데 이 하천 둔치에 우시장이 있었기 때문이다. 우시장이

---

65) 시흥시, 『시흥의 생활문화』, 제6편 시장, 2001, 270쪽
66) 경기도 시흥시 신천동 738-6

폐쇄된 후 이곳에는 시장이 존재하지 않다가 1988년 삼미종합상가라는 명칭으로 4개의 동이 있는 시장이 설립되었고, 자연스레 그 앞으로 노점들도 들어서게 되었다. 시흥시에서는 전통시장을 활성화하기 위해 2005년 8억여 원을 투입해 삼미시장을 현대식으로 재개발했고, 2006년에 인정시장이 되었다. 현재 점포수는 145개이다. 삼미시장에서는 우시장으로 이름을 널리 알리던 '뱀내장터'의 특징을 살린 순대국밥, 곱창, 소머리 국밥 등 먹거리 골목을 마련해 운영하고 있다.

정왕시장

정왕시장[67]은 정왕동에 위치한 상설전통시장이다. 시화 신도시는 간척지 개간으로 산업 시설이 들어서고 주택단지가 조성된 곳이다. 도시 형성의 역사가 짧기 때문에 그간 전통시장은 없었고 마트를 이용하여왔다. 그러다 정왕동 1203번지 일대에 상인들이 하나 둘씩 모여 들더니 2000년대 초에는 시장 형태가 갖추어져 정왕시장이라 불리게 되었다. 또한 근방에 다문화 촌이 형성되면서 시장에서의 소비가 활발해져 점포수가 63개소로 늘어나게 되어 2016년 시흥시의 인증시장으로 등록되었다.

⑶ 광명시의 장시

광명시는 조선시대부터 시흥군에 속해 있는 지역이었다. 1950년대 이후 서울과 인접해 있는 시흥군의 서면 광명리와 철산리 일대가 서울에서 급격히 유입되어 온 인구의 증가로 도시화 현상이 두드러지게 되었다. 1970년에는 이 지역에 서면 광명출장소가 설치되었으며, 1979년 서면이 소하읍으로 승격되었다. 그러다

---

67) 경기도 시흥시 정왕시장길 51

1981년 소하읍과 광명출장소를 합해 광명시로 승격되면서 시흥군에서 분리되었다. 현재 광명시에는 두 곳의 전통시장이 있는데, 광명전통시장과 광명새마을시장이다. 철산동 중앙시장 등 나머지 등록시장들은 상가형 시장들이다.

광명전통시장

광명전통시장 (광명전통시장 페이스북)

광명동에 위치한 광명시장[68]은 경기도의 3대 전통시장으로 꼽을 만큼 광명시의 대표적인 전통시장이다. 1970년대 초 닷새마다 광명사거리 일대에 노점상들이 모이는 작은 오일장으로 출발하여 상권이 형성되더니 현재는 350여 개의 점포가 밀집된 상설시장이 되었다. 2006년 전통시장 현대화 사업을 통해 아케이드 천장을 설치하고 점포를 정비하는 등 시장 전체가 리모델링을 해서 대형마트 부럽지 않은 쾌적한 쇼핑공간이 되었다.

---

68) 경기도 광명시 광이로 13번길 17-5

광명새마을시장

광명6동에 자리잡은 새마을시장[69]은 작은 규모이지만 지역 주민의 생필품을 공급하는 알찬 시장이다. 1986년 개설되었는데, 2004년에는 아케이드 천장을 설치하고 도로와 상하수도를 정비하는 등 현대화를 추진하였다. 현재 약 160여 개의 점포가 성업 중이며, 주택가와 인접해있어, 신선한 채소·과일 및 식료품 등을 저렴한 가격에 판매를 하고 있다.

⑷ 부천시의 장시

부천시는 경기도의 중서부에 위치하는 시이다. 조선시대에는 부평도호부 지역이었다가 1914년 행정구역 통폐합 때 지역이 개편되며 부천군이 되었다. 부천군의 지명은 부평과 인천의 이름에서 한 글자씩 따온 것이다. 1931년 부천군 계남면이 소사읍으로 이름이 바뀌었고 지금의 시 핵심지역이 되었다가 1973년에 소사읍 지역이 부천시로 승격되었다. 1993년의 중동 신시가지 개발에 따른 인구증가로 현재와 같이 원미구, 오정구, 소사구로 재편되었다.

부천시에는 전통시장으로 인정된 시장만 해도 19개소에 달한다. 부천시가 구 단위가 아니라 동 단위의 행정을 표방하는 지역이어서 그런지 대부분의 동마다 1개소 이상의 시장이 있는 셈이다. 원종시장과 같이 다른 지역에서는 전통시장이 아닌 상점가에 해당하는 시장들도 있다. 주변의 관광지와 연계된 문화관광형 시장이 아니라 동네의 주민들이 이용하는 실생활과 맞닿는 시장들이기 때문에 규모나 점포수에 있어서 대부분 중소형 시장의 규모이다.

---

69) 경기도 광명시 광명동 262

:: 부천시의 전통시장[70]

70) 부천시청 판타지아부천 홈페이지. 전통시장

원미종합시장

원미종합시장은 원미1동[71]에 있는 상설시장이다. 1985년 현 시장지역에 점포들이 하나 둘씩 들어서며 자연발생적으로 상권이 형성되었다. 아케이드 천정을 설치하는 등 시설 개선을 한 골목형 시장으로 2005년 인증을 받았고 상점수는 110여 개소이다. 먹거리도 풍부한 편인데, 새우튀김과 감자전이 유명하다.

원미부흥시장

원미부흥시장은 원미2동[72]에 있는 상설시장으로 1981년에 시장이 형성되었다. 아케이드형 골목시장으로 꾸준히 시설개선을 하여 2005년에 인정시장으로 등록되었다. 상점수는 63개소이며, 먹거리로는 감자전과 열무 국수가 유명하다.

역곡상상시장

역곡상상시장은 역곡1동[73]에 있는 상설시장으로 1984년 형성되었다. 아케이드형 비 막음 시설을 갖춘 골목시장으로 2005년에 인정을 받았고 상점수는 122개소이다.

강남시장

강남시장[74]은 도당동에 있는 상설시장이다. 1985년에 개장하여 2006년에 인정시장이 되었다. 아케이드형 골목시장으로 시설을 개선하였고 상점수는 107개소이다. 먹거리로는 떡갈비가 유명하다.

---

71) 원미로143번길 9 ~ 조종로 47
72) 조종로48 ~ 조종로50번길 26-1
73) 부일로 747 ~ 지봉로 114
74) 옥산로156 ~ 옥산로 146번길 4

부천중동시장

부천중동시장은 중동[75]에 있는 상설시장이다. 골목에 지붕가림을 한 주택복합형 시장으로 2005년 인정받았고 상점수는 103개소이다.

부천상동시장

부천상동시장은 상동[76]에 있는 상설시장이다. 1980년대 초 포도밭과 복숭아밭이었던 상동지역이 개발되면서 생활상의 필요에 의해 1985년 이곳에 시장이 자연발생적으로 형성되었다. 골목형 시장으로 입구와 일부 구간만 지붕가림이 되어 있다. 2002년 부천시로부터 '상동전통테마시장'으로 지정된 바 있고, 2005년 인증시장으로 등록되었다. 상점수는 161개소이고, 칼국수가 유명하다.

부천청과물시장

청과물시장[77]은 심곡본1동 소사테마거리에 위치한 상설시장이다. 1947년 채소류를 전문적으로 도매하던 깡시장[78]에서 유래되었다고 한다. 점포마다 천막으로 비 가림을 한 골목형 시장으로 2005년에 인증을 받았고 상점수는 60개소이다.

부천자유시장

자유시장은 심곡본동[79] 부천 남부역 부근에 있는 시장이다. 부천에서 역사가 가장 오래된 상설전통시장으로 1947년에 개설되었고, 2006년 인정시장으로 등록

---

75) 부흥로198 ~ 장말로 199번길 6-2
76) 장말로 200 ~ 부일로 297변길 3
77) 경인로206번길43 ~ 심곡로15번길47
78) 일본의 할인이라는 와리깡에서 유래된 이름이다.
79) 자유로 1 ~ 자유로 51

되었다. 시장 골목이 500여 미터나 되는 아케이드형 골목시장으로 상점수가 312개소에 달한다. 마약국수라고 부르는 잔치국수와 수제 도넛이 유명하다.

소사종합시장

소사종합시장은 소사본동[80]에 있는 상설시장이다. 상점수 54개소의 작은 규모의 시장으로 시장골목에는 지붕가림이 되어 있다. 1980년에 형성되어 2006년에 인정시장이 되었다.

부천한신시장

부천한신시장은 소사본3동[81]에 있는 상설시장이다. 아케이트형 골목시장인데 입구는 굴다리를 방불케 하지만 내부는 깔끔하게 정비되어 있다. 2006년 인정을 받았고 상점수는 91개소이다. 튀김과 콩나물국밥이 유명하다.

조공시장

조공시장은 괴안동[82]에 있는 상설시장이다. 상점수 58개소인 소규모의 골목형 상가시장이지만 동네 주민들을 단골로 확보하고 있다. 2005년 전통시장으로 인정을 받았다.

---

80) 호현로 472-1 소삼로 11
81) 은성로76번길10 ~ 은성로76번길57
82) 경인옛로 116 ~ 범안로 8

역곡남부시장

역곡남부시장은 역곡3동[83]에 있는 시장이다. 천막으로 지붕가림을 한 골목형 시장으로 2005년 인정을 받았다. 상점수는 72개소이고, 먹거리로는 곱창과 닭볶음탕이 유명하다.

원종종합시장

원종종합시장은 성곡동[84]에 위치한 상설시장이다. 아케이드형 골목시장으로 2005년 전통시장으로 인정을 받았고 상점수는 51개소이다. 먹거리로는 냉면과 칼국수, 소머리국밥이 유명하다.

원종시장

원종시장 역시 성곡동[85]에 위치한 상설시장이다. 원종종합시장 인근에 있는 상가형 시장으로 2006년 전통시장 인정을 받았다. 상점수는 55개소이다.

부천제일시장

부천제일시장은 원종1동과 고강1동 사이에 있는 상설시장이다.[86] 지붕가림이 없는 골목형 시장으로 2006년 인정을 받았으며 상점수는 170개소이다.

---

83) 부광로8번길35 ~ 부광로 30번길
84) 소사로700번길17 ~ 삼작로 394
85) 삼작로 400
86) 고강로40번길55 ~ 성지로 102번길 53

원종중앙시장

원종중앙시장은 원종2동[87)]에 있는 상설시장이다. 골목을 따라 지붕가림을 한 곳과 파라솔과 상점 앞에 천막을 친 점포가 공존하고 있다. 2005년 인증을 받았고 상점수는 68개소이다. 단골에게 할인을 해주는 쿠폰제도를 실시하는 등 고객 유치에 힘쓰고 있다.

고강시장

고강시장은 고강본동[88)]에 있는 상설시장이다. 일자로 된 골목을 따라 시장이 이어지며 도로를 건너 시장골목이 다시 이어진다. 2007년에 전통시장으로 인정을 받았고 상점수는 71개소이다. 시장 규모가 큰 편은 아니지만 고강동은 다세대 주택들이 밀집해 있는 주거지역이므로 실속이 있는 시장이다.

오정시장

오정시장은 오정동[89)]에 위치한 상설시장이다. 지붕가림이 없는 골목 시장으로 1983년 종합상가 건물이 생긴 후 주위로 점포가 들어서며 자연 발생적으로 시장이 형성되었다. 2005년 전통시장으로 인정을 받았고 상점수는 80개소이다.

신흥시장

신흥시장은 신흥동[90)]에 있는 상설시장이다. 아케이드형 골목 시장으로 2006년

---

87) 성오로124번길47 ~ 성오로 124번길 57
88) 고리울로52번길23 ~ 고리울로64번길25-3
89) 상오정로21 ~ 부천로 476번길 58
90) 중동로408번길18 ~ 평천로 719

에 인정받았고 상점수는 63개소이다. 먹거리로는 직접 빚은 손만두와 손찐빵, 도넛이 유명하다.

⑸ 안산시의 장시

안산시는 고려에서부터 조선시대에 이르기까지 안산군에 속해 있던 지역이었다. 1914년 행정구역이 통폐합될 때 안산지역이 분할되며 시흥군 수암면과 군자면, 수원군 반월면에 귀속되었다. 그러다 1976년 반월신공업도시가 조성되고 해마다 인구가 증가하면서 1986년 시로 승격됨에 따라 안산이란 옛 이름과 지역을 되찾아 안산시로 부르게 되었다.[91]

『임원경제지』와 『증보문헌비고』에 의하면 안산의 초산면과 대월면에 시장이 있었으나 이 지역은 현재 안산시가 아니라 시흥시에 속한다. 일제강점기에는 수원군 반월면 팔곡리에 반월장이 섰는데[92] 현재의 안산시 상록구 팔곡동에 해당한다. 반월장의 개시일은 1일과 6일로 끝나는 날이었고, 1919년 4월 1일 주민 600여 명이 장터에 모여 태극기를 흔들고 만세운동을 펼친 곳이기도 하다. 하지만 현재 팔곡동에는 산업공단들이 들어서 있어 반월장터의 흔적은 찾아볼 길 없고 장시의 전통도 사라지고 말았다.

안산시에는 현재 상설시장이 다섯 군데가 있지만, 안산시민시장을 제외한 나머지 네 군데는 현대식 상가의 형태를 취하고 있으므로 전통시장이라고 하기에는 괴리감이 느껴진다. 안산시민시장 인근에서는 안산시에서 유일하게 오일장이 선다.

---

91) 안산시청 홈페이지
92) 『朝鮮の 市場經濟』, 112쪽.

시장명	시장유형	주소	시장크기 (점포수)	개설년도
안산시시민시장	상설, 정기(5일,10일장)	안산시 단원구 화랑로 149	중형시장 (410개소)	1997년
신안프라자시장	상설	안산시 상록구 반석로 54	중형시장 (182개소)	2016년
스타프라자시장	상설	안산시 상록구 화랑로 513	중형시장 (233개소)	2017년
신안코아시장	상설	안산시 상록구 석호로 315	중형시장 (166개소)	2017년
월드프라자시장	상설	안산시 상록구 본삼로 60	중형시장 (202개소)	2017년

라성시장

라성시장은 안산시민시장이 형성되기 이전 원곡동에 섰던 시장이다. 1980년대
안성시에 공단이 들어서면서 가장 먼저 사람들이 모이기 시작한 곳은 원곡동이

안산 개발초기의 원곡동 라성시장(1985) 93)

---

93) 안산시, 『안산시사』 5 – 민속과 구비전승, 2012, 36쪽

었다. 라성호텔이 들어서고 주변에 포장마차가 줄지어 생기면서 밤늦게까지 장사가 이루어진 것이다. 공단근로자들의 퇴근길을 붙잡는 포장마차와 '다라' 장사가 성행하면서 자연스럽게 점포들이 들어서며 상설시장인 라성시장을 형성하게 되었다.[94] 이후로 이곳에 주공아파트 단지가 들어서기 시작했고 아파트 주변으로 모여든 상인들이 '라성시장' 근처에 노점시장길을 만들었다. 급증하는 주민들을 상대로 활성화되던 노점 시장은 길이가 무려 300~400미터에 육박했다. 하지만 좁은 인도에 노점상까지 늘어나서 주민들의 불편이 심해졌고 안산시에서는 고민 끝에 초지동 넓은 터에 공설시장을 마련하고 1997년 노점 상인들을 이주시켜 현재의 시민시장을 열었다. 하지만 현재도 옛 시장지역에는 점포들이 남아 있어 시민들 사이에서는 여전히 라성시장이라고 불리기도 한다.

안산시민시장

안산시민시장[95]은 안산시 단원구 초지동에 있는 시장이다. 라성시장과는 길을

안산시민시장. 장날이 아닌 평일에는 한산한 편이다.

사이에 두고 이어져 있다. 점포수가 410개가 되는 큰 규모의 상설시장인데, 매 5일과 10일에는 오일장도 선다. 1997년 도시계획으로 라성시장 뒤편에 개설되었던 초지시

---

94) 라성호텔 인근이기 때문에 주민들이 붙인 이름이고, 보성상가에 위치해 있기 때문에 보성시장이라고도 하였다.
95) 안산시 단원구 화랑로 149

장이 시민시장으로 확장 조성되면서 라성시장의 노점상들이 이곳으로 이동되었다. 장날이 되면 500여 개나 되는 노점상들이 진을 친다. 이 때문에 안산시민시장은 오일장으로 유명해져서, 평일에는 찾는 사람이 많지 않고 오히려 옛 라성시장의 상점을 이용하는 경우가 많다.

4) 과천시, 군포시, 안양시, 의왕시

안양시와 군포시는 조선시대 과천현에 속해 있던 지역이었다. 의왕시는 조선시대 광주부의 서남부에 위치한 곳이었지만, 광주부의 읍치와는 상당히 떨어져 있는 지역이었고 육로를 중심으로 교류가 잦은 지역은 과천과 안양이었다. 최근까지도 의왕시의 고천동, 오전동 등지의 주민들이 이용하던 장은 안양의 호계시장이었다. 이러한 이유로 상기 지역들을 긴밀히 연결되는 동일 시장권으로 묶은 것이다.

과천시, 안양시, 의왕시는 예전 삼남대로가 통과하는 길목이었다. 삼남대로는 한양에서 출발하여 과천 – 안양 – 의왕 – 수원 – 오산 – 평택의 경기도 구간을 통과하여 충청도를 거쳐 전라도 해남까지 이어지는 간선도로였다. 한양에서 동재기(동작)나루를 건넌 삼남대로가 마주치는 경기지역의 초입은 과천현이었다. 과천현을 통과한 삼남대로는 안양의 인덕원을 거쳐 서로 마주하고 있는 안양시 평촌동인 벌말과 의왕 지역을 지난 후 지지대고개를 넘어 수원으로 진입했던 것이다.

(1) 과천시의 장시

조선시대의 과천현은 과천시 이외에도 안양시, 군포시, 서울시 동작구와 서초구의 일부를 포함하고 있는 방대한 지역이었다. 이에 비하면 현재의 과천시는 지역이 대폭 축소되었다. 과천시는 과천동, 중앙동, 부림동, 별양동, 갈현동, 문원동의 6개의 행정동으로 이루어져 있으며 중심지는 옛 관아가 있던 과천시청 주변의 중앙동이다.

과천에는 새서울프라자, 제일쇼핑센터, 과천1차종합상가, 남서울상가 등의 상가가 있지만 장시라고 부를 만한 전통시장은 굴다리 시장이 유일하다. 중앙동은 과천현의 읍치가 있던 곳이므로 분명히 읍내시장이 있었을 터인데 그 전통이 아예 사라지고 만 것이다. 아마도 과천에 정부종합청사가 들어오면서 과천시 전체가 급격히 신도시화 되었기 때문인 듯하다.

굴다리시장

별양동에 있는 굴다리 시장은 중앙공원 분수대 옆에서 시작해서 주공아파트 4단지와 5단지 사이로 나있는 굴다리 너머까지 약 300m에 이르는 거리에 위치한 노점으로 이루어진 시장이다. 역사가 그리 오래된 편은 아니어서 1988년 노점상 정비사업 일환으로 과천 곳곳에 산재해 있던 노점상을 한 곳에 입주시켜 조성된 시장이다. 열악한 시설과 환경으로 주민들과 마찰을 빚기도 하여 철거에 대한 논의도 많았으나 지금은 원래 천막 형태였던 50~60호 정도의 점포를 칸막이 박스 형태로 바꾸고, 노점이 들어서는 거리도 정비를 하여 환경이 상당히 개선되었다. 굴다리시장에서는 주로 먹거리와 농산품을 판매한다.

⑵ 안양시의 장시

안양시는 조선시대 과천군에 속해 있었고, 1914년 시흥군에 편입되었다가, 1973년 안양읍이 안양시로 승격되면서 시흥군에서 분리되었다. 안양이 이렇듯 일찍이 시로 급부상된 것은 포화상태였던 서울의 공장들이 안양시로 대거 이주하였기 때문이었다.

안양시에는 현재 중앙시장, 남부시장, 박달시장, 호계시장, 관양시장 등 여러 곳의 전통시장이 있는데, 대개는 안양이 개발되며 인구가 밀집되자 자연발생적으로 점포가 모여들며 형성된 시장들이다.[96] 따라서 가장 오래된 중앙시장이 1961년에 개설되었을 정도로 역사가 깊지는 않다. 하지만 이는 상설시장만을 따질 때의 일이고, 예전에 서던 오일장까지 감안한다면 안양 장시의 역사는 조선 후기로 거슬러 올라간다. 『임원경제지』에 과천군 하서면 안양리(현재의 만안구 안양동)에 안양장(3·8장)이 섰다는 기록이 보이는 것이다. 안양리는 일제강점기 시흥군 서이면에 속하게 되는데, 1926년의 조사보고에도 안양시장(5·10장)이 보인다. 장날이 변경되기는 하지만 장시의 전통은 계속 이어지고 있다고 볼 수 있고, 이 일제강점기의 안양시장은 현재의 중앙시장 자리에 섰던 것이다. 또한 인덕원 근처의 관양시장과 갈산주막 근처의 호계시장은 비록 1980년에 개설되기는 하였지만 옛 삼남대로가 통과하던 길목으로 나름 옛 주막거리의 전통을 이어받고 있다고도 할 수 있다.

---

96) 안양에는 이 외에도 만안구 안양동의 육동시장(명학시장)과 중부농수산물시장, 만안구 석수동의 석수시장, 동안구 비산동의 비산시장 등이 있다. 인정시장으로 등록이 되지 않기도 하였지만, 상점이 밀집되어 있는 곳일 뿐이므로 전통시장의 분위기도 느낄 수가 없다. 또한 전통시장과는 관계 없지만 안양에는 안양농수산물도매시장이라는 대형 도매시장이 있어서 안양 뿐 아니라 인근 지역에 농수산물을 공급하고 있다.

중앙시장

안양중앙시장[97]은 만안구 안양1동에 있는 상설전통시장이다. 1920년대에 이 주변에는 5일과 10일로 끝나는 날마다 서는 오일장이 있었다. 그러다 안양이 산업도시로 발전하고 인구가 몰려들면서 1961년 지금과 같은 상설시장이 형성되었다. 장터는 1960년 화재로 전소된 안양우시장 자리였다.

중앙시장은 최근 경기도의 특화시장으로 지정되어 정부와 안양시의 지원을 받아 특화사업을 진행하고 있다. 시장 내에는 한복로, 곱창로, 포목로, 김밥로, 청바지로 등 특화거리가 조성되어 있다.

근방에 롯데백화점, 2001아울렛할인점, E마트, 남부시장, 중앙지하상가, 역전지하상가쇼핑몰 등이 있어 거대한 상권을 이루고 있다.

안양중앙시장 입구 정경
(중소벤처기업부 블로그)

97) 경기 안양시 만안구 안양로291번길 34

남부시장

안양 남부시장[98]은 중앙시장 맞은편인 중앙로와 만안로 사이에 위치하고 있는 상설전통시장이다. 대략 300m에 이르는 시장 골목에는 아케이드가 설치되어 있다. 남부시장은 서울 남부와 만안구 지역에 주로 야채와 청과를 공급하는 도매상과 소매상의 역할을 하고 있다. 매년 9월 중에는 시장을 찾는 고객과 상인들이 함께하는 시민축제마당 행사를 개최하며 품바공연, 풍물놀이 등의 이벤트를 통해 적극적으로 시장을 홍보하고 있다.

박달시장

박달시장[99] 만안구 박달동에 있는 상설전통시장으로 박달우회도로와 박석로 사이에 위치한다. 1979년 시장이 형성되었으며 2005년 인정시장으로 등록을 받았다. 240m 구간에 이르는 시장골목에는 아케이드가 설치되어 있으며, 홍보안내 전광판 등 고객들에게 다양한 도움을 주는 현대화된 설비를 갖추고 있다. 점포수는 90여 개로 크지는 않지만 일상생활에 필요한 모든 물품이 구비되어 있어 인근 주민 대다수가 이용하는 곳이다. 먹거리로는 족발과 보쌈, 양꼬치가 유명하다.

호계종합시장

호계종합시장[100]은 동안구 호계동에 위치한 상설전통시장이다. 1980년대에 개설되었지만 현재와 같은 상가건물형 시장이 형성된 것은 2008년경부터이다. 점

---

98) 경기 안양시 만안구 장내로140번길 51
99) 경기 안양시 만안구 장내로140번길 51
100) 경기 안양시 동안구 흥안대로133번길 34

호계시장 **입구 정경**(안양시 홈페이지 소비자/경제)

포수는 250개 정도인데, 주변상가까지 포함하면 572개소에 이른다. 종합시장답게 다양한 물품을 취급하지만 장터가 주택가 중심지구에 형성되어 있으므로 생활 잡화가 많이 거래된다. 최근 전통시장 활성화사업에 따라 72m에 이르는 구간에 아케이드가 설치되는 등 시설 현대화에 박차를 가하고 있다.

관양시장

관양시장[101]은 동안구 관양동에 있는 상설전통시장이다. 1980년도에 형성되었고, 2006년 에 인정시장으로 등록되었다. 현대 아파트 입구에서 관양중학교 담장 옆을 따라 동서로 이어지는 관평로 328번길에 약 160여m의 길이에 걸쳐 시장이 형성되어 있다. 현대아파트 등 지역주민과 관악산 삼림욕장을 찾는 관광객들이 즐겨찾는 곳으로 생활잡화와 야채, 과일, 생선, 건어물, 반찬류 등이 주로 거래된다. 시장에는 119개의 점포가 있고, 주변상가에도 50여개 점포가 있다.

---

101) 경기 안양시 동안구 관악대로325번길 28

⑶ 군포시의 장시

군포시는 안양과 마찬가지로 조선시대 과천군에 속해 있었고, 1914년 시흥군에 편입되어 있다가, 1989년 군포읍이 시로 승격되면서 시흥에서 분리되었다. 군포가 한때 시흥에 속해 있었다고는 하지만 시흥시와 맞닿는 서북쪽에는 수리산이 가로막혀 있어서 시흥보다는 과천, 안양, 의왕 지역과 교류가 잦은 지역이었다. 군포는 1905년 경부선 철도가 개설되며 역전취락으로 발달한 지역이므로 시의 중심부는 군포 역전 주위로 형성되었다. 1999년 경부선 통일호의 운행이 중지되면서 경부선 열차는 군포역에 정차하지 않지만, 대신 수도권 전철 1호선이 정차한다. 서울의 인구 팽창으로 인해 수리산 동쪽 산록면에 산본신도시가 들어서면서 인구가 급증하였다.

군포가 과천에 속해 있었을 때의 문헌인 『임원경제지』에는 군포장(1 · 6장)이 섰다고 기록되어 있고. 시흥군에 속해 있던 1926년 일제강점기의 조사보고에도 남면에 군포장(2 · 7장)이 섰다고 하였다. 조선후기의 장과 일제강점기의 장의 위치가 일치하는 지는 확인할 길 없지만, 군포의 장시 역사는 조선 후기로 거슬러 올라가며, 일제강점기의 군포장은 경부선 건설 후 역전에 서던 장이었을 터이니 군포역전시장의 전신이라 할 수 있다. 현재 군포에는 오일장은 서지 않고 상설전통시장으로 군포역전시장과 산본시장이 있다.

군포역전시장

군포역전시장[102]은 당동에 있는 상설전통시장으로 군포역 1번 출구에서 농협 쪽에 위치한다. 1950년대부터 역전 인근으로 점포들이 밀집하기 시작하며 자생

---

102) 경기도 군포시 군포로 548-1 일원

적으로 성장한 시장이다. 2005년 상인회가 결성되고 인정시장 등록을 마쳤고, 2008년경부터 재래시장 현대화 사업을 거쳐 아케이드형 전통시장이 되었다. 점포수는 60여개로 작은 규모의 시장이지만 동네 장터로서는 손색이 없는 상품을 구비하고 있다. 먹거리로는 군포 왕족발이 유명하다.

산본시장

군포 산본시장 정경(산본시장 홈페이지)

산본시장[103]은 산본동에 있는 상설전통시장으로 금정역 4, 5번 출구에서 논뜰공원 방향에 위치해 있다. 1985년에 개설된 시장이지만 1990년대 초 산본신도시가 건설되어 인구가 급증하면서 활기를 띠기 시작하여 현재는 점포수는 200여 개에 달하는 중형시장이 되었다. 2004년에 사업조합설립인가를 받았고 2006년 재래시장 현대화 사업으로 아케이드형 전통시장이 되었다. 먹거리로는 곱창이 유명하다.

⑷ 의왕시의 장시

의왕시는 조선시대 광주목에 속한 의곡면과 왕륜면 지역이었다. 두 면은 1914년 의왕면으로 통합되어 수원군으로 이속되었고, 그 후 화성군, 시흥군으로 관할지역이 변경되었다가 1989년 의왕읍이 시로 승격되면서 시흥군에서 분리되었다.

---

103) 경기도 군포시 산본천로183번길 6(산본동) 일원

의왕시의 내손동은 삼남대로가 통과하는 지역으로 조선시대 갈산주막이 있던 곳이었고, 오전동에는 사근원과 사근주막이 있었던 곳이었다. 이렇듯 삼남대로의 길목이고, 대표적인 주막거리가 있었던 내손동과 오전동이므로 시장이 형성되었을 만한데, 현재 이렇다 할 전통시장을 찾을 수 없다. 내손동에는 속칭 도깨비 시장이라고 부르던 내손시장이 한때 서기는 했다. 내손2동 710번지 일대인 복지길 중간쯤에 있는 큰길가에 300m 정도에 걸쳐 형성되어 있었다. 내손동이 한창 개발되기 시작할 무렵인 1980년대 초부터 토착민들이 농사철에 광주리로 장사를 한 데서 유래하였기 때문에 박스형태의 조립식 철 구조물로 된 간이점포와 노점, 그리고 소규모 상가건물에 딸린 점포들이 어우러져서 하나의 시장을 형성하였던 것이다. 하지만 2008년 경 내손시장은 도로 미관상의 문제와 주차문제가 지적되면서 철거되고 말았다. 이에 현재 유일하게 의왕시에 남아있는 전통시장은 부곡시장 뿐이다.

부곡도깨비시장

부곡시장[104]은 삼동에 있는 상설전통시장이다. 의왕역 앞 삼거리에서 이어지는 부곡시장길을 중심으로 형성된 시장인데, 도깨비시장이라는 명칭으로 알려져 있다. 이러한 명칭이 생긴 유래는 새벽이면 장이 생겼다가 물건을 다 팔고나면 사라지는 모습이 마치 도깨비 같았기 때문이라 한다. 이곳에는 일제강점기부터 자연스럽게 장터가 형성되었는데, 인근에서 농사짓는 지역주민들이 잠깐씩 농산물을 파는 형태에서 출발되었던 것이다. 그러나 1980년 중반 이후 부곡시장은 현재와 같은 상설시장의 모습을 갖추었으니 엄밀한 의미에서 도깨비 시장은 아

---

104) 경기 의왕시 부곡시장길 16-3

부곡도깨비시장 정경(깨비레일장터 홈페이지)

니다. 아침부터 저녁까지 운영하는 상설점포가 100여 개나 모여 있기 때문이다. 하지만 부곡시장 입구에 어린 도깨비 마스코트가 시장을 안내하는 포즈로 서 있듯 이 도깨비는 이제 부곡시장을 상징하는 캐릭터가 되었다. 시장 부근에는 왕송호수, 레일바이크, 철도박물관 등의 관광지가 있어 관광객들도 많이 들르기 때문에 문화광광형 시장으로 육성 발전시킬 계획이다.

5) 수원시, 화성시, 오산시, 평택시

삼남대로에서 지지대고개는 의왕과 수원을 가르는 분수령이다. 이 고개를 지난 삼남대로는 수원, 화성, 오산, 평택(진위면)으로 이어진다. 수원은 정조가 화성을 축성한 후 장시가 활성화 되며 경기도의 대시장이 되어 현재에 이르고 있다. 오산은 오산장이 조선 후기 고지도에 보이며 지금의 오색시장으로 전통을 잇고 있다. 진위는 지금의 평택에 속해 있지만 예전에는 독립된 현으로 삼남대로의 중심이었다. 옛날의 읍치였던 진위면 봉남리에는 장터거리라는 지명이 남아 있는데, 당시 읍내장이 섰던 곳일 것이다. 현재의 평택 서부는 삼남대로 상의 시장이라기보다는 서해연안로의 출발점이 되었던 곳으로 해안 포구와 관련된 장터가 섰다.

(1) 수원시의 장시

수원은 조선시대 정책적으로 조성된 계획도시였다. 서울 근교에서 가장 큰 위성도시를 건설하고 여차하면 수도를 이곳으로 이전하려던 정조의 꿈은 절반의 성공, 절반의 실패였던 듯하다. 수원의 화성華城은 당시 성곽기술의 집대성이라는 평가를 받으며, 1997년 유네스코 세계문화유산으로 등록되어 그 위상을 세계에 떨치고 있다. 또한 수원 역시 경기도 최대의 도시로 자리 잡으며 오늘에 이르고 있다.

　　조선후기 수원부 안에는 북문외장北門外場 (2 · 7장)과 남문외장南門外場 (4 · 9일)장이 섰다.[105] 그러다 어느 시기인가 성내시장과 성외시장으로 변경되었는데, 특이하게도 성내시장은 음력 9일, 19일, 29일에 열렸고, 성외시장은 음력 4일, 14일, 24일에 열려 10일만에 한 번씩 섰으나 두 시장을 합치면 5일장이 서는 것이나 진배없었다.[106] 우시장은 또한 장날에 맞추어 열렸는데 각지에서 소장수와 소를 사려는 사람들이 몰려들어 성시를 이루었다. 소의 거래는 다른 어떤 물품의 거래보다 많은 돈이 오갔기 때문에 장세를 좌우하는데 중요한 역할을 하였다. 현재 수원시에는 무려 22개의 전통시장이 존속하고 있다.

수원 남문시장

정조 때 화성을 축조하며 성 안에 시전을 조성하였지만 성공하지 못하고, 대신 남문이라고 불리는 팔달문 밖에서 4일과 9일로 끝나는 날에 오일장이 열렸다. 이러한 220년의 전통과 역사가 이어져서 그런지 지금도 팔달문 밖에서 수원천

---

105) 『임원경제지』
106) 『조선의 시장경제』

주변까지 지동시장, 못골시장, 미나리광시장, 영동시장 등 9개의 특화된 시장이
옹기종기 모여 있어 항상 사람들로 북적거린다.

· 팔달문시장[107]은 팔달문과 인접해 있는 시장으로 의류, 잡화, 가방이 주류
  품목이다. '왕이 만든 시장'이란 슬로건을 내세우고 이러한 역사를 알리는
  홍보관과 유상박물관이 있다.

· 영동시장[108]은 3층으로 된 상가건물로 엄밀한 의미에서는 전통시장과 거리
  가 멀어 보인다. 전통한복, 침구류가 주류품목이다. 건물 2층에는 수원 28
  청춘 청년몰이 있어서 젊은 세대들을 겨냥한 음식점과 수공예 공방, 벽화,
  쉼터 등이 갖추어져 있다.

· 못골시장[109]은 반찬, 떡, 야채, 정육, 생선, 건어물 등 식자재를 위주로 판매
  하고 있다. 도넛과 꽈배기가 명물로 꼽힌다.

· 지동시장[110]은 농수산물과 축산물 도소매를 전문으로 하는 시장으로 수원
  화성을 본떠 만든 외형이 인상적이다. 순대타운을 중심으로 한 순대, 곱창
  이 밀집되어 있다.

· 미나리광시장[111]은 미나리가 많이 자라던 지역적 특성에서 유래된 명칭이
  다. 떡, 반찬 등 1차 생산품이 주류품목이다.

---

107) 수원시 팔달구 팔달로3가 25-1
108) 수원시 팔달구 수원천로 255번길 6
109) 수원시 팔달구 수원천로 258번길 10-12
110) 팔달구 창룡문로 3
111) 팔달구 수원천로 264번길 15

· 패션1번가시장[112]은 여성용 의류, 가방, 신발류와 각종 내의가 주류품목이고 곳곳에 맛집도 있다.

· 시민상가시장[113]은 내의와 각종 여성용 패션의류가 주류품목으로 다양한 의류를 볼 수 있다.

· 남문로데오시장[114]은 음식점, 악세사리가 주류품목이다. 팔달산과 인접해 있으며 젊음의 거리, 야외공연장, 야외갤러리, 메가박스가 있다.

· 구천동공구상가시장[115]은 수원천변에 위치하며 96개의 공구상가가 밀집되어 있다. 공구류 전문시장답게 모든 공구를 구할 수 있는 곳이다.

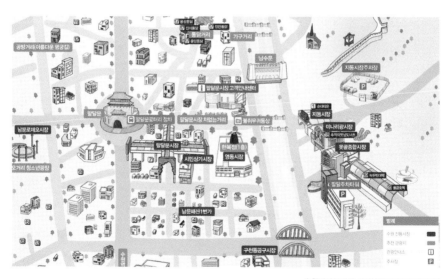

수원팔달문권역 시장(수원시 문화광광 홈페이지)

---

112) 팔달구 정조로 758번길 24
113) 팔달구 팔달문로 4번길 19
114) 팔달구 중동 10-7
115) 팔달구 수원천로 207

이 외에도 남수문 인근 수원천변에는 가구거리와 통닭거리가 있다. 특히 수원통닭골목, 치킨사거리 등으로 불리는 골목에는 40년의 전통을 자랑한다는 통닭집들이 다닥다닥 붙어 있다. 이곳의 통닭은 가마솥에 튀기는 옛날방식을 고수하여, 바삭하고 고소한 맛이 일품인데다가 푸짐한 양에 가격 또한 저렴하여 평일 저녁과 주말에는 가게 앞에서 줄을 서서 기다려야 한다. 전통시장이 보다 더 활성화되기 위해서는 이와 같이 새로운 지역적 전통을 형성해 나가는 것도 필요할 듯하다.

구매탄 시장

수원시 영통구 매탄동에 위치한 구매탄시장[116]은 1980년대 초 구매탄 아파트 건설 후 아파트 축대 주변으로 노상에서 장사하는 사람들이 하나 둘 늘면서 노점과 가건물 형태로 상권이 형성되기 시작하였다. 54개의 점포로 이루어진 그리 큰 규모의 시장은 아니지만 10년의 시간동안 매탄동 주민들의 장터 역할을 톡톡히 해온 시장으로 지금도 사람들의 발길이 꾸준히 이어져 오고 있다. 구매탄시장은 싱싱한 해산물과 더불어 먹거리가 넘치는 것으로 유명하다.

매산시장

매산시장[117]은 수원역 건너편에 위치한 시장이다. 50여 년 전 인근 농촌에서 직접 농사지은 품목을 들고 나와 좌판을 놓고 판매하던 곳에 상점가가 들어서면서 현재는 점포수가 100여 개가 넘게 되었고, 2011년 인정시장으로 등록되었다.

---

116) 영통구 권광로 260번길 36 아주대 입구 건너편 골목
117) 팔달구 매산로2가 90

매산시장은 인근 지역에 다문화 인구가 늘어나면서 매출의 30% 정도를 차지하게 되었다. 이에 중국, 필리핀, 네팔, 인도 등의 음식점들이 들어서게 되었는데, 최근에는 다문화푸드랜드로 지정되어 수원 속에 있는 작은 외국시장을 방불케 한다. 매산시장은 지속적인 시장의 활성화를 위해 '저잣거리 축제'와 같은 다양한 행사를 펼치고 있다.

북수원시장

북수원시장은 수원SK아트리움 건너편에 있는 파장로 82번 길 좌우편으로 상가들이 늘어서 있다. 북수원시장[118]은 원래 파장시장이라고 불리던 시장인데, 2017년 시장상인회에서 명칭을 변경하였다. 파장이라는 명칭은 시장이 위치한 동네 이름을 따서 사용을 했으나 파장이라는 단어는 장이 끝났다는 의미도 있기 때문에 이 이름을 놓고 많은 갈등을 빚어왔던 것이다. 북수원시장은 오래전부터 장이 서며 자연스럽게 상가가 형성된 곳으로 그동안 개발이 되지 않아 아케이드도 없고 점포가 밀집된 골목에 파라솔이 늘

북수원시장 정경

118) 장안구 파장동 572-580

어서 있는 낙후된 상태이다. 이에 북수원시장은 시설의 현대화에 총력을 기울이고 있다.

화서시장

화서사거리 인근에 있는 화서시장[119] 역시 개발이 되지 않아 상가골목에 파라솔이 늘어져 있는 낙후된 모습이지만 나름 알찬 시장이다. 특히 생선과 한복 상가가 유명하며 먹거리도 풍부하다. 화서시장은 1975년 수원 공설시장으로 개장했는데 당시에는 4일, 9일 장이 서는 오일장으로 운영되었다. 그 후 1980년 상가를 건축하고 '화서상가주식회사'를 설립하였으며 2005년 수원시 인정시장으로 등록되었다. 현재 400여 명의 상인회원들이 상가를 중심으로 120여 개 점포를 갖추고 있고, 주변에는 비상인회원들도 노점을 운영하여 전통 재래시장으로서의 면모를 보이고 있다.

정자시장

정자시장[120]은 장안구 정자동의 경기도의료원 수원병원 인근에 위치하고 있는 시장으로 별칭은 에누리시장이다. 수원의 정자지구가 개발된 후 생긴 시장이라 역사가 길지는 않다. 2017년 소상공인시장진흥공단에서 시행하는 골목형시장으로 선정되어 시설을 개선하고 정자시장이 가진 개성과 특색을 살리려는데 노력을 기울이고 있다. 대왕만두가 명물로 손꼽히고 있다.

---

119) 팔달구 동말로 72 화서상가
120) 장안구 수성로 261번길 16

⑵ 화성시의 장시

화성시는 조선시대 수원군과 남양군에 해당하는 지역이다. 1914년 행정구역이 통폐합될 때 남양군이 수원군에 편입되었고, 1949년 수원읍이 시로 승격되어 분리됨으로써 수원군의 나머지 지역이 화성군이 되었다가 2001년 화성시로 승격되었다.

1872년 지방지도를 보면 수원군 지역에는 공향면의 발안장, 남양군 지역에는 남양읍장, 며지곶면의 구포장, 수산면의 신기장이 표기되어 있다. 일제강점기(1926년 기준)에는 음덕면 남양리의 남양장(3·8장), 송산면 사강리의 신기장(2·7장), 향남면 발안리의 발안장(5·10장)이 섰는데, 구포장이 없어지고 신기장이 수산면에서 송산면으로 이동되었다.

현재 화성시에는 남양시장, 사강시장, 발안만세시장, 조암시장 등 4곳의 전통시장이 있다. 조암시장을 제외하고는 조선후기부터 이어온 장터의 역사를 간직하고 있는 셈이다. 화성시에서는 전통시장 주변을 전통상업보존구역으로 지정하여 1km 이내에 대규모·준대규모 점포의 등록을 제한하는 등 전통시장상권을 보호하고 있다.

남양시장

화성시 남양동에 위치한 남양시장[121]은 420개 점포로 이루어져 있는 제법 큰 규모의 상설시장으로 상가건물형 시장이다. 남양부 혹은 남양군의 읍치였던 시절부터 이곳에는 부내장府內場, 읍장으로 불리는 장터가 있었으므로 시장의 역사는 상당히 오래된 편이다. 지금도 시장을 오가는 인근 지역 주민들의 발길이 끊이지

---

121) 경기 화성시 남양읍 글판동길 4

않는다. 규모가 큰 만큼 취급품목도 다양하며 시장영업시간도 오전 10시부터 밤 12시까지로 긴 편이다. 콩나물국밥, 활어회, 남양막걸리가 유명하다.

사강시장

사강시장. 해산물이 유명하다.

화성시 송산면 사강리에 위치한 사강시장[122]은 250여 개 점포로 이루어진 중형시장으로 상가주택복합형시장이다. 19세기 전반의 문헌인 『임원경제지』에 의하면 남양부 수산면에 신기장(4 · 9장)이 섰는데, 1926년의 조사에는 송산면 사강리에 신기장(2 · 7장)이 선 것으로 되어 수산면에 서던 신기장이 어느 시기인가 송산면으로 옮겨진 것으로 판단된다. 송산면은 마산포구가 위치하고 있는 곳이므로 어염의 유통으로 인한 문제 때문인 듯하다.

  사강시장이 이러한 전통을 이어받아서인지 현재에도 광어 ,바지락, 꽃게, 생선구이 등 해산물을 주로 판매하는 것으로 유명하다. 바닷가와 멀지 않고 시장내에 회센터도 즐비해서 신선한 해산물을 맛보려는 관광객들도 많이 이용한다. 2일과 7일로 끝나는 날에는 5일장이 열려 오랜 역사를 지켜나가고 있다.

---

122) 경기 화성시 송산면 사강로 189

발안만세시장

경기도 화성시 향남읍 평리에 위치한 발안만세시장[123]은 큰 규모의 중대형 시장이다. 발안장은 1919년 3월 31일과 4월 5일 두 차례에 걸쳐 만세운동을 펼친 곳으로 유명하여 2013년에 아예 시장의 이름을 발안만세시장으로 변경하였다. 이 만세운동 때문인지 발안시장의 역사를 100여 년으로 잡고 있지만, 사실 발안장의 역사는 조선후기로 거슬러 올라간다. 발안은 조선시대 수원군 공향면에 속한 지역이었는데,[124] 『임원경제지』나 『증보문헌비고』에는 시장의 기록이 없으나, 1872년에 간행된 지도에는 발안장이 명기되어 있는 것이다.

발안만세시장은 평일에도 채소, 과일, 한식, 분식, 생필품 등 다양한 물건을 구입할 수 있는 상설시장이지만, 5일과 10일로 끝나는 날에는 오일장이 선다. 일제강점기 1926년의 조사에서도 발안장의 개시일이 5일과 10일이었으므로 장날의 전통도 상당히 오랫동안 유지되어 온 셈이다. 최근 발안만세시장은 문화관광형 시장으로 선정되어 시설을 현대화하고 주변의 관광지와 연계하여 새로운 도약을 준비하고 있다.

조암시장

화성시 우정읍 조암리에 위치한 조암시장[125]은 400여 개 점포로 이루어진 꽤 큰 규모의 상설시장이다. 시장의 형태는 상가건물형이며, 시장 주변으로 오고 가는 버스도 많아 교통이 편리하여 많은 사람들이 찾는 시장이다. 다양한 먹거리도 유명한데 특히 냉면과 칼국수가 맛있기로 유명하다.

---

123) 경기도 화성시 향남읍 평2길 7(평리81-51)
124) 1914년 행정지역이 통폐될 때 공향면, 분향면, 남면이 통합되어 향남면이 되었다.
125) 경기도 화성시 우정읍 조암남로 8

(3) 오산시의 장시

오산시는 조선시대 수원부에 속해 있던 지역이었다. 그 후 1949년 화성군 오
산면이 되었다가 1989년 오산시로 승격하면서 분리되었다. 오산에는 조선후기
부터 오산장(오뫼장)이 섰는데, 1792년(정조16) 발간된 『화성궐리지』에 처음 등
장하는 유서 깊은 시장이다. 『증보문헌비고』나 1926년의 조사보고에도 오산장
의 기록이 보이며, 장날도 요즘과 같은 3,8장이므로 장시가 꾸준히 지속되어 왔
음을 알 수 있다. 현재 오산시에는 오색시장이 있어 오산장의 전통을 이어나가
고 있다.

오색시장

오색시장[126]은 오산동에 있는 상설전통시장이다. 경부고속도로와 경부철도가

오색시장 정경. 야시장, 야맥치킨축제 등 다양한 행사가 진행된다.(오색시장 홈페이지)

---

126) 경기도 오산시 오산로 272번길 22

지나는 교통의 요충지에 위치하고 있어 농·수·축산물이 집결되는 경기도의 대표적 시장으로 성장하였고, 오산시민들의 터전이 되어왔다. 오색시장은 점포 수가 350개나 되는 대형시장으로 2015년에는 문화관광형 시장으로 선정되어 시설과 환경이 획기적으로 개선되었다.

상설시장 외에도 3일과 8일로 끝나는 날에는 오일장이 선다. 예전의 오일 장은 오산천변에서 열렸지만 지금은 상설시장 주변에 노점이 들어선다. 또한 매 주 금요일, 토요일 오후 5시부터 11시까지 야시장이 열려 오색시장에서 개발한 수제맥주와 글로벌 먹거리를 즐길 수 있다. 야시장 골목에서는 매년 봄, 가을 수 제맥주 축제를 개최하여 다양한 먹거리와 공연 이벤트를 제공한다.[127]

(4) 평택시의 장시

평택시는 조선시대 평택현과 진위현에 해당하는 지역이었다. 그러다 1938년 진 위군이 평택군에 편입되었고, 1986년 평택군 평택읍이 시로 승격이 되면서 나 머지 평택군에 속한 지역도 평택시에 흡수되었다. 평택시는 이에 그치지 않고 1995년에 송탄시까지 병합하며 거대 지자체로 자리매김한다. 송탄시는 원래 진 위군 송탄면이었다가 평택군에 통합된 후 송탄읍을 거쳐 1981년 송탄시로 승격 하며 평택군에서 분리되었던 지역이다.

평택이 일제강점기 진위를 병합하며 성장한 이유는 경부선 철도의 개설과 관련이 깊다. 경부선 철도의 노선은 원래 안성을 경유하기로 되어 있었지만, 안 성 사람들이 반대하여 평택으로 변경된다. 경부선 철도가 개통되자 경기도 최남 단의 조그만 고장이었던 평택은 급속하게 교통과 물류유통의 중심지로 발전하

---

127) 오산시청 홈페이지

였다. 이와 더불어 안성장의 그늘에 가려있던 평택의 장들도 경기도 남부의 중심시장으로 자리 잡았고, 그 영향력은 지금도 지속되고 있다.

평택은 과거 하나의 장시권으로 묶여 있지 않았다. 과거 평택현을 중심으로 하는 서부지역은 서해안 연로의 포구 장시권에 속해 있었고, 진위현을 중심으로 하는 동부지역은 삼남대로가 통과하는 경기 남부의 육로 장시권에 속해 있었다. 하지만 이 두 지역이 통합되어 평택이 거대한 단일 행정구역으로 확대되면서 두 장시권 역시 평택의 장시권으로 수합되는 변화가 일어났다.

『임원경제지』에는 평택읍에 '읍내관문일사장邑內官門一四場, 관문동장官門東場, 관문남장官門南場'의 장시가 존재했다고 기록하고 있다. 이중 중심장이었을 읍내관문일사장은 3일과 8일에 개시되는 장시였다.[128] 『임원경제지』가 기록된 1800년대에는 팽성(평택)이 포구에 인접한 지역이었기 때문에 무려 3개의 장시가 형성되었지만 현재는 대규모 간척사업으로 인해 포구장의 특성은 사라졌고, 현재 옛 평택읍 지역에는 '팽성시장'으로 불리는 안정리시장만 남아 있다. 『임원경제지』에는 당시 충청도 직산에 속했던 안중安仲장시도 눈에 띄는데,[129] 현재는 평택시 안중읍 안중리에 속하며, 지금도 안중시장이 서고 있다.

한편 구한말까지 경기남부의 중심지였던 진위현에는 진위읍장과 신장新場이 존재했다. 신장의 경우 『임원경제지』에 기록되어 있으나 이후 기록에서는 찾을 수 없고, 『조선의 시장경제』에는 진위읍장이 보이지만, 현재는 소멸하였다. 조선시대 양성현 구룡동면에 속해 있었던 소사동에도 당시 5·10장이 섰던 사실을 『임원경제지』를 통해 확인할 수 있지만, 1920년대에 폐장되었다. 소사벌은

---

128) 이름은 일사장一四場으로 되어있으나 총독부 기록에 해당 장시의 개시일은 3일과 8일로 명기되어 있다.
129) 『朝鮮の市場經濟』, 조선총독부, 1929, 32쪽

진위에서 천안으로 이어지는 삼남대로의 길목이었으므로 경기남부의 육로 장
시권에 포함시킬 수 있다.

현재 평택시에는 5개의 상설전통시장이 인정시장으로 등록되어 있는데, 국
제중앙시장을 제외하고는 모두 오일장이 선다. 인정시장은 아니지만 옛 평택의
중심이었던 팽성읍에도 안정리시장(팽성시장)이 있고, 3일과 8일로 끝나는 날 오
일장이 선다.

:: 평택의 시장(△ 표시는 시장이 서는 지역이 이동된 경우이다)

현재 명칭	상설시장 개설 여부	오일장 개설 여부	오일장 개설 일시	조선 후기 전통	조선시대 관련 시장
통복시장	○	○	5 · 10일	△	평택장/소사장
안중시장	○	○	1 · 6일	○	안중장/직산장
서정시장	○	○	2 · 7일	×	·
안정리장	○	○	3 · 8일	○	평택장/팽성읍장
송탄(송북)시장	○	○	4 · 9일	△	진위읍장/(진위)신장
국제중앙시장	○	×	–	×	

통복시장

통복시장[130]은 평택역과 통복천 인근에 위치해 있는 상설전통시장으로 평택시
에서는 규모가 가장 크다. 주민들의 이야기로는 경기 남부 최대의 전통시장이라
하는데, 직영 점포 235점, 임대 점포 395점이 영업 중이니 과언은 아닌 듯하다.
아케이드 시설을 갖춘 골목형 시장뿐만 아니라 인근 상점가들도 모두 통복시장
에 포함된다. 매 5일과 10일로 끝나는 날에는 상설시장 주변으로 오일장이 서지
만[131] 노점수가 많은 편은 아니다. 노점상을 하던 지역 주민들에게 임대점포를

---

130) 경기도 평택시 통복시장로 25번길

131) 통복 오일장의 개시일이 원래 3 · 8일이었다가 5,10으로 바뀌었다. 평택시, 『평택시사』, 2005, 599쪽

통복시장 정경

내주어 아케이드로 되어 있는 상설시장 골목 안으로 배치하였기 때문에 장날 외지에서 오는 노점상들이 많지 않기 때문이다.

　통복시장은 6·25전쟁 직후인 1954년에 개설되었다. 하지만 통복시장은 일제강점기 평택읍 원평동에 섰던 평택장의 후신이라 보아진다. 원평동은 1938년 평택군 평택읍이 생길 때 군청사가 있어서 오일장과 더불어 상설점포들이 즐비했던 곳이었다. 지금도 원평동에는 미곡을 거래했던 싸전거리, 우시장이 존재했던 쇠전거리 등 장시의 흔적이 박혀 있는 지명이 남아 있다. 하지만 한국전쟁때 군청사가 있던 원평동은 완전히 파괴되었고, 이곳에 모였던 상인들이 전쟁 이후 통복동에 새로이 시장을 개설한 것이다.

안중시장

안중시장[132]은 아케이트형 시장과 골목형 시장이 병존하는 상설시장이다. 골목장 주변으로는 1일과 6일로 끝나는 날에 5일장이 선다. 옛 시골장터 분위기가 유지되는 전통시장으로 현재 직영점 150개와 임대점포 70개가 영업 중이다.

안중시장은 『임원경제지』에 기록되어 있으므로 장의 역사는 조선후기 1800년대 전반기까지 거슬러 올라간다. 안중장의 전신이 되는 오일장은 본래 현덕면 황산리(상안중)에 섰다. 그런데 황산리에 세거하던 동래 정씨들이 장사치들을 천대하여 내쫓았고, 당시 쫓겨난 행상들이 안중리에 새 장터를 세워 안중시장이라고 한 데서 현재의 안중장이 유래했다고 한다.[133] 그 후로 전통시장 형태를 갖춰 오다 1955년 정식으로 상설시장이 개설되었다.

하지만 1960년대 초까지 안중장은 매우 척박한 지역이었다. 안중면사무소에서 만난 송하균 씨의 제보에 따르면 '마누라 없이는 살아도 장화 없이는 못사는 곳'이 안중이라고 말할 정도로 땅이 질고 장시가 성립되기 불편한 지역이었다. 안중지역에는 '안중장이 세 번 깨지면 그 해에 풍년이 든다'는 속설도 전해온다. 이는 안중지역의 강수량과 관련한 속설로 강수량이 많으면 땅이 질기 때문에 장은 서지 못하지만 많은 강수량 덕분에 농업용수가 풍부하여 풍년이 든다는 의미인 듯하다.

이렇듯 땅이 질어 장이 서지 못할 정도의 안중이었으나 충남 당진권에서 나룻배를 타고 넘어오는 소가 거래되는 우시장이 성립할 정도로 점차 경기남부의 중심시장으로 성장하였다. 안중시장의 경제적 영향력이 확대되자 안중지역에는

---

132) 안중읍 안현로 서3길 29

133) 평택시, 『평택시사(상)』, 2005, 1351쪽.

안중장에 나온 생선

점차 이주민들이 들어와 정착하기 시작했고 안중장은 더욱 더 급속도로 성장한다. 60년대에 상설시장의 단초인 점포 건물들이 들어섰으며 속속들이 도로와 주민 거주 시설들이 구비되었다. 이러한 사실들을 증명하는 것이 사람이 살기 어려운 진 땅이었던 안중에 일종의 임시 행정시설인 안중출장소가 들어섰으며 이후 안중읍, 안중면으로 계속해서 행정구역이 승격되며 인구가 증가했다는 사실이다. 인구의 증가로 인해 각종 초중등 학교가 안중에 들어섰으며 90년대 이후로는 아파트와 신도시 개발도 추진되고 있다.

이와 같은 사실들은 안중시장이 경제적 구심체 역할을 하면서 안중장 덕분에 지역활성화가 이루어졌다는 것을 보여준다. 장시가 도시를 만들어 낸 것이다. 하지만 아이러니 한 것은 2018년 현재의 안중은 장시 때문에 성장했고 평택항과 포승공단을 배후에 두고 있어 서부지역 중심상권으로 급부상하고 있지만, 성장한 도시의 새로운 이주민들은 점차 재래시장을 외면하고 있다는 점이다.

송탄(송북)시장

현재 평택시에 병합된 옛 송탄시 지역에는 송탄(송북)시장, 국제중앙시장, 서정시장 등 세 개의 전통시장이 있다. 이중 송탄시장과 국제중앙시장은 도로 하나를 사이에 두고 인접해 있는 시장인데, 각각 아침장과 저녁장으로 불리고 있어 마치 하나의 시장이 두 개로 분리되어 있다는 생각을 갖게 한다. 이곳 주민들 사이에는 '아침에는 송북시장 장사, 저녁에는 국제시장 장사'라는 말이 전해지는데, 장꾼들이 오전과 오후로 나누어 두 시장을 오가며 장사를 했기 때문이라고 한다.

국제중앙시장이 있는 신장동新場洞은 1914년 행정구역 통폐합 때 진위군 송탄면 신장리였다. 『임원경제지』에는 진위현에 섰던 장 중에서 신장新場이 기록되어 있으므로 이 마을 명칭은 조선후기에 섰던 장에서 유래된 것이다. 물론 일제강점기 신장리에 장이 지속되었는지에 대한 여부는 기록을 발견할 수 없어 확인할 수가 없지만, 면 단위에서 장이 폐지되었다고 보기는 힘들다. 그렇다면 현재의 송탄시장과 국제중앙시장은 신장의 전통을 잇고 있다고 추측해볼 수 있다.

한국전쟁 이후 그간 중단되었던 많은 시장들이 복원되는데, 송탄의 경우는 미군이 주둔하게 되면서 시장이 두 개로 분리되는 형태가 나타난 듯하다. 즉 미군을 대상으로 하는 시장과 주민들을 대상으로 하는 시장이다. 그러나 두 시장에 물건을 공급하는 장꾼들은 다를 바가 없으니 오전반, 오후반 식으로 시장 사이를 이동을 하였다. 그러다 각 장터에 점포가 본격적으로 들어서고 상설시장화되면서 완전히 별개의 시장이 되어버린 것이다.

송북시장[134]은 지산동 라이프아파트와 삼익아파트 근처에 위치한 상설시장으로 최근 통복시장과의 혼동을 피하기 위해 이름을 송탄시장으로 변경하였

---

134) 경기도 평택시 탄현로 346번길 24

다. 점포가 280개 정도인데, 매 4일과 9일로 끝나는 날 오일장이 서서 150개 정도의 노점이 상설시장 주위로 들어선다. 송북상설시장 상인회 총무의 제보에 의하면 평일에 일어나는 매출에 비해 오일장 때의 매출이 대여섯배 가량 증가한다고 한다. 이는 오일장을 통해 상설시장이 활성화 되는 사례이며 경기남부권 장시에서 오일장과 상설시장이 공존할 수 있는 이유이기도 하다.

송북시장. 최근 송탄시장으로 명칭이 바뀌었다.

국제중앙시장

국제중앙시장[135]은 평택시 신장동에 있는 상설시장으로 5일장은 서지 않는다. 평택중앙시장 또는 송탄중앙시장으로 불리기도 하지만 주민들에게는 미군부대 앞에 있는 저녁시장이라는 이름으로 통한다. 341개 점포로 이루어져 있으며 볼거리와 먹거리가 넘치는 곳이다. 1950년대 미 공군기지가 들어서면서 그 주변에 자연발생적으로 형성된 시장인데, 2012년 중소기업청과 시장경영진흥원으로부터 문화관광형 시장으로 지정된 바 있다. 송탄 k-55 신장동 미군부대와 인접해 있는 시장이라 미군들이 자주 드나들므로 시장분위기도 여느 전통시장과는 다

135) 경기도 평택시 신장동 317(중앙1로 7)

르고 파는 물건도 특이한 것이 많다. 평일에도 나이트 마켓, 헬로 푸드트레인 등 다양한 프로그램이 운영되지만, 매주 토요일 오후 2시에는 상인과 지역주민들의 참여로 이뤄지는 공연 및 체험 프로그램과 19, 20번 길 일명 트랜드 거리에서는 먹거리 장터가 열린다. 먹거리 장터는 국내 유일 국제명소시장의 특성에 맞게 외국인들이 자국의 음식을 직접 제공하기도 한다. 이밖에도 카페골목에서 진행되는 벼룩시장은 상인과 외국인, 지역주민이 어우러져 마치 외국에 온 것 같은 느낌을 자아낸다. 이곳에는 다양한 먹거리가 판매되고 있는데, 특히 '미스리 햄버거'라는 햄버거 가게는 프랜차이즈 버거와는 또 다른 특유의 맛이 있는 곳이라 유명하다.

국제중앙시장. 국내인보다 외국인이 더 자주 눈에 띈다.

서정리시장

서정리시장[136]은 1905년 경부선 철도의 서정리역이 생기면서 자연스레 개설된 시장이다. 서정리는 서두물(서정우물)을 중심으로 형성된 진위군의 한적한 농촌

---

136) 경기도 평택시 서정역로 55번길 21

서정리시장 정경

마을에 불과했다가 경부선에 이어 국도 1호선이 마을을 지나며 평택 서북부 교통의 중심지가 되었다. 이에 역 주변에는 시장뿐 아니라 학교, 종교시설, 사회단체, 신문사지국 등이 자리잡았다.[137]

한국전쟁 이후로도 한동안 오일장만으로 유지되던 서정리장은 산업화시기인 1970년대 중반 경 상설시장이 들어서고, 2000년대에는 전통시장 환경개선 사업의 일환으로 아케이드 공사를 끝내고 지금의 모습을 갖추었다. 상설점포는 148개소이고 장터의 중심은 서정역로 55번길로 다양한 품목을 판매하지만 주변으로도 다양한 상점이 자리잡고 있다.

현재의 서정리장은 상설시장과 오일장이 큰 마찰 없이 상호 공존하며 운영되고 있다. 오일장은 매 2일과 7일로 끝나는 날 시장 주변에 서며 자체의 상인회를 조직하여 노점상들의 권익을 보호하고 상호간의 친목을 다지고 있다. 서정리역 주변으로 평택고덕국제신도시가 들어설 예정이라 서정리시장 역시 지속적인 발전이 예상된다.

안정리시장^(팽성시장)

과거 평택은 팽성을 중심으로 하는 충청권 지역이었다. 팽성은 서해 해로 및 아산만 포구와 밀접한 관련을 지니는 곳인데 전라와 충청 지역의 세곡이 집결되

---

137) 『평택시사』, 2013쪽

는 해창海倉이 존재했던 지역이었기 때문이다. 당연히 팽성은 바닷길과 도로와의 접점이 되는 지역이었으며 이에 따라 자연스레 포구 인접 장시권이 형성되었고, 조선시대에는 장시가 3개나 존재했었다. 이 중 읍내장은 3 · 8장이었는데, 이 장의 명맥을 잇는 장시가 바로 안정리시장이다. 안정리장은 상설시장의 명칭을 '팽성시장'으로 하고 있으며, 여전히 3 · 8일에 오일장이 선다.

안정리장은 일제강점기와 한국전쟁으로 큰 변화를 겪는다. 1941년 안정리에 일본의 해군 보급창고와 비행장이 건설되며 안정리 주민들은 강제이주를 당했으므로 당연히 장시가 존재할 리가 없었다. 광복 후 미군이 한반도에 진주하자 안정리는 다시 변화를 겪게 되는데 안정리 일대가 기지촌화되는 것이다. 1952년 미군이 주둔한 후 안정리에 장시가 다시 개설되었다. 하지만 일명 로데오 거리라고 불리는 미군 대상의 상가점포가 중심이었고, 일반 장시는 부차적인 것이었다. 기지촌 산업은 60년대부터 80년대까지 안정리의 활황을 가져왔으나 90년대 이후 급속히 쇠락했으며 이에 영향을 받아 안정리시장 역시 극도로 위축되었던 것도 사실이다. 현재 안정리시장에는 70여 개 점포가 있으며, 3일과 8일에 오일장이 열리지만 인정시장은 아니다.

6) 광주시, 하남시, 성남시, 용인시, 안성시

광주는 조선후기 유수부 지역으로 경기도 중부의 광활한 지역에 걸쳐 있었다. 유사시 왕실이 대피할 수 있는 남한산성 및 행궁이 있어서 육로와 수로망이 잘 정비된 고장이기도 했다. 서울시 송파구와 강남구, 하남시, 성남시, 의왕시는 광주부에 속해 있다가 분리된 지역이다. 이중 성남시와 하남시가 광주에서 분리된 시기는 각각 1970년대와 1980년대이므로 동일 장시권으로 묶는 것은 당연하다.

이 장시권에 용인시와 안성시를 포함시킨 것은 이들 지역으로 영남대로가 통과하였기 때문이다. 동래로라고도 불리는 영남대로는 영남과 충북 지방의 물류가 한양으로 올라오는 길이었고, 일본과의 교역로이기도 했다. 따라서 영남대로 상의 중요 역, 원이 있던 곳을 중심으로 장시가 발달하였다. 광주(성남)의 낙생장, 용인의 용인현내장, 김량장, 백암장, 안성의 죽산장, 이천의 석원장 등이 그 대표적인 장시에 해당한다.

(1) 광주시의 장시

현재의 광주시에 속하는 지역은 옛 광주군의 동쪽 지역이며, 광주읍에 속했던 경안동·송정동·광남동과 남한산성이 위치한 중부면을 중심으로 한다.

『임원경제지』에는 성내장(2·7장), 경안장(3·8장), 곤지애장(4·9장), 우천장(4·9장)의 기록이 보이고, 1926년에는 경안장(경안면 경안리 3·8장), 분원장(남종면 우천리 4·9일), 노곡장(도척면 노곡리, 3·8장), 곤지암장(실촌면 곤지암리 3·8장)이 조사보고 되었다.[138] 이 기록이 정확하다면 광주군에 서던 시장은 날짜가 겹치는 경우가 많은데, 이는 광주군이 워낙 광대한 지역이어서 광주군 자체보다는 오히려 근접해 있는 다른 고장과 연계해서 장돌림이 이루어졌기 때문이라 판단된다.

현재 광주시에 남아있는 전통시장은 경안동의 경안시장과 광주상설시장 두 곳이며, 경안시장 주위로는 3일과 8일로 끝나는 날 오일장이 서기도 한다. 이 외에도 경안중앙상점가와 경안안길상점가와 같은 상점가 시장이 있다.

---

138) 『조선의 시장경제』, 110쪽.

소내장(우천장)

광주시 남종면 분원리는 조선시대 궁중의 사기그릇을 굽던 사옹원의 광주분원이 있었던 곳이다. 지금은 도자기의 본고장으로 이천이 유명하지만, '광주분원 사기방아, 여주이천 진채방아'라는 말이 있듯이 여주·이천의 대명사가 쌀(진채쌀)이라면 분원의 대명사는 사기그릇이었다. 이 분원리 앞에는 팔당댐으로 수몰된 우천리牛川里가 있었고, 분원장·혹은 우천장이라고도 불렸던 소

양수리에서 본 소내섬.
팔당댐이 건설되어 수몰되기 전 우천리 곧 소내마을이 있던 곳이고,
4,9장인 우천장이 섰다.

내장이 섰다. 『임원경제지』에는 우천장으로 1926년 조사에서는 분원장으로 기록되어 있어 장시의 역사가 꾸준히 이어져 왔던 광주를 대표하는 장시였다는 것을 알 수 있다. 소내장은 끝자리에 4일, 9일이 들어가는 날 장시를 개설하여 쌀, 콩, 팥, 깨, 연초 등의 농산물과 종이류, 베, 신발, 도기 등의 생활잡화, 명태, 굴비와 같은 수산물 등을 집산하여 인근 지역으로 공급하는 중심 장터로 번성했다. 팔당호 주변의 양평, 남양주, 하남 지역에 살던 주민들은 나루를 건너 광주의 소내장에 다녔다. 하지만 팔당댐이 건설된 후 우천리는 수몰되었고, 소내장 역시 역사 속으로 사라지고 말았다.

경안시장

광주시의 대표적인 전통시장은 경안시장[139]이다. 상설시장으로서의 경안시장은 64개의 점포로 이루어진 소형시장이지만, 오일장이 서는 날이면 시장 주위로 노점이 들어서며 규모가 커지고 사람들도 북적인다. 경안시장은 조선시대부터 5일장이 섰던 곳으로, 역사가 무려 300여 년 가까이 지속되고 있는 유서 깊은 장터이다. 예로부터 지금까지 3, 8장을 고수하고 있으며, 그 오랜 역사만큼의 지역적 자부심과 정겨움을 간직한 장터이다. 상설점포들도 깔끔하게 정비를 하여 고객 유치에 힘쓰고 있다. 시장 주변에는 경안근린공원이 위치하고 있으므로 장을 보기 전후해서 들러봄 직하다.

광주상설시장

광주상설시장[140]은 102개의 점포로 이루어진 중형시장이다. 상가주택형 복합시장으로 취급품목이 다양하여 언제든지 필요한 물품을 구입할 수 있고, 편의 시설도 잘 갖추고 있어 편안하게 장을 볼 수 있다. 경안시장에 비할 바가 아니지만 1980년대부터 시장이 개설되었으므로 30년 이상의 역사와 전통을 가지고 있다.

⑵ 하남시의 장시

하남시는 광주군에 속해 있던 지역이었다. 1980년 광주군 동부면이 읍으로 승격하였고, 1989년 광주군 동부읍·서부면·중부면 상산곡리를 합쳐 하남시로 승격되며 분리되었다.

---

139) 경기도 광주시 경안로25번길 14
140) 경기도 광주시 경안로25번길 20-3

구한말의 문헌인 『증보문헌비고』에는 동부면 덕풍리에 덕풍장(4·9장)이 섰다고 기록되어 있는데, 일제강점기에는 장이 열린 기록이 없다. 현재 하남시의 상설시장으로는 덕풍전통시장과 신장전통시장이 있고, 덕풍전통시장에서는 오일장도 선다.

덕풍전통시장

덕풍전통시장[141]은 하남시 덕풍동에 위치한 전통시장이다. 113개의 점포로 이루어진 중형규모의 상가주택복합형시장으로 취급품목 중 특히 소갈비가 유명하다. 매 4일과 9일로 끝나는 날에는 오일장도 선다.

덕풍시장은 『증보문헌비고』에 의하면 현재와 같은 날짜인 4, 9일에 정기시장이 섰지만 일찍 폐시된 탓인지 그 이후의 자취를 찾아볼 수가 없다. 현재 상설시장 자리는 80년대 초반만 하더라도 논밭이던 곳인데, 건물들이 들어서고 그 사이에 상가 골목이 형성되면서 자연스레 상설시장이 형성되었다. 2009년 인정시장으로 등록 되었으며, 2014년 아케이트와 주차시설을 갖추는 등 현대화 되면서 하남시의 대표적 전통시장으로 자리매김 하고 있다.

신장전통시장

하남시 신장동에 위치한 신장전통시장[142]은 상가주택복합형시장이다. 70여 년의 역사를 가지고 있는 상설시장이고, 현재 122개의 점포로 운영된다. 시장 골목은 아케이드 시설을 갖추고 있고, 대형 벽화로 장식하여 산뜻한 분위기를 연출

---

141) 경기도 하남시 신장로154번길 57
142) 경기도 하남시 신장1로3번길 42

한다. 최근에는 야시장을 개설하고, 아케이드 내에 아시안푸드 포장마차촌을 마련하여 한식, 일식, 중식, 베트남음식 등 다양한 아시아 음식을 맛볼 수 있다. 100대를 수용할 수 있는 주차시설을 구비하여 이용객들의 편의를 도모하고 있다.

(3) 성남시의 장시

성남시는 경기도 광주군의 중부면 일부와 대왕면, 낙생면, 돌마면에 속해 있던 한적한 고장이었다. 그러다 1969년 광주대단지 건설을 계기로 성남출장소를 거쳐 1973년 독립된 시로 승격된다.

조선후기 성남시 지역에 속한 장시로는 낙생장(3 · 8장)이 유일하였다.[143] 일제강점기에는 분당장(2 · 7장)이 1923년 조사자료[144]에 나타났으며, 해방 후에는 기존의 판교장 및 분당장 외에 5 · 10일 개시하는 고등장과 4 · 9일 개시하는 모란장이 신설되었다.

성남시의 장시는 시로 승격한 직후 큰 변화를 맞이한 것으로 보인다. 1976년의 조사보고를 살펴보면[145] 당시 성남을 대표하는 시장은 모란장이 아니라 판교장(5 · 10일), 대왕장(2 · 7일), 분당장(1 · 6일)이었는데, 전형적인 지역시장의 규모를 보이고 있다.

:: 1976년 초 성남시 정기시장 현황

시장명	개시일	1일 거래액 (가축 제외)	고정 상인	이동 상인	일반이용자
판교장	5 · 10일	124만원	20명	40명	300명
대왕장(고등장)	2 · 7일	55만원	15명	30명	180명
분당장	1 · 6일	65만원	10명	28명	120명

---

143) 『임원경제지』 낙생장은 한동안 폐지되었다가 후에 판교장(5.10장)으로 재개되었다.

144) 조선총독부, 『朝鮮人の商業』, 1925.

145) 국립농업경제연구소, 『한국농촌시장의 제도와 기능연구』, 1977년.

판교에 살며 면양말 장사를 했던 한문수 씨[146]의 제보내용은 성남지역의 장시 변화에 대해 시사해주는 바가 크다. 한문수씨에 따르면 60년대 초만 하더라도 서울 동대문시장에 가서 면양말을 도매로 구입하여 오일장이 열리는 순서에 따라 송파장-고등장(대왕장)-분당장-판교장-수원장을 돌면서 면양말을 팔았다고 한다. 판교장은 당시 근처에서 가장 컸던 장으로 우시장도 장터 안에 섰을 정도였고, 몇 년에 한 번씩 백중장이 열릴 정도로 흥성했었다. 하지만 1960년대 초 모란장이 신설되면서 상황이 달라지게 되었다. 불과 몇 가구밖에 거주하지 않았던 단대천 변에 피난민 정착촌이 조성되면서 신설되었던 모란장은 1971년 이후 광주대단지에 이주해온 사람들로 인해 나날이 엄청난 규모로 발전하였고, 그 반대급부로 기존의 고등장, 분당장, 판교장은 점차 쇠퇴하여 폐쇄되었다는 것이다.

성남의 장시는 이러한 과정과 인구의 급격한 폭증으로 재편을 거듭하게 되었다. 현재 성남시에는 27개소나 되는 전통시장이 등록되어 있다.[147] 이중 모란시장만 4일과 9일로 끝나는 날 서는 오일장이고, 나머지는 상설시장들이다. 성남에 이렇듯 전통시장이 많은 까닭은 성남시에서 실시한 전통시장 및 골목상권 마케팅 사업 등으로 인해 많은 상가건물과 골목 상점가들이 등록시장이나 인정시장이 되었기 때문으로 보인다. 하지만 일반적인 관점에서의 전통시장은 모란시장, 성호시장 등 몇 개소에 불과하다.

---

146) 제보자 한문수씨는 1960-1961년에는 면양말 장사, 1966년부터 1981년까지 판교장에서 쌀장사를 했었다.

147) 모란시장, 현대시장, 신흥시장, 금광시장, 동신종합시장, 단대마트시장, 코코프라자시장, 미래타운제1종합시장, 미래타운제2종합시장, 성남중앙지하상가, 분당우성시장, 현대프라자시장, 분당종합시장, 코끼리시장, 돌고래시장, 야탑에이스코아시장, 하대원시장, 중앙시장, 남한산성시장, 금호시장, 상대원시장, 은행시장, 범한프라자시장, 미금현대벤처빌시장, 모란민속시장, 성호시장 등이다.

낙생장^(판교장)

낙생장은 조선시대 지금의 경기도 성남시 분당구 판교동에 해당하는 광주군 낙생면에 개설되었던 3일과 8일로 끝나는 날 서는 오일장이었다. 낙생장에 대한 기록은 19세기 중반부터 보이지만, 이 지역에서 18세기 중반에 이미 향시가 열렸다는 기록이 보이는 점과 낙생면이 16세기 말의 읍지邑誌에 상세히 기록된 점 등으로 미루어 16세기 말이나 17세기 초에 시장이 형성되었을 것으로 추정된다. 이 지역에서는 별다른 특산물이 생산되지 않았으므로 수도인 한성에서 필요로 하는 땔나무와 잡곡을 비롯하여 농기구와 같은 일부 수공업 제품이 거래되었을 것으로 추정된다. 개설된 시장에 대한 세금은 장세場稅라 하여 국가에서 징수하였는데, 낙생장의 장세는 현절사顯節祠에서 징수하였다. 낙생장은 일제강점기에 판교장으로 이름이 바뀐 것으로 추정된다.

판교장은 분당장과 더불어 1917년경에 형성된 5일장으로 지금의 성남시 분당구 판교동에 해당하는 광주군 낙생면 판교리에서 개설되었는데, 이후 인근 주민들이 생필품을 교환하는 유통 중심지로서 광주군의 경안장, 용인의 김량장과 연계되는 시장권을 형성하였다. 장터는 판교동 너더리 마을에 있었고, 1970년대까지도 시장이 서다가 없어졌다.

분당장

일제강점기인 1917년경에 지금의 성남시 분당구 분당동 지역인 광주군 돌마면 분당리에 개설되었던 정기시장이다. 조선시대에 지방의 정기시장, 곧 향시는 면面 단위로 개설되었으나, 일제강점기에 이르러 행정구역이 개편되면서 시장 개설 단위도 변화하여 리里 단위로 열리게 되었다. 그러나 점차 인근의 판교장과 광주의 경안장, 용인의 김량장 등의 시장권에 흡수되어 장세가 위축되다가 사라졌다.

고등장(대왕장)

조선시대 광주군 대왕면(경기도 성남시 수정구)에 개설되었던 정기시장이다. 대왕장이 개설된 시기는 정확히 알 수 없지만, 조선 중기인 16세기에 면리제面里制가 정비되어 지방의 향시 혹은 장문場門이 보편화되어 전국적으로 개설되었던 점과 광주군 대왕면의 기록이 16세기 말의 읍지에 상세히 나타나는 점으로 미루어 보아 16세기 말이나 17세기 초에 오일장 형태로 시장이 형성되었을 것으로 판단된다.

이후 고등장이라 하여 대왕면 고등동에서 5·10장인 정기시장이 열린 것은 해방 이후이지만 그 정확한 시점은 확실하지 않다. 6·25전쟁 이후 술집들이 새로 생기면서 조성된 '새술막' 거리를 중심으로 5일장이 열리기 시작하였다 하여 '새술막장'이라고 불렸다는 설도 있다. 1970년경 성남비행장이 들어서면서 기존 주거지와 함께 장터가 철거됨으로써 오일장도 사양길에 접어들었으며, 1970년대 중반 성남시로 승격한 직후까지 미미하게 명맥을 유지하다가 사라졌다.

모란시장

모란시장하면 전국적으로 유명한 모란민속오일장을 떠올리지만, 지하철 모란역 5번과 6번 출구 사이에는 평일에도 장을 볼 수 있는 상설 모란시장이 있다. 상설 점포들뿐만 아니라 야채를 파는 노점상들도 군데군데 눈에 띄는데, 규모는 작은 편이다. 보양가공식품업소인 중탕 가게가 밀집되어 있는 건강원 골목을 제외하

모란민속시장(비전성남 2018. 3. 23)

고는 활기가 없는 편이다.

모란민속시장은 4일과 9일로 끝나는 날 서는 오일장으로 성남뿐만 아니라 전국적으로도 규모가 큰 시장으로 손꼽힌다. 모란민속시장은 1960년대 수정구 수진2동의 모란예식장 주변을 중심으로 형성된 조그만 시골시장이었다가 성남의 인구가 급증하는 1970~80년대에는 성남시외버스터미널과 성남대로변까지 넓은 지역을 차지하게 되었다. 현재의 장터는 1990년에 이전한 곳으로 모란 사거리에서 성남 시외버스터미널을 지나 대원천 하류의 복개터 일대의 길이가 350m, 면적이 3,176평에 이르는 지역이다. 장터는 장날을 제외하고 성남시 시설관리공단에서 관리하는 공영주차장으로 활용되고 있다. 모란시장에 출시하는 상인수는 천여 명에 달하며 자가 생산물을 팔러온 농민들을 제외하고는 대부분 상인회에 등록되어 있다. 수도권에서는 보기 드물게 전국 각지에서 생산된 물품의 도매와 소매가 활발히 이루어지다보니 수도권 전 지역의 사람들이 몰려 장터의 규모가 커졌다.

장터는 화훼부, 잡곡부, 약초부, 의류부, 잡화부, 생선부, 야채부, 음식부, 고추부, 애견부, 가금부, 신발부, 기타부의 13개 품목별로 구획되어 좌판이 배열된다. 모란민속시장은 가축시장으로도 유명하다. 애완용 동물뿐만 아니라 식용으로 사용할 개, 토끼, 염소, 닭 등도 활발히 거래된다. 개고기를 파는 상인들이 다수 있어 한때 개고기 시장이라고 불린 적도 있고, 2011년에는 '개고기축제'가 열릴 뻔하였지만 시민단체들의 반대로 무산된 바 있다.

성호시장

성호시장[148]은 중원구에 위치한 상설 전통시장으로 점포수는 400여 개에 달한다. 1970년 자연발생적으로 개설되었고 도매와 소매 기능을 겸하고 있다. 중앙로를 경계로 성남종합시장과 인접해 있는데 1980년대에는 점포수가 1000여개에 달하는 대형시장이었다. 그러다 1996년 분당 신도시에 대형마트가 들어서면서 전통시장의 입지가 흔들리며 쇠퇴의 일로를 걷게 되었다. 2000년 이후에는 현대화와 시장 활성화를 위한 노력으로 재기의 전기를 마련하였고 현대화된 시설을 갖춘 전통 시장으로 탈바꿈하고 있다.

중앙시장

중앙시장은 수정구 제일로에 있는 상설 전통시장이다. 1971년 가, 나, 다 동이, 1976년 라동이, 1990년에는 마동이 개설되며 규모를 확장하였다. 2002년과 2006년 발생한 2차에 걸친 화재로 다수의 점포가 소실되는 위기를 겪기도 하였지만 재정비를 하였고, 재건축 허가가 승인되면 현대화 시설을 갖춘 주상 복합형 상가로 재탄생할 계획이다.

---

148) 성남시 중원구 산성대로 216

현대시장

현대시장은 수정구 태평동에 자리 잡고 있는 상설전통시장으로 50개 정도의 점포를 가지고 있는 소형 시장이다. 중앙시장과 잇닿아 붙어 있는 시장인데, 중앙시장이 예전 전통시장의 모습을 그대로 유지하고 있는 편이라면, 현대시장은 신축 건물에 상인들이 점포를 배당받아 영업을 하고 있으므로 이름에 걸맞게 현대적인 분위기가 풍긴다.

남한산성시장(은행골목시장)

남한산성시장은 남한산성에서 도보로 10여 분 거리에 있는 상설전통시장이다. 이전의 명칭은 은행골목시장이었다가 2013년 남한산성시장으로 명칭을 변경하였다. 주상복합상가가 앞에 있고 그 뒤쪽으로 골목 시장이 펼쳐진다. 남한산성이 서울 근교의 대표적인 관광지이기 때문에 등산객이나 관광객들이 집으로 돌아가지 전에 즐겨 찾는다. 그래서인지 먹거리 가게들이 많이 눈에 띄는데, 소머리국밥집, 반찬가게도 있고 막걸리와 파전을 파는 포장마차촌도 있다.

대략 25년 전 주상복합상가를 중심으로 골목에 하나 둘씩 상가가 생기게 되어 지금의 시장이 형성되었고, 최근 성남시로부터 정식 인정되었다. 아직은 아케이드와 같은 비가림 천장이 없는 골목 상가이지만, 2015년 골목형시장 육성지원사업에 선정된 후 시설과 환경을 개선하여 지역주민 뿐 아니라 관광객과도 소통할 수 있는 전통시장 만들기에 매진하고 있다.

상대원시장

상대원시장은 중원구 상대원 1동과 2동, 3동이 마주치는 곳에 위치한 상설 전통시장이다. 시장 골목은 아케이드형 지붕가림이 되어 있는데, 골목도 널찍하고 간판도 잘 정비되어 있어 깔끔한 편이다. 1973년 성남시의 탄생과 함께 개설되었고, 상대원 산업단지가 조성되고 인구가 급속하게 증가되자 1980년대까지 성남 최고의 상권으로 번성하였다. 이후 1990년대 공장들이 이전되고 대형 할인마트가 등장하면서 쇠퇴하였으나 최근 전통시장 활성화 정책과 상인들의 노력으로 다시 활기를 띠고 있다. 상대원 시장은 각 골목길을 기준으로 A, B, C의 세 구간으로 나누어져 있고 총 80여 개의 점포가 들어서 있다.

⑷ 용인시의 장시

용인은 조선 초 용구현과 처인현을 합쳐 용인현이 성립하면서 출발되었다. 갑오개혁 후 용인군이 되었다가 1996년 시로 승격되며 오늘에 이르고 있다. 용인은 영남대로가 통과하는 지역이어서 일찍이 도로망이 발달되어 교통의 요지로 자리잡고 있었다. 일제강점기 신작로와 경부선 철도가 용인을 우회하는 바람에 한때 이러한 기능을 상실한 적도 있었지만 1970년대 경부고속도로와 영동고속도로가 개통됨으로써 예전의 위상을 회복하게 되었다.

　　용인시에 속한 조선후기의 장시로는 18세기 중엽에 간행된 『동국문헌비고』, 19세기 중반에 간행된 『임원경제지』, 『대동여지통고』, 용인, 양지, 죽산의 읍지 등을 참조하면, 용인현 소재지의 현내장과 김량장, 남사면의 도촌장, 양지면의 개천장(개나리장)과 당시에는 죽산에 속했던 배감장(백암장) 등이 있었다.[149]

　　당시 장시의 규모는 장세場稅를 얼마나 수납하였는가로 가늠할 수 있다. 용인에서는 1794년 한 해 동안 총 216냥의 장세가 수납되었고, 그 중 현내장에서

---

149) 임영상 외, 『시장과 사람들』, 선인출판사, 2013, 14쪽

봄과 여름철에는 매달 4냥 8전씩, 가을과 겨울에는 6냥씩 거둬들였고, 김량장에서는 각각 6냥과 9냥씩, 도촌장에서는 4냥 2전과 6냥씩, 배감장은 8월부터 2월까지는 15냥 5전, 3월에서 7월에는 7냥 8전으로 책정되었다. 이는 그 당시 경기도의 안성장(720냥)을 제외하고는 가장 많은 액수로 용인 지역의 오일장이 경기도에서도 꽤 큰 장시였음을 확인할 수 있다. 용인에서 주로 거래되었던 주요 품목은 미곡, 면포, 마포, 어염, 대추, 밤, 배, 감, 유기, 옹기, 사기, 연초, 소 등이 있었다.

:: 조선후기 용인지역의 장시

지역(장)	문헌	동국문헌비고 (1770)	임원경제지 (1830)	대동여지통고 (1834)	비고 (현재 지명)
용인	현내장	*	2·7	2·7	기흥구 언남동
	김량장	5·10	5·10	5·10	처인구 김량장동
	도촌장	1·6	1·6	1·6	남사면 봉무리
양지	개천장	*	4·9	*	양지면 제일리
죽산	배감장	3·8	1·6	1·6	백암면 백암리

현재 용인의 전통시장으로는 상설시장인 용인중앙시장과 정기시장인 용인오일장, 백암오일장이 있다.

용인중앙시장

용인중앙시장[150]은 처인구 김량장동에 위치한 시장이다. 상가 골목에는 아케이드 시설이 설치되어 있다. 60여 년의 전통을 이어오고 있으며 535여 개의 점포가 있는 규모가 큰 시장이다. 싱싱한 채소와 과일은 물론 산지에서 공수된 수산물과 축산물, 곡물 등 다양한 품목을 취급한다. 특히 순대골목과 떡골목, 잡화골목과 같이 별도의 특화된 골목을 배치하여 효율적으로 장을 보기에 편하다. 교

150) 경기도 용인시 처인구 금령로 107번길 13

통과 접근성이 유리하고 지역상권과 연계되어 있기 때문에 지속적인 성장 잠재력을 내포하고 있다.

용인오일장(김량장)

김량장은 용인시 처인구 김량장동에서 끝자리가 5일, 10일마다 서는 장으로 용인중앙시장 부근 금학천변에 장이 선다. 용인장은 조선 영조 때의 읍지邑誌에 김량장이라는 이름으로 기록된 오랜 역사를 지니고 있는 장이다. 고려시대에 김량이라는 사람이 맨 처음 장을 열었기 때문에 그런 이름이 붙었다는 설이 전한다. 1990년대 중반까지만 해도 번성한 장터였으나 인근의 성남 모란시장이 각광을 받게 되고, 용인지역이 도시화되어 대형마트 등이 들어서면서 쇠퇴하기 시작했다. 장의 활성화를 위하여 오일장 외에도 매주 토요일에 알뜰장터를 열어 친환경 농산물을 비롯한 다양한 상품을 저렴하게 판매하고 있는데, 즐겨 찾는 사람이 점점 늘어가고 있어 고무적이다. 용인오일장은 용인의 전통 풍물과 지역 문화를 느낄 수 있을뿐더러 민속촌과 에버랜드 등이 있어 관광객들이 즐겨 찾는 지역이므로 이러한 관광지와 연계하여 장터를 활용하는 다양한 방안이 모색되고 있다.

백암오일장

백암장[151]은 처인구 백암면 백암리에 서는 전통 오일장이다. 백암장은 조선시대에 죽산현에 속했던 장시로, 배관장排觀場 혹은 배감장排甘場으로 불리기도 했었다. 언제 장이 개설되었는지 정확하지 않지만, 『동국문헌비고東國文獻備考』 향

---

151) 경기도 용인시 처인구 백암면 백암로202번길 18

백암장 정경

시조鄕市條에 '배관장'이란 이름으로 기록되어 있어서 18세기 후반에 한양과 수원, 안성 등 경기 지역 상권과 연결되면서 주요 상업지역으로 성장했을 가능성이 크다.

　백암면은 1914년 행정구역이 개편되면서 용인으로 편입되었는데, 경부선·수여선·안성선 철도가 개설된 이후에는 철도와 인접한 도로에 위치해 있었으므로 백암장은 장세를 유지할 수 있었다. 1938년 당시 백암장에서 거래되었던 물품 거래액은 30만 2,737원에 달하였다. 당시 대시장이었던 안성장이 100만 원 정도의 규모였음과 비교해볼 때 백암장은 중소 규모의 시장치고는 상당한 지역의 상권을 형성하고 있었다고 할 수 있다.

　백암장은 1970년대 중반 당시 고정 상인이 40명에 이용자는 600명에 달했다. 1990년대에 대규모의 우시장이 들어서자 각지에서 의류, 생선, 막걸리, 과일 장수 등이 몰려들었고, 돼지와 소, 쌀시장으로 전국적인 유명세를 탔다. 그 후 사업화와 더불어 전통시장이 위축되면서 백암장도 쇠락의 길에 접어들어 다양한 활성화 방안을 모색하고 있다.

현재 백암장은 1일과 6일로 끝나는 날 서며, 1,000여 평의 시장 부지에 온갖 먹거리 가게와 의류, 만물상 등 100여 개의 가게와 노점들이 들어선다. 양지면, 원삼면, 백암면 주민들과 인근 도시 지역의 주민들이 많이 이용한다.

백암장의 자랑거리로 첫 손을 꼽을 수 있는 품목이 백암순대이다. 순대가게는 장터 주변에 원조격인 '옛날백암순대'등 10여 곳 정도가 성업 중인데 이곳 순대는 인조순대가 아닌 순수돼지 내장에다 온갖 야채를 넣어 만들어 고소하고 담백해서 소비자들의 인기가 높다. 곤달걀도 빼놓을 수 없는 이곳의 명물이다. 곤달걀은 양계장에서 제대로 부화되지 못하고 죽은 불량품 계란이지만 정력식품으로 알려지면서 인기를 끌고 있다. 백암농업협동조합 뒤편 시장 어귀에 큰 대야에 곤달걀을 가득 담아놓은 노점상들이 많다. 각종 야채류 모종장사도 유명하다. 모종시장은 4월 중순부터 5월 하순까지 약 한 달여 동안 성시를 이루는데 종류도 매우 다양할 뿐 아니라 값도 저렴해 인기가 높다. 쌀시장도 옛 명성을 이어오고 있는데 요즘은 대형유통업체들을 통해 거래되는 탓에 유통량이 크게 줄었지만 친환경농법으로 재배한 추청쌀로만 수매해 브랜드화한 백옥쌀이 인기를 끌어 명맥을 유지해오고 있다.

백암 순대

(5) 안성시의 장시

안성시는 경기도 남부에 위치한 시로 충청도에 맞닿아 있어 예로부터 삼남으로 통하는 관문의 역할을 해왔다. 그래서 조선후기에는 대구, 전주와 함께 3대 상업 도시로 손꼽히기도 했는데, 당시 안성은 대도시 부럽지 않은 번화한 도시였다. 안성은 고려말 현에서 군으로 승격한 후 조선시대까지 별 변화 없이 행정구역을 유지해오다가 1914년에는 양성군과 죽산군이, 1963년에는 용인군 고삼면이 안성군에 편입되는 등 행정구역이 확대되었고, 1998년에는 안성시로 승격되어 오늘에 이르고 있다.

안성시 지역에 속해 있던 조선 후기의 장시는 안성군의 군내장(2 · 7장)과 죽산부의 부내장(4 · 9장), 이실장(3 · 8장), 주천장(3 · 8장) 등이었다.[152] 그러다 일제강점기인 1926년의 조사보고에는 안성장(2 · 7장), 죽산읍내장(1 · 6장), 주천장(3 · 8장)이 기록되어 있다. 현재 안성시에는 안성중앙시장과 죽산시장, 일죽시장 등의 전통시장이 있는데, 일죽시장이 예전의 주천장이므로 조선후기서부터 이어지는 장시의 전통이 잘 이어지고 있는 편이다.

안성의 특산품으로는 안성맞춤이라는 말을 만들어냈던 유기(놋그릇)를 떠올리지 않을 수 없다. 하지만 스테인레스 그릇이 나온 후로는 이제 유기는 그 쓰임새가 거의 없어졌다. 놋그릇의 녹을 없애기 위해 수세미질을 해본 사람들은 녹슬지 않는 그릇이 얼마나 매력적인가를 실감할 것이다. 그래서 안성유기는 더 이상 생활용품이 아닌 기념품으로 공방에서 제작되어 팔리고 있다. 유기는 특히 주물을 사용하지 않고 두드려서 만드는 방짜유기가 유명한데, 안성의 방짜유기를 만드는 기술은 무형문화재로 지정되어 있다. 그밖에 안성의 특산품으로

---

152) 『임원경제지』

는 포도를 들 수 있다.

안성시장 · 안성중앙시장

안성시 서인동 서인사거리 근방에는 안성시장[153]과 안성중앙시장[154]이 있다. 두 시장은 안성맞춤대로를 사이에 두고 마주보고 있다. 원래 두 시장은 구분이 없이 안성시장으로 통칭되었는데, 30여 년 전 형성되었던 안성중앙시장이 2007년 정식으로 명칭을 변경하며 독립된 시장이 되었다. 두 시장 모두 상가건물형 시장으로 기존의 열악했던 환경을 안성시의 지원받아 깔끔하게 시설 개선을 한 상태이다. 안성시장은 현재 136개의 점포가, 중앙시장은 102개의 점포가 운영 중이다.

2일과 7일로 끝나는 날이면 중앙시장 주변으로 오일장이 들어서며 옛날의 전통을 이어나가고 있다. 조

안성시장과 안성중앙시장(안성문화관광 홈페이지)

---

153) 안성시 시장길 37(서인동)
154) 안성시 장기로45번길 30(서인동)

安城市場賣買(取引)光景(米穀市場一部)

「안성기략」에 실린 안성시장 미곡시장 일부

선 후기 안성장 역시 2·7장이었는데, 대구장, 전주장과 함께 전국의 3대 장에 들었을 정도로 규모가 컸던 지역중심시장이었다. 안성장 하면 연암 박지원의 〈허생전〉을 거론하지 않을 수 없다. 허생이 안성으로 내려와 과일과 말총 등을 매점매석하자 전국적으로 품귀현상이 일어나 값이 치솟는 대목이 떠오르는 것이다. 이러한 소설의 내용은 당시 안성이 삼남에서 한양으로 물품이 집산되는 길목三南之交(삼남지교)이었고, 물가를 좌지우지할 만큼 유통량이 많았다는 사실을 반영하는 것이다.

안성장은 특히 유기를 비롯한 수공예품으로 유명했는데, 18세기 말 정조가 화성을 축조한 후 안성의 공장工匠들을 대거 수원으로 집단 이주시키면서 타격을 받게 되지만 여전히 전국의 15대 장에 들 정도의 위상은 유지하고 있었다. 하지만 1905년 경부선 철도가 안성을 빗겨 지나며 삼남에서 올라오는 물류들이 안성에 집산되지 않고 평택 → 수원 → 경성의 경로를 통해 기차로 운송됨으로써 안성장은 쇠락의 길을 걷게 된다.[155] 그래도 안성장의 명성과 저력이 쉽게 사라지는 것은 아니어서 지금도 장날이 되면 길을 헤쳐 나가기 힘들 정도로 인파가 몰린다.

죽산시장

죽산시장은 일제 강점기에 미곡 집산지로 경기도내에서 굴지의 시장이었다. 매년 추수기가 되면 시장 도처에 미곡이 산적하였고, 곡물이 연액으로 10여 만 석에 달해 '쌀의 죽산米의 竹山'이라는 칭호까지 얻게 되었다고 한다. 1928년에는 죽산시장을 통해 수출된 쌀이 10만석을 돌파하게 되어 미곡동업자 주최로 축하회를 열기도 한다.

죽산시장. 예전 번성했던 모습을 찾아보기 힘들다.

　　죽산시장의 장날은 1921년부터는 음력 1일과 6일이었으나[156] 1923년 7월에 우시장을 개설하고 수년간의 노력 끝에 1935년 우시장이 정식으로 인가되면서 5일과 10일로 장날을 바꾸게 되었다. 죽산에 우시장이 개설됨으로 인근에서 가장 컸던 백암의 우시장이 타격을 받게 되었다. 당시 우시장자리로 거론된 곳

---

155) 홍원희, 「안성장의 발전과 쇠퇴」, 『전조선 3대시장 안성장』, 2009. 72쪽
156) 양력으로 개시 일을 정하게 된 것은 1938년부터이다.

이 지금의 죽산공원이었으나 주민들의 반대로 무산되어 죽산공원 바로 앞인 현 죽산농협 자리에 섰다가 후에 죽산천변 근처로 자리를 옮기게 된다.

　죽산시장은 1990년대까지만 해도 장이 활성화되었으나, 요즘은 규모가 많이 줄어든 상태로 현재 90여 개의 점포가 들어선다.

일죽시장(주천장, 주래장)

일죽장[157]은 안성시 일죽면 송천리에 있는 상설시장 겸 오일장이다. 상설시장은 156개의 점포로 이루어져 있는 상가주택복합형 시장이다. 1968년부터 그 역사와 전통을 이어오고 있다.

　일죽장 주변으로는 3일과 8일로 끝나는 날 오일장이 서는데 조선후기 문헌에도 기록된 역사적 전통이 있는 장이다. 현지에서는 아직도 이를 주래장(주내장)이라고 부르는데, 원래 명칭은 주천장注川場이었다. 1940년 일제에 의해 장이 송천리로 옮겨져 정식으로 인가가 나기 전까지 주천장은 원래 주천리에 섰던 장이기 때문이다. 지금도 주천리의 하주천마을은 구장터로 불리기도 한다. 조선 순조 때에 쓰여진『임원경제지』와 조선후기의 지방지도에도 주천장이라고 기록되어 있다. 1842년에 쓰인 죽산부 읍지에도 주천장에 대해 '부의 동쪽 20리의 천남일면에 있고 개시일은 3일과 8일이라고 기록되어 있다.

　일죽장은 1970년대 초까지만 해도 상당히 성황을 이루었다. 장날에는 사람들로 발 디딜 틈이 없었고 시장의 이름난 먹거리인 '순대국 국수'는 불티나게 팔려나갔다고 한다. 마을 어르신들에 따르면 한국전쟁의 혼란 속에서도 장이 섰고, 우시장으로는 사람들이 돈을 주우러 다닐 정도였다고 한다. 우시장의 경우 한 번

---

157) 안성시 일죽면 주래본죽로 30-9

장이 서면 150여 마리의 소가 각지에서 몰려들었고 거래되는 소가 20~30여 마리에 이르렀다. 영남 지방에서 올라오는 소는 보통 대여섯 마리씩 무리지어 올라오는데 맨 앞에 제일 큰 소를 앞장세우고 오는 광경은 그 자체로 큰 볼거리였다. 이 소들은 먼 길을 오는데다가 포장도로가 아닌 흙길이었기 때문에 발을 보호하기 위해 소의 발에 짚신을 신겼다.

이렇듯 흥성하던 일죽장도 점차 쇠퇴하여 우시장도 오래 전에 폐쇄되었고, 현재 송천리에 있는 장터에는 장날에도 10명 정도의 노점상이 들어설 뿐이다.

7) 구리시, 남양주시, 가평군

구리시와 남양주시는 예전 양주군에 속해 있다가 분리된 지역이다. 한양의 흥인지문(동대문)을 통과한 평해로가 구리, 남양주를 통과하여 양평으로 이어지고, 양평 두물머리에서 합류하는 남한강과 북한강은 한강 본류가 되어 남양주·구리와 그 맞은편인 하남시를 통과하여 경강으로 진입한다. 따라서 구리시와 남양주시는 동일한 도로와 강길로 이어진 지역이므로 동일 장시권을 형성하였다. 가평군은 원래 강원도에 속했다가 경기도로 편입된 지역이어서 모호한 점은 있으나, 남양주와 경계하고 있어 지선도로망과 북한강의 강길을 통해 남양주와 활발히 교류하던 지역이므로 동일 장시권으로 묶어 보았다.

(1) 구리시의 장시

구리시는 경기도의 중앙부에 위치하는 시로 조선시대에는 양주목에 속하던 지역이었다. 1914년 행정구역 개편 때 양주군 구지면과 망우리면, 그리고 노해면의 일부지역이 병합되었는데, 이때 구지면의 '구'자와 망우리면의 '리'자를 합해 구리면이라 하였다. 1963년 망우리가 서울 동대문구에 편입되자 1973년 나머지 지역을 묶어 구리읍이 되었고, 1980년 양주군에서 분리되어 남양주군에 소속되었다가 1986년 구리시로 분리 · 승격되었다. 구리시의 중심이 되는 옛 구지면은 '곶'이 '고지'로, '고지'가 '구지'로 변하여 이를 한자로 표기한 것이다. 이 지역이 한강과 왕숙천로 둘러싸여 있기 때문에 일종의 곶으로 보았던 것이다.

조선후기와 일제강점기의 문헌에는 구리시 지역에 장시가 선 기록이 없다. 이는 이곳이 전형적인 근교 농업지역이어서 생산품을 직접 서울에 내다팔고 필요한 물품을 구입해왔기 때문인 듯하다.[158] 실제로 이곳 어르신들의 말씀을 들어보면 채소나 땔감 등을 거의 매일 교문리, 망우리, 청량리를 지나 동대문까지 가서 팔고 돌아왔다고 한다. 현재도 구리시의 전통시장으로는 구리전통시장이 유일하고 오일장은 서지 않는다.

구리전통시장

구리전통시장[159]은 수택동에 있는 상설전통시장이다. 1960년대 후반부터 자연 발생적으로 골목 시장의 형태를 갖추기 시작하였고, 2005년에 상인회가 출범하여 인정 시장으로 등록되었다. 이후 아케이드를 설치하고 공영주차장을 마련하는 등 시장의 현대화 사업을 추진한 결과 전국 시범시장으로 확정되었으며, 2013년에는 관광형 시장으로 선정된 바 있다. 2016년 현재 점포수는 161개소로 중형 시장의 규모이다.

구리전통시장에서는 다양한 축제 및 행사가 열린다. '구리전통시장 거리 축

---

158) '교문리 – 망우리 – 청량리 – 동대문'의 경로로 땔감이나 채소 등을 거의 매일 내다 팔았다 한다.
159) 경기도 구리시 검배로6번길 31

구리전통시장 소방훈련 모습(구리전통시장 홈페이지)

제'를 꾸준히 개최하고 있고, '구리전통시장 예술 시장'과 '운수 대통 복권 사업', '어린이 벼룩시장' 같은 연간 행사도 진행된다. 또한 문화관광형 시장 육성 사업의 일환으로 '다문화 음식 축제'도 개최되는데, 대만·베트남·우즈베키스탄·일본·중국·캄보디아 등 총 12개국 대표들이 참가하여 전통 시장을 찾은 고객들에게 각 나라 고유의 음식을 맛보게 하는 시식 행사이다.

전통시장 인근에는 돌다리 곱창 골목이 있다. 1998년부터 청소년들이 즐겨 먹는 곱창집이 들어서기 시작하여 지금은 50여 개가 밀집되어 있으며, 먹거리 골목으로 유명세를 타고 있다.

⑵ 남양주시의 장시

남양주시는 경기도 동북부에 위치하는 시이다. 조선시대 양주목에 속했다가 1980년 양주군에서 분리되었는데, 양주의 남쪽지역에 위치하므로 남양주라 하였다. 이때 남양주군에 포함된 지역은 구리읍·미금읍·별내면·진접면 등의 2읍 6면이었다. 1995년에는 시가 되어 분리되어 있었던 미금시와 재통합하여 남양주시로 승격되었다.

『임원경제지』에는 양주 하도면에 마우장(2·7장) 섰다고 기록되어 있고, 1926년 일제강점기에는 양주군 봉접면에 광릉천장(1·6장), 화도면에 마석우장(5·10장), 미금면 삼패리에 평구장(2·7장)이 있었다고 보고되었다. 현재 남양주에는 상설전통시장은 없고, 오일장이 서는 곳이 세 군데 있다. 2일과 7일에는 장현장, 3일과 8일에는 마석우리장, 4일과 9일에는 광릉장이 열린다.

마석우리장

마석우리장[160]은 화도읍 마석우리에서 열리는 장이다. '마석磨石'은 맷돌을 가리키는 말이고, '우隅'는 모퉁이를 뜻하므로 마석우라는 이름은 맷돌을 만드는 모퉁이 마을이라는 의미일 터이다. 실제로 이 고장에서는 맷돌이 많이 생산되었다

1993년의 마석우리장 정경(남양주시 홈페이지 포토갤러리)

---

160) 경기 남양주시 화도읍 마석로17번길 26

한다. 『임원경제지』에 마우장이 나타나므로 역사가 깊은 장이지만, 현재의 마석우장은 한동안 폐시되었던 장을 일제강점기에 다시 세운 것으로 보인다. 원래 강원도 춘천의 샘밭 우시장을 다니던 차산리의 유진호, 청현리의 위만강, 마석우리의 김길용 세 사람이 창현리의 석천변 황무지에 2천여 평의 땅을 구입하여 1925년에 개장했다가 장의 규모가 커지자 현 위치인 철도 굴다리 왼편 복개공사를 한 곳으로 옮겼다는 현지의 제보가 있기 때문이다.[161] 『조선의 시장경제』에 보고된 마석우장은 1925년에 재개된 장시일 것이다. 마석우장에서는 우시장도 섰는데 70년대 말까지 지속되었다.

현재의 마석우리장은 3일과 8일에 경춘선 철교 아래에 있는 화도 제2공용주차장 공간에서 선다. 점포가 200여 개 정도로 남양주의 3개 전통시장 중 규모가 가장 크다.

장현장

장현장[162]은 진접읍 장현리에 서는 오일장으로 장날은 2일과 7일로 끝나는 날이다. 장시가 개설된 지는 50여 년이 되었다 하는데, 그동안 장현리 주민들에게 중요한 장터 역할을 충실히 하여 왔다. 현재 40여 개 정도의 노점이 운영된다.

광릉장

광릉장[163]은 진접읍 부평리에 서는 작은 규모의 오일장이다. 장날은 4일과 9일로 끝나는 날이며 점포수는 30여 개소 정도이다. 비록 작은 규모이지만 부평리 주

---

161) 구지사랑 한철수의 구리이야기(http://blog.joins.com/guji2311/4936978)
162) 경기 남양주시 진접읍 장현로88번길 5-15
163) 경기도 남양주시 진접읍 광릉내로 45

민들에게는 꼭 필요한 장터이다. 50여 년의 전통을 가지고 있으며 광릉불고기, 숯불고기가 유명한 지역이어서 외지에서도 찾는 발길이 이어진다.

⑶ 가평군의 장시

가평군은 경기도의 동북쪽 산간지대에 위치한 군이다. 조선시대 가평군은 강원도와 경기도로 관할지역이 자주 변경되었고 한때 포천에 편입된 적도 있으나 1896년 가평군으로 독립하여 오늘에 이르고 있다. 가평군의 남쪽으로는 북한강이 흐르고, 청평호반, 용추구곡 등 뛰어난 자연환경을 가지고 있어서 관광객의 발길이 끊이지 않는다.

『임원경제지』에는 가평군에 군내장(1 · 5장)과 하면의 신복장(3 · 8장)이 섰고, 1926년 조사에서는 군내면 읍내리의 읍내장(4 · 9장), 하면 현리의 현리장(3 · 8장)이 섰다.

현재 가평의 전통시장에는 가평잣고을전통시장, 가평정기5일장, 청평정기5일장, 미원정기5일장 등이 있다. 가평은 광주산맥이 주위를 둘러싸고 있어서 전체 군면적 중 84%가 산림으로 이루어져 있다. 따라서 가평지역에서 나오는 특산물도 더덕, 도라지, 고사리 등 산채류가 많으며. 밤과 잣도 유명하다.

가평잣고을전통시장

가평잣고을전통시장[164]은 가평읍내에 있는 가평군을 대표하는 상설전통시장이다. 가평읍내에는 오일장만 서고 상설시장이 없었는데, 2015년 오일장 상인들이 상인회를 구성하여 전통시장을 출범시키고 등록시장이 되었다. 시장의 구성

---

164) 경기도 가평군 가평읍 장터2길 10

은 구획 내 118개 점포와 오일장 상인 110여 명으로 구성되어 있다. 매년 4월부터 10월까지는 매주 토요장터가 열려 가평지역의 농특산물, 수공예품, 먹거리들을 판매한다. 이때 특설무대가 만들어져 다채로운 문화예술행사도 실시한다. 2017년에는 골목형시장 육성지원사업에 선정되었는데, 이에 시장상인회에서는 관광객들이 편하게 먹을 수 있는 먹거리 및 잣을 활용한 간식거리 등 특화상품을 개발하고 지역 고유의 개성과 특색을 살린 문화공간 조성을 통해 시장의 활성화를 꾀하고 있다.

가평정기오일장

가평잣고을전통시장 주변 골목으로는 5일과 10일로 끝나는 날 오일장이 열린다. 가평오일장[165]은 1923년부터 시작해서 95년간의 역사를 이어오고 있다고 한

가평오일장 정경(한국관광공사)

---

165) 경기도 가평군 가평읍 읍내리 405-1

다. 하지만 『임원경제지』에 군내장이 언급되어 있는데, 당시의 군내면이 지금의 가평읍이며 장날도 5, 10장으로 일치하므로 가평장의 역사는 조선후기까지 소급할 수 있다.

가평오일장은 가평역에서 버스로 5분 거리에 있고, 가평 버스터미널에서 걸어서 3분 정도면 시장에 도착할 수 있어 관광객이 즐겨 찾는 곳 중 하나다. 가평읍 가화로 장터길을 중심으로 한 'ㅂ'자형 일대 골목으로 노점이 들어선다. 장터에는 두릅, 방풍나무, 곰취, 쑥 등 각종 산나물이 풍성하고, 담백한 묵밥도 가평장에서 맛볼 수 있는 대표적 먹거리이다.

청평정기오일장

청평오일장[166]은 가평군 청평면에서 2일과 7일로 끝나는 날 열리는 오일장이다. 장터가 청평 터미널에서 10분 거리에 있어 교통이 편리한 편이다. 서울 근교에 위치하므로 서울에서 온 장꾼들도 다수 있다. 1923년 일제강점기에 개설되어 지역의 물류 유통에 중요한 역할을 해왔으나 현재는 장터 주변에 대형할인점이 들어서면서 많은 어려움을 겪고 있다. 장의 규모가 큰 편은 아니어서 장날에는 60여 개의 노점이 들어서서 각종 곡식류와 채소, 잡화 등을 판매한다. 최근에는 가평군이 15억 원을 지원하여 점포를 재정비하고 화장실, 주차장 등 고객 편의시설을 갖추어 재도약을 준비 중이다. 청평은 가평의 제1경 청평호반이 있어서 낚시, 수상 레포츠, 드라이브코스로 정평이 난 곳이므로 유원지 관광 후 장을 방문하는 관광객들도 많다.

---

166) 경기 가평군 청평면 시장중앙로 19

미원정기5일시장[167]은 가평군 설악면 신천리에 서는 오일장인데, 설악장이라는 이름으로 더 알려져 있다. 장터는 청풍호반을 지나 버스로 10분 정도 거리에 있으며 장날은 1일과 6일로 끝나는 날이다. 설악면 일대의 주민들이 주로 이용하는 장으로 약 30여 개의 노점이 운영된다.

8) 양평군, 여주시, 이천시

양평과 여주는 남한강 수운의 중심기지 역할을 하였던 곳이고, 도로로는 평해로가 통과하는 지역이었다. 고려에서부터 조선조에 걸쳐 영남과 강원, 충북의 세곡이 충주의 가흥창, 원주의 흥원창에 집산되었다가 남한강 물길을 타고 한양으로 운송되었고, 이 물길은 조선후기 상업적 물류 유통의 경로로 이용되어 여주, 양평 지역에 대시장을 형성하게 된다. 이천은 남한강과 접하지는 않지만 예전부터 '여주·이천'이라고 묶어 부르듯이 여주와 동일한 문화·경제권역에 속하는 지역이다. 또한 남한강의 지류인 청미천은 이천의 장호원까지 소규모 장삿배의 소강이 가능한 하천이었다.

(1) 양평군의 장시

양평군은 경기도 중부의 동쪽에 위치하며 조선시대 양근군과 지평군이 1908년 합병되면서 이루어진 고장이다. 양평군은 군의 북서쪽 양서면 양수리에서 남한강과 북한강이 합류하므로 물길도 발달해 있었지만, 경기도에서 강원도 홍천, 횡성, 원주로 이어지는 도로도 이 지역을 통과하므로 사람들이 자주 왕래하였고,

---

167) 가평군 설악면 신천리 413-13

교역도 활발하였던 곳이다.

19세기 전반 양근에는 사탄장(3·8장), 가좌곡장(2·7장), 심리장(5·10장)이 섰고, 지평에는 전곡장(2·7장), 곡수장(4·9장), 유평장(1·6장), 부연장(3·8장)이 섰다.[168] 그러다 양평으로 통합된 후 1926년에는 갈산면 양근리의 읍내장(3·8장), 지제면 곡수리의 곡수장(4·9장), 청운면 용두리의 용두장(2·7장)이 섰다.[169]

양평군에는 현재 1일과 6일의 양수리장과 지평장, 2일과 7일의 양동장, 3일과 8일의 양평장, 5일과 10일의 용문장 등 다섯 개소의 오일장이 선다. 현재 군 내의 오일장 중에서는 양평장이 가장 규모가 크고, 용문장이 그나마 장터로서의 면모를 보일 뿐이다.

양평은 자연 상태가 잘 보존되어 청정지역을 자랑한다. 산간지역에서는 다양한 산나물이 생산되고, 평야지역에서는 쌀, 보리, 밀, 호밀, 조, 콩, 팥 같은 곡물류가 생산되며, 과실류도 풍부한 편이다. 또한 용문산 도립공원, 양수리 유원지, 중미산 자연휴양림 등 군내의 자연환경을 잘 보존해 가면서 서울 근교의 문화 관광 휴양지로 자리매김하고 있어 관광객들의 발걸음이 끊이지 않는 지역으로 장시의 활용가치가 높은 지역이다.

양평물맑은장

양평물맑은장[170]은 양평읍에 있는 상설시장 겸 오일장이다. 양평역 근처의 철길 아래 공터와 도로변에서 3일과 8일로 끝나는 날 오일장이 선다. 공터에는 옷전, 어물전, 채소전, 잡화전 등이 일렬로 쭉 늘어서 있고, 근처 큰길가와 좁은 골목

---

168) 『임원경제지』
169) 『조선의 시장경제』,111쪽. 설악면에 미원장이 섰지만, 설악면은 현재 가평군에 편입되었다.
170) 경기도 양평군 양평읍 양평시장길18번길 3

양평물맑은시장의 장날 정경(양평군 양평관광 홈페이지)

길에도 장날이면 장꾼들이 모여든다. 양평역에서 장터로 가는 조그만 다리인 관문교 앞과, 철길 아래에 놓인 굴다리에도 좌판을 벌이고 있는 장꾼들을 볼 수 있다. 이 지역의 특산물로는 머루, 다래, 으름, 보리수열매, 더덕 등을 들 수 있고, 산나물과 표고, 느타리, 팽이 버섯 역시 인기가 있는 품목이다. 또한 봄철에 나오는 고추묘, 고구마묘 등 각종 묘와 유실수의 묘목 역시 빼놓을 수 없는 품목이다. 양평은 일제강점기 양근과 지평의 행정구역이 합치면서 얻어진 명칭이므로, 양평물맑은장의 원래 명칭은 양근장이었고 갈산장이라 불리기도 했다. 양근장은 남한강 수운을 이용하여 조선후기부터 지역의 중심시장으로 성장하였던 장이고, 일제 초기에는 강원도 홍천, 횡성 방향으로 신작로가 뚫려 이 지역까지 장의 영향권으로 둘 수 있어서 일제 말에 오히려 성황을 누리던 장시였다.

양근장은 해방 이후 한동안 폐쇄되었지만, 6·25 이후 생활 형편이 어려워져 생활비와 자녀의 학비 등을 마련하기 위해 주로 강상면 사람들이 시내에 나와 물건을 팔던 소규모 장으로 재개되었다가 점차 규모가 확대되면서 현재와 같은 지역의 명물로 발전하였다.

양평시장에 상설시장이 개설된 것은 1980년의 일이었다. 원래 논이었던 지역에 건물을 지어 개장하였는데, 1982년에는 점포가 400개에 이르게 되었다. 2000년대 중반부터 양평시장은 시설의 현대화에 박차를 가하였고, 이러한 노력으로 2014년에 문화관광형 시장으로 선정되었으며, 팔도장터관광열차가 방문하는 시장으로 지정되었다.

양수리전통시장

양수리전통시장[171]은 양서면 양수리에 있는 상설전통시장으로 1일과 6일로 끝나는 날에는 오일장도 선다. 원래는 양수교로 이어지는 6번국도 큰길가에 있는 공터와 인접 골목에 돌떼미장이라고도 부르던 오일장이 먼저 들어섰는데, 현재는 세 개의 골목에 100여 개의 상설점포가 들어서며 상설시장이 형성되었고, 최근 문화관관형 시장으로 선정되기도 하였다. 일제강점기까지 양수리에 시장이 섰던 기록이 없으므로 장의 역사가 오래되지는 않은 듯한데, 현재의 시장은 물난리에 의해 폐쇄되었던 장이 1992년에 다시 개설된 것이고, 이때 예전 2·7장

---

171) 경기도 양평군 양서면 양수리 1060

에서 1·6장으로 장날이 변경되었다 한다.[172] 양수리는 야채가 많이 나는데, '양수리 무, 소내 배추'라는 말도 있을 정도로 무가 유명하였고, 파 농사도 잘 되었다. 양수리장에는 예전부터 솥점(현 신흥철물점), 싸전, 건어물 등을 파는 상설점포와 방앗간이 있었고, 대장간도 있었지만 현재는 없어졌다.

지금의 동남가든 주차장이 있는 곳에서는 우시장이 서기도 했었다. 그래서 지금의 시장 골목을 '안시장'이라 하고 예전 우시장이 섰던 곳을 '바깥시장'이라 하였다. 근처 소를 취급하는 사람들은 양수리, 용두리, 양평읍뿐만 아니라 홍천, 경안, 마석, 덕소 등지로 돌았고 최종 거래처는 서울의 동대문이나 마장동이었다.[173]

장이 컸을 때는 놀이하는 사람들이 자주 와 공연을 했기 때문에 구경꾼도

172) 경기도 양평군 양서면 양수리, 김용식씨(남, 당시 66세, 양수리에서 37년째 쌀가게를 경영) 2002. 9. 25.
173) 양평군 양서면 양수리 김용운 씨(남, 당시 82세) 2002. 9. 25.

많이 몰려들었는데, 장소팔, 고춘자 같은 만담꾼이나 곡마단도 왔고 활동사진도 많이 틀어주었다. 1970년대까지 우시장 앞에서 음력 7월 보름날이면 백중장이 서서 씨름, 줄타기 등이 행해졌다.

약 20년 정도 각종 악세사리 및 생필품을 팔고 다녔다는 이계희 씨의 경우는 양평장 → 대신장 → 용문장 → 양수장 순서로 돌아다니는데, 물건은 주로 서울의 남대문 시장이나 청계천 등지에서 사오고, 장날 하루 수입은 약 15만원 정도가 된다고 한다.[174]

용문천년시장

용문천년시장[175]은 용문면 다문리에 서는 장으로 개시일은 매 5일과 10일로 끝나는 날이다. 용문장은 일제강점기에 개설되었다가 해방 이후 한때 폐지되었으나, 정체된 지역 경제의 활성화를 위해 1965년에 재개되었다. 처음에는 다문4리의 도로변에 장이 섰다가, 1980년대 후반부터 새로운 도로와 버스터미널이 생기면서부터 번화가로 장터를 옮겼다.

용문천년시장의 특산물은 용문산에서 채취된 산나물로 더덕, 취나물, 두릅나물, 참나물 등인데, 산뜻한 향이 일품이고, 지역민들이 손수 캐어온 나물들이다. 이외에도 용문산 막걸리, 용문산 은행, 묘목 등이 유명하다. 주위에 용문산 관광단지가 위치하고, 상봉터미널과 동서울터미널에서 버스를 이용하거나 용문역까지 전철이 다니는 등 교통편도 편리하므로 용문천년시장은 지속적인 발전을 기대할 수 있는 장이다.

---

174) 이계희(여, 당시 61세, 20년째 잡화장사를 함) 2002. 9. 25.
175) 경기 양평군 용문면 다문리 732-3

지평시장

지평시장[176]은 지제시장이라고도 불리며 지평면 지평리에 서는 정기시장이다. 장날은 매 1일과 6일로 끝나는 날이며, 지평면사무소 앞에 노점이 들어선다. 장의 규모가 크지는 않지만, 지제면이 조선후기 전곡장과 일제강점기 곡수장이 섰던 곳임을 감안하면 유서 깊은 장의 전통을 잇는 시장이라 할 수 있다. 장날에는 마을 부녀회에서 국밥이며, 채소부침개, 지평막걸리 등의 먹거리를 판매한다.

양동시장

양동시장[177]은 양평시 양동면 쌍학리에 서는 정기시장이다. 장날은 2일과 7일로 끝나는 날이고, 15개 정도의 노점이 들어서는 소규모 시골 장터이다. 특산품으로는 부추가 유명하다.

⑵ 여주시의 장시

여주시는 경기도의 동남부에 위치하여 동쪽으로는 강원도와 접해 있고, 남쪽으로는 충청북도와 접해 있다. 여주는 예로부터 이들 지역을 연결하는 도로가 발달하여 중부지방의 교통의 요지로 자리잡을 수 있었다. 여주 관내에 있었던 신진역(여주읍 신진리), 안평역(점동면 청안리), 양화역(능서면 내양리) 등이 이를 방증한다. 또한 시를 가로지르며 남한강이 흐르는데, 이 지역에서는 이를 여강驪江이라고 부른다.

　이러한 도로와 강길을 바탕으로 일찍부터 여주시에는 장시가 발달하였다.

---

176) 경기 양평군 지평면 지평리 576-11
177) 경기 양평군 양동면 양동시장길 2

『임원경제지』에는 여주 주내장(2·7장), 길천면의 억억장(1·6장), 대송면의 곡수장(4·9장), 금사면의 궁리장(3·8장) 등이 기록되어 있는데, 주내장은 여주장, 억억장은 흥천장, 곡수장은 대신장, 궁리장은 이포장과 관련된다.『증보문헌비고』에는 청안리장(1·6장)이 추가되는데, 이곳에 안평역이 있었으므로 안평장이라고도 하였고 최근까지 그 후신격인 점동장이 섰다. 1926년의 조사보고에는 주내면 홍문리의 읍내장(5·10장), 가남면의 대평리장(3·8장), 금사면 이포리의 이포장(1·6장)이 기록되어 있다.

현재 여주시의 전통시장에는 제일시장, 여주한글시장, 가남시장, 대신시장 등이 있다. 여주 지역의 특산품으로는 도자기를 비롯하여 쌀, 고구마 등의 농산물과 그 이외에 가내공업품으로는 한지, 양초류 등이 유명했다.

:: 여주전통 시장 현황

시장명	소재지	오일장	비고
여주시장 (제일시장)	여흥로 57번길 20	5·10	주내장(2,7장) 읍내장(5,10장)
여주한글시장	세종로14번길 24-1	×	×
가남시장	가남읍 태평로 25	1·6	가남면 대평리장(3,8장)
대신시장	대신면 여양로 1456-3	4·9	대송면 곡수장(4,9장)

여주시장(제일시장)

흔히 여주장이라 불리는 제일시장[178]은 여주시 하동에 위치하는 상설시장이다. 여주장은 원래 노점만으로 운영되던 오일장이었는데, 1965년에 100여 명의 상인들이 뜻을 모아 점포를 건립해서 상설시장으로서의 면모를 갖추게 되었다. 상

---

178) 경기도 여주시 여흥로 57번길 20

여주5일장 표지판(여주시 문화관광 홈페이지)

설시장이 자리를 잡고 융성하게 되자 시장경영의 합리화와 지속적인 발전을 기하기 위하여 1976년 사단법인체를 만들었고, 1983년에는 제일시장(주)을 설립하여 이듬해 현재의 시장건물을 신축하였다.

상설시장 주변으로는 5일과 10일로 끝나는 날에 오일장이 계속 열리고 있다. 오일장이 서는 날이면 약 250여 개소의 노점들이 상설시장 주변으로 들어서서 성시를 이룬다. 장날에는 약 3천여 명에서 5천여 명의 지역민과 외지인이 장을 이용하고 있으며 여주, 이천, 양평 등 경기 동부권내에서는 가장 규모가 크고 이름난 장 중 하나이다.

여주한글시장

여주한글시장[179]은 중앙로에 위치해 있던 상점가였는데, 2016년 문화관광형 시

---

179) 경기도 여주시 세종로14번길 24-1

장 사업에 선정되면서 전통시장으로의 변신을 시도하고 있다. 중앙로 주위의 165개의 점포가 밀집해 있는 곳을 시장 공간으로 이용하여 시장의 분위기를 연출하였지만, 전통적인 시장의 이미지와는 사뭇 거리가 멀다.

가남시장

가남시장[180]은 여주시 가남읍의 읍소재지인 태평리에 위치하는 시장으로 1일과 6으로 끝나는 날 오일장이 선다. 1926년 일제강점기의 조사보고에는 가남면에 대평리장이 섰다는 기록이 보이지만 장날은 3일과 8일로 현재와 다르다.

대신시장

대신시장[181]은 대신면의 면소재지인 보통리에 서는 오일장이다.『임원경제지』에는 대송면에 곡수장이 섰다고 하는데, 대송면은 현재의 대신면이고 곡수천이 흐르는 곳이므로 곡수장이 대신시장의 전신이 될 터이다. 장날도 조선후기와 같은 날인 4일과 9일로 끝나는 날 서지만, 장세는 약화되어 25개 정도의 노점이 들어서는 작은 규모의 장이다.

이포장

이포장은 금사면 이포리에 섰던 장으로 이포나루가 번성했을 때는 물동량이 많았기 때문에 여주 지역에서는 여주장 다음으로 큰 장이었다. 1926년의 조사보고에 이포장이 처음 소개되지만, 장의 역사는 훨씬 오래되어 조선후기부터 있었고

---

180) 경기도 여주시 가남읍 태평로 25
181) 경기도 여주시 대신면 여양로 1456-3

이포장의 정경. 개시와 폐시를 반복하고 있다.

이곳의 옛 명칭이 천령현이었으므로 천령장 혹은 천양장이라 불렀다.

　이포장이 융성했을 당시에는 우시장과 더불어 도축장도 있을 정도로 규모가 컸다. 이포장에서 거래되는 소들은 장호원, 음성, 이천을 거쳐서 육로로 이곳으로 오고, 이포나루를 건너 양평으로 가곤 했다. 강원도 원통, 인제에서 나는 농산물이나 임산물도 우마차로 싣고 이포장을 거쳐서 경기도 전역으로 퍼졌다.

　이포장은 1일과 6일에 장이 섰는데, 장꾼들이 돌아다니는 주변의 장은 2·7장인 이천장과 3·8장인 양평장, 5·10장인 여주장 등이었다. 그러다가 이포장은 4·8장으로 장날이 바뀌었는데 이는 인근 우시장과의 연결 때문이었다. 장호원의 우시장이 1·6장이므로, 이포장의 날짜를 조절하여 '장호원장(1·6장) → 이천장(2·7장) → 양평장(3·8장) → 이포장(4·8장) → 여주장(5·10장)'의 경로를 타고 거간꾼들이 움직였던 것이다. 우시장이 번성했을 때는 소를 중개하는 중개인만 해도 몇 십 명이 되었는데, 중매인의 우두머리를 '쇠대행수'라고 불렀다.[182]

　이포장은 개장과 폐장을 거듭하고 있다. 노점상들이야 자신들이 영업할 수

---

182) 여주군 금사면 이포리, 최병두 씨(남. 84세) 2002.
　　여주군 금사면 이포리, 정용오 씨(남. 71세) 2002.

있는 장시를 확보하기 위해 장터를 재개하려고 하지만, 나루도 폐쇄된 지 오래고 더 이상 인근 주민이나 외지인이 장을 보러 오지 않아 지속적으로 운영할 만큼 장세가 커지지 않는 것이다.

현재 이포에는 이포보가 건설되었고, 강변 둔치마당도 공원으로 정비되어 이곳을 찾는 관광객들이 증가하고 있다. 또한 이포는 유서 깊은 나루의 역사뿐 아니라 삼신당제와 같은 마을 축제도 거행되는 곳이다. 이러한 이포의 문화유산을 잘 활용하여 지역의 대표적 문화상품으로 개발하고, 아울러 장터도 활성화할 수 있는 방안을 모색할 필요가 있다.

(3) 이천시의 장시

이천시는 경기도 동남부에 위치한 시이다. 조선시대 이천현과 이천도호부를 거쳐 갑오개혁 때 이천군이 되었으며, 1996년 시로 승격되었다.

김정호가 편찬한 『대동지지』에는 한양에서 경북 봉화에 이르는 도로가 기술되어 있는데, 주요 경로는 '한양 – 경안(광주) – 이천 – 음죽 – 충주 – 단양 – 죽령 – 영천 – 봉화'였고 경북 지역에서 한양으로 오가는데 영남대로에 버금갈 정도로 활용도가 높은 도로였다. 따라서 당시 이 봉화로가 통과하는 경기도 지역에는 송파장 – 경안장 – 곤지암장 – 이천장 – 장호원장 등의 장시가 서고 있었다. 이 외에도 이천시의 율면으로는 영남대로가 통과하였고, 백사면은 남한강의 중심포구였던 여주의 이포와, 장호원읍은 남한강으로 흘러드는 청미천과 연계되어 남한강 수운을 이용할 수도 있었다.

이러한 교통로를 바탕으로 이천 지역에는 조선후기부터 장시가 발달되어 있었는데, 부내장 혹은 읍내장 (2 · 7장), 대월면의 군량장(5 · 10장), 장호원장(4 · 9

장)에 대한 기록이 『임원경제지』에 보이고, 『증보문헌비고』에는 돌원장⟨2 · 7장⟩이 추가된다. 1926년 일제강점기의 조사보고에 따르면 읍내면 관고리의 이천장⟨2 · 7장⟩, 백사면 현방리의 현방장⟨3 · 8장⟩, 마장면 오천리의 오천장⟨3 · 8장⟩, 청미면 장호원리의 장호원장⟨4 · 9장⟩이 있었다.

현재 이천에는 상설시장으로 관고전통시장과 장호원전통시장이 있는데, 오일장도 서고 있고, 마장면에는 오일장인 오천장이 서지만 폐쇄의 일로를 걷고 있다. 이천지역의 가장 대표적인 특상품은 쌀을 들 수 있다. 특히 이천의 쌀 중 '자채벼'는 매우 품질이 뛰어난 것으로 알려졌다. 자채벼는 알 모양이 동글동글한 단립형短粒形으로 밥을 지으면 밥알이 너무 희어 푸르스름한 기운이 돌고, 찹쌀처럼 끈기가 있으며, 기름기가 풍부해 처음 먹는 사람들은 영락없이 배탈이 난다고 할 정도로 품질이 우수한 품종이었다. 조선후기의 기록에 의하면 면화와 뽕나무, 연초, 도자기 등도 이 지역의 특산물이었다. 최근 이천에는 도자기의 고장답게 사기막골도자기시장[183]라고 하여 도자기를 전문적으로 판매하는 시장이 개설되었다.

관고전통시장(이천장)

관고전통시장[184]은 이천시 관고동에 위치한 전통시장이다. 상설로 운영되는데 54개 점포로 이루어진 소형시장이다. 관고시장은 1930년대에 시작되었다고 하지만 오일장이 서던 장터에 본격적인 상설점포가 들어선 것은 6 · 25 동란 이후부터 1970~80년대 도시화 과정을 밟을 때이다.

---

183) 경기도 이천시 경충대로2993번길 24(사음동)
184) 경기도 이천시 중리천로31번길 22

관고전통시장(이천시청 홈페이지 관고동)

　이천장은 관고동에 서는 오일장으로 개장일은 2일, 7일로 끝나는 날이다. 이천장이 선 것은 17세기 후반 경으로 추정되며 봉화로의 주요 경유지로 성황을 누리던 장시였다. 일제 강점기 신작로가 건설되고 수원과 여주를 연결하는 수여선 철도가 이천을 경유하면서 수원장의 많은 물자가 이입, 이출되면서 더욱 번성한 장터가 되었다. 또한 이천장은 인근의 장호원장과 더불어 우시장으로도 유명하였다. 영남지역에서 서울로 반입되는 소는 이천을 거치게 마련이었으므로 소의 거래가 활발하게 이루어졌다.

　이천장은 1970년대까지만 해도 문전성시를 이루던 장이었지만, OB맥주와 현대 하이닉스가 들어서고 급격한 도시화 과정을 거치면서 대형마트와 체인점들이 자리잡음에 따라 점차 쇠퇴하고 있다.

장호원장

장호원은 조선시대 이천, 안성과 함께 삼남에서 한양으로 올라가는 물류가 지나치는 길목이었다. 또한 장호원은 남한강의 지류인 청미천을 통해 남한강과 연결되어 물길을 통한 물류의 수송도 유리한 곳이었다. 70여 년 전만 해도 장호원까지 배가 들어왔으며 서울까지 배로 쌀을 실어 날랐다. 이러한 여건을 바탕으로 장호원장은 조선후기부터 지역의 중심 시장으로 우뚝 섰고, 장날이 되면 도처에서 몰려든 장꾼들로 붐볐다.

현재 장호원장은 상설시장도 있고 오일장도 선다. 상설시장인 장호원전통시장[185]에는 일제강점기에 지은 점포들도 많이 남아 있어 장호원장의 번화했던 모습을 짐작하게 한다. 2000년대 초까지 대장간을 비롯하여 싸전, 포목점, 상여집, 솥점 등 오랫동안 장사를 하고 있던 가게가 여럿 존재하고 있었지만 하나 둘씩 사라지고 있다.

장호원은 다리 하나를 사이에 두고 충북 음성군과 경기 이천시로 나누어진다. 장호원장은 이 두 지역에서 모두 서므로 이 지역 사람들은 이를 이천장호원장, 음성장호원장이라 부르며 구분한다. 이천장호원장이 음성장호원장보다 규모가 크며 전통 장터의 풍물을 그대로 볼 수 있는 장터이다.

이천장호원장은 장호원읍 오남1리에서 4일, 9일로 끝나는 날에 선다. 장터는 이천, 음성, 안성, 여주로 갈라지는 사거리 일대이다. 고추가 많이 나는 가을이면 이 사거리를 중심으로 고추전이 열리는 등 계절에 따라 장터에 펼쳐지는 농산물은 차이가 있다. 지금도 장날이 되면 앙성, 충주, 음성 등지에서 온 상인들이 대거 장터에 포진한다.

---

185) 이천시 장호원읍 장감로77번길 14

2000년대까지 장호원장에 남아 있던 대장간의 모습

장호원장은 우시장도 활성화되었던 곳이다. 일찍이 수원의 우시장에 버금
갈 정도로 경기도에서는 큰 장세를 유지하였다. 우시장은 원래 장호원1구에 있
었으나 일찍이 없어지고 다리 건너 음성 감곡 쪽에 섰었다. 장호원의 우시장이
충주와 음성, 괴산의 소까지 몰려드는 곳으로 성황을 이루자 청미천을 사이에
두고 행정구역이 달라지는 음성군 감곡면 오행리 사람들과 분쟁이 생겼기 때문
이다. 결국 이천장호원이 우시장을 양보하여 음성장호원으로 옮겨졌던 것이다.
장호원장권에 속하는 노점상들은 다음과 같은 일정에 따라 장돌림을 한다.

여주장(5 · 10장) ┐
　　　　　　　　├→ 태평장(1 · 6장) → 이천장(2 · 7장) → 주례장(3 · 8장) → 장호원장
무극장(　 "　) ┘

(4 · 9장)

마장민속장(오천장)

오천장은 이천시 마장면에 서는 장으로 상설시장은 없고 민속오일장만 있다. 장터는 마장파출소 건너편의 뒷골목 주차장터이고, 장날은 4와 9자로 끝나는 날이다. 조선후기부터 300년 정도를 이어온 장이었지만, 이미 1980년대 초에 폐지된 적이 있었고, 2006년 지역주민들에 의해 부활하였다. 하지만 장날이 되도 노점상들이 별반 모이지 않아 폐쇄 직전의 상황에 처해 있다.

돌원장

이천시 율면의 도란마을에는 돌원장이 있었다. 돌원은 조선시대 음죽현에 속해 있었는데, 영남대로의 길목이었고 원이 있었던 지역이므로 일찍이 장시가 발달했다. 『증보문헌비고』에 음죽 지역에서 장호원장과 돌원장이 섰다는 기록이 보이는 것이다. 하지만 이후 장이 폐쇄되었는지 일제강점기에 다시 장을 세우게 된다. 장을 처음 세울 때나 장이 쇠락해졌을 때는 장별신이라 하여 마을에서 돈을 모아 무당굿과 더불어 난장을 벌이는데, 도란마을의 어른들은 이 일을 기억하고 계신다. 장별신은 보름에서 이십 일 정도 지속되었는데, 난장을 트면 놀이패가 들어와 공연을 하고 외지에서 요지경, 야바위, 도람쁘(트럼프)를 하는 사람도 들어왔기 때문에 이를 구경하려고 인근 동네에서 사람들이 구름처럼 몰려들었다. 돌원장은 해방을 전후하여 영남대로가 쇠퇴한 후 폐쇄되었다.

03
경기도의 장시 문화

전통시장은 지역 주민들이 생산품을 판매하고, 생필품을 구입하기 위하여 자연
발생적으로 생겨난 곳이 대부분이다. 하지만 장시를 유지하고 장세를 확장시키
는 것은 그리 쉬운 일이 아니다. 정부와 지자체에서는 서민 경제의 활성화를 위
하여 전통시장을 육성 발전시키기 위한 각종 법률과 제도를 마련하여 지원하고

장에 나온 사람들이 점을 보는 모습, 장터는 단순히 물건만 파는 곳은 아니었다.

있고, 시장 상인들 역시 이에 힘입어 시장의 환경과 시설을 개선시켜 나가고 있다. 그러나 전통시장이 자생력을 갖추고 대형 마트나 체인점과 경쟁해 나가려면 여기에 덧보태지는 '무엇인가'가 필요하다. 이 '무엇인가'에 대한 해답이 쉽게 찾아질 리는 없겠지만 현대사회에서 전통시장이 존속하기 위해서는 끊임없이 그 해답을 찾아나가야 한다.

이 글에서는 그 해답을 전통시장이 가지고 있던 민속과 문화에서 구해보려고 한다. 흔히 시장에 가는 것을 '장 보러 간다.'라고 한다. 그만큼 전통시장은 단순히 물건을 사고파는 행위를 넘어 풍부한 볼거리를 제공하는 문화의 공간이었고, 이러한 볼거리가 사람들을 끌어당기는 흡인력을 가지고 있었던 것이다.

여름 축제였던 백중장

백중伯仲은 음력 7월 15일이다. 이 무렵이 되면 농사일이 마무리되고, 각종 과일과 채소가 많이 나는 한가롭고 풍요로운 때를 맞이하게 된다. 백중은 백 가지 곡식의 씨앗을 갖추어 놓는다 하여 백종百種이라고 불리기도 했다.

전통사회에서는 백중이 되면 가가호호마다 조상의 사당에 햇과일을 따서 천신 차례를 지냈다. 또한 '호미씻이 날'이라 하여 7월 보름 경의 용龍날을 택하여 지주들이 머슴들에게 술과 음식을 대접하며 하루를 즐겁게 보내도록 하였다. 이 날은 머슴들끼리 씨름과 들돌들기로 힘을 겨뤄서 가장 힘이 센 머슴을 가리고, 장원으로 가려진 머슴에게는 버드나무 삿갓을 거꾸로 씌우고 도롱이를 입혀 소나 지게와 비슷하게 만든 작두말에 태워 한마당 잔치를 벌이곤 하였다. 그래서 7월 백중을 머슴 생일이라고 부르기도 하였다.

백중날은 머슴이 하루 종일 편히 쉬고 용돈까지 받는 날이니, 자연히 마을에서는 일 년 중 가장 성대한 장이 열리곤 했는데, 이를 백중장이라 하였다. 어느 마을에서 백중장이 열린다는 소문이 인근에 퍼지면 여기저기서 장꾼들이 몰려와서 난장을 텄다.

　백중장의 가장 대표적인 행사로는 씨름이 있었다. 아이씨름에서부터 시작하여 어른씨름까지 차례로 씨름판이 펼쳐졌고, 규모가 큰 경우에는 상품으로 황소가 걸리기도 하였다. 또한 마을마다 풍물패가 쏟아져 나와 풍물을 치며 장터를 흥청거리게 했다. 물론 이때를 틈타 야바위꾼과 같은 사기 행위를 하는 패거리들도 한 몫을 챙기려 나온다. 이날 괜히 장터에 나갔다가 쌈짓돈까지 다 털려 봉변을 당했다는 노인들의 씁쓸한 회고담도 자주 접할 수 있다.

　백중장은 인근 주민들을 끌어들이고, 장터의 규모를 과시할 수도 있는 행사였으므로 시장 상인들이 적극적으로 후원하였고, 하루가 아닌 사나흘에서 일 주일 정도까지 열리는 곳도 있었다.

　용인의 백암장 등 몇몇 전통시장에서는 풍물패도 부르고 씨름대회를 개최하여 백중장의 전통을 재현하려고 시도하였지만 결과는 성공적이라 할 수 없었다. 지금은 지역사회라고 해도 예전의 농경사회와는 생활패턴이나 삶의 양상이 완전히 달라져서 백중의 의미가 무색해졌고, 씨름 역시 옛날처럼 대중몰이를 할 수 있는 이벤트는 아니기 때문이다. 하지만 옛 것을 재현하려고 고집을 피우지 않는다면 백중장은 여름 휴가철에 고객을 유치하고 장을 홍보할 수 있는 여름장터의 축제로 활용할 만한 콘텐츠이다. 현재에도 다수의 전통시장에서 다양한 여름축제가 거행되고 있는데, 이러한 축제는 넓은 의미로 백중장의 전통을 이어가고 있다고 할 수 있다. 백중이란 것이 농민들에게는 여름 휴가였고, 장터는 그들의 두둑해진 쌈지돈을 풀며 그간 쌓였던 스트레스를 해소하는 장소였던 것이다.

따라서 행사의 이벤트는 현대인의 흥미를 불러일으킬 수 있는 것으로 대체를 하고 백중장의 취지와 전통만 되새기면 되는 것이다.

난장판이 벌어지던 장별신

장별신은 장터에서 펼쳐지는 굿과 놀이로 구성된 종합적인 행사를 말한다. 달리는 난장이라고도 불리었고, 장별신이 열리는 것을 '난장을 튼다.'라고 하였다. 장별신은 물자가 다량으로 생산되는 지역이나 인근 지방의 생산물이 많이 집산되는 큰 장터에서 지방의 경기를 부양하거나 번영을 도모하기 위해서 주기적으로 열리는 것이 상례이지만, 처음 장터를 개설하거나, 쇠퇴해가는 장터를 다시 활성화하기 위해서 거행하기도 했다.

이능화의 『조선무속고』에는 '조선의 옛 풍습으로서 각 지방의 시장이나 도회지에서 매년 봄, 가을로 바꾸어 날짜를 잡아 성황신에게 제사를 드리니 이름하여 별신別神이라고 한다. 사람들이 모여들어 밤낮 술 마시고 노름을 하나 관청에서도 막지 아니했다. 그 의식은 큰 나무를 세워 신위를 설치하고 떡, 과일, 술, 밥을 상위에 차리고 무당들이 모여 노래와 춤으로서 서낭신을 즐겁게 했다.'는 기록이 보인다.[186] 따라서 장별신은 마을의 서낭굿과 시장 축제가 결합된 전통적인 장터민속이었음을 알 수 있다.

장별신은 하루만 열리는 장이 아니라 대개 일주일에서 보름 정도까지 낮과 밤을 가리지 않고 열린다. 따라서 무당과 놀이패를 부르거나 행사를 진행하는데 비용이 만만치 않게 들어가기 마련이다. 그래서 인용문처럼 매년 열리는 것은 아니었고 격년, 삼년, 오년, 구년 등 비정기적으로 그때그때의 지방 경제의 상황

---

186) 이능화, 『조선무속고』, 무행신사명목조巫行神事名目條

에 따라서 날짜가 결정되었다.

장별신이 열릴 때에는 일상적인 시장과는 비교도 되지 않을 만큼 물량이 많았고, 종류도 다양하여 쌀, 보리, 콩 등의 곡물 외에도 소, 마포, 저포, 목기, 죽제품, 유기, 사기, 옹기, 산채 등이 쏟아져 나왔고 보부상들에 의해 소금, 해산물을 비롯하여 화장품, 염료, 기타 일용잡화들도 모여졌다. 이렇듯 난장을 트면 각지의 거상들이 모여들어 시장에 모여든 물자를 대량으로 매점하기도 하여 엄청난 돈이 유통되기도 하였다.

어디에선가 장별신이 열린다는 소문이 나면 장사꾼뿐만 아니라 인근 지방 사람들은 물론 먼 곳에 거주하는 사람들도 소문을 듣고 구경하러 몰려든다. 그러면 이들을 겨냥하여 연예인, 요식업자, 복술쟁이는 물론이고 투기꾼, 도박꾼, 건달패, 창녀들도 모여들기 마련이므로 그야말로 난장판이 벌어진다. 이러한 분위기 속에서 불필요한 소비와 유흥적 낭비가 조장되는 부작용이 있었던 것도 사실이다.

경기도의 전통시장에서도 1960년대까지 장별신은 종종 접할 수 있는 행사였다. '별신'이 섰던 시장들은 여주장, 장호원장, 이천장 등 지역을 대표하는 큰 시장들이었다. '별신'이 서는 목적은 장사꾼들이 장사를 하기 위해서 사람들을 많이 끌어 모아야 하기 때문이었다. 별신이 서는 날짜는 정해져 있지 않으며 봄이나 7월 백중 무렵에 주로 섰는데, 한 번 서면 2~3일에서 10여 일까지 계속되는 경우도 있었다고 한다.

별신판에서는 지역마다 고정적으로 부르는 무당이 있어서 별신이 서는 동안 굿을 하며 시장의 무사와 번영을 축원하였다. 놀이판도 다양하게 펼쳐졌는데 씨름판도 벌어지고, 남사당패와 줄타기 광대가 와서 재주를 부리기도 했다. 남사당패는 30~50명 정도가 떼를 지어 다녔는데, 풍물도 치고, 상모나 접시도 돌리고, 무동도 세웠다. 무동을 서는 소년들은 머리에 댕기를 달고 다녔는데, 구경 온 사람들 중에는 돈을 주고 무동을 사서 남색을 즐기는 경우도 있었다.[187] 또한 화투, 알굴리기, 박포장기 등을 하는 야바위꾼이 많이 모여들어 사행심을 조장하며 구경하던 사람들의 주머니를 털어가곤 했다.

장별신의 여러 가지 행태로 비추어 볼 때 결코 바람직한 장터풍속이라고 보기 힘든 점도 있었지만, 단기간에 눈에 띄는 효과를 볼 수 있기 때문에 시장을 활성화하기 위해서 택한 방법이었을 터이다. 이를 필요악적인 요소로 인정하고 묵인하였기에 '관청에서도 막지 아니하였던' 것이다.

사람들은 각박한 현실과 판에 박힌 일상생활에서 벗어나고 싶어 한다. 이 일탈의 꿈은 축제와 같은 행사를 통해 실현된다. 동서고금을 통하여 축제행사에 난장의 요소가 개입되었음은 이러한 인간의 본능에 기인하고 있을 것이고 나름의 효과를 거둘 수 있었다는 것을 시사한다. 하지만 이 카오스의 상황은 오래 지속되지 않는다. 난장의 기간이 끝나면 모든 것이 일상으로 돌아오는 것이다.

현재의 전통시장에서는 축제기간이나 주말에 밤새 야시장이 열린다. 야시장에 가면 왠지 일상의 속박에서 벗어난 듯한 해방감을 느낀다. 그래서 난장에서 볼 수 있었던 흥청망청의 분위기가 재현되기도 한다. 물론 현대는 전통사회하고는 다르다. 이러한 일탈이 범죄나 탈선으로 이어질 수 있다는 점에서 조심스럽다. 하지만 위험의 요소를 방지할 수 있는 안전장치를 강구할 수 있다면 축제 행사를 통하여 전통시장이 심적 해방의 공간으로 기능하기 위하여 어느 정도 난장의 요소는 필요한 것으로 판단된다.

---

187) 여주군 대신면 천남리, 임일석 씨(남. 당시 76세) 2002. 10. 30.
여주군 이호리, 방호경(남. 당시 70세) 2002. 10. 30.

거리목 장수, 여리꾼, 말감고

전통시장에서는 지역주민들이 직접 생산한 소량의 농산물을 가지고 와서 좌판을 펼치고 판매한다. 전문 장사꾼이 아니기 때문에 맡아 놓은 자리도 없어 구석진 자리로 밀려나기 일쑤이고, 장사 수완도 없어 땡볕에 하루 종일 앉아 있어야 하는 경우도 많다. 예전에는 지역주민들이 팔려고 가지고 나온 농산물들을 매집하여 판매하는 거리목장수가 있었다. 거리목장수는 시장으로 넘어오는 각 마을의 고갯길이나 정류장, 시장 입구에 진을 치고 있었다. 물론 지역주민들은 싼 값에 파는 것이지만 그만큼의 수고를 덜 수 있고, 거리목장수는 판매행위를 맡아 이문을 남기는 것이므로 그야말로 '누이 좋고 매부 좋은 일'이라 할 수 있다.

여리꾼은 구매자와 판매자를 연결시켜 주는 중개인을 말한다. 장터에 있는 일종의 거간꾼으로 구문은 판매자에게서 받는다. 예전 시장에 가서 살 물건을 찾아 두리번거리고 있으면 여리꾼이 다가와 어떤 물건을 사러 왔느냐고 묻고 그 물건을 파는 가게로 데려간다. 그냥 구경나온 사람들에게는 이 물건, 저 물건 주위섬기며 구매욕을 자극하기도 한다. 일종의 광고대행업을 하는 셈인데, 전통시장의 명물 중 하나였다.

전통시장에서 곡물은 되, 말의 단위로 판매하였다. 이 되와 말의 수량을 재는 나무로 만든 도구를 되박, 말박이라고 한다. 하지만 되나 말을 잴 때 구매자를 속이는 경우가 간혹 있어서 장터에는 수량을 정확하게 재주고, 말밑이라 하여 곡물을 조금씩 얻는 전문인이 있었다. 이 사람을 말감고, 혹은 되잡이, 되쟁이라고 하였다.

나름 전통시장의 명물이었던 거리목 장수, 여리꾼, 말감고의 사례도 현재 전통시장의 활성화 방안에서 고려해 볼 만하다. 물론 이러한 사람들을 고용하여 재현하자는 이야기는 아니다. 현재 전통시장은 고객의 편의를 위하여 고객센터를 설치하여 운용하고 있다. 여리꾼의 역할은 결국 구매자와 판매자의 연결이다. 어차피 현재 전통시장에는 유명무실한 고객센터가 있기 마련인

말박

데, 여기서 보다 적극적으로 안내데스크의 역할을 강화하면 여리꾼이 하던 중개의 기능을 대체할 수 있다는 것이다. 이 경우 단순한 안내 차원이 아니라 상품에 대한 전문적인 지식을 갖추고 고객의 구매욕을 높일 수 있는 언변이 있는 전문인을 두는 것도 효과가 있을 것이다. 또한 전통시장은 대형마트나 백화점과 달리 곡물과 육류의 판매에 있어서 아직도 수량이 일정하지 않은 경우가 있다. 그래서 간혹 일어날 수 있는 미심쩍음을 없앨 수 있는 말감고와 같은 장치를 마련하는 것도 바람직하다고 본다. 고객센터에 저울이나 되박 등 수량이나 규격을 잴 수 있는 장비를 갖추고 확인시켜주는 부스를 운영하면 간단히 해결될 문제이기 때문이다.

거리목 장수의 역할은 좀 더 심각하게 접근해볼 필요가 있다. 현재 오일장에 나오는 상인들은 전문노점상들이 태반이다. 각 장터마다 이들의 자리는 고정되어 있으므로 지역주민들이 자신의 생산품을 들고 나와 봐야 좌판을 깔 자리도마땅치 않다. 오일장을 돌아다녀 보면 시장통도 아닌 골목에 좌판을 차린 할머

니, 할아버지들을 심심치 않게 발견할 수 있을 것이다. 전통시장이란 것이 원래 지역경제를 살리기 위한 것이고, 원래 주민들이 생산품을 들고 나와 판매를 하던 것에서 비롯된 것이다. 그러니 외지의 노점상 위주의 오일장은 어찌보면 주객이 전도된 형태인 것이다. 따라서 지역사회의 전통시장들은 지역주민들이 직접 생산한 물품이 원활하게 판매될 수 있는 방안을 강구하여야 한다. 전통시장에 지역 생산품을 전문적으로 취급하는 공간을 마련해주거나, 아예 지역단체가 거리목 장수의 역할을 하여 주민의 생산품의 판매를 대행해주는 일도 고려해 볼 만하다.

04
경기도의 장시에 대한 전망

경기도에는 앞에서 살핀 바와 같이 많은 전통시장이 현존한다. 이중에는 장세를 유지하며 성업 중인 곳도 있지만, 시장이라는 말이 무색할 정도로 위축되어 가는 곳도 있다. 성공과 실패의 사례를 차치하고 전체적으로 보면 전통시장은 여전히 지역 주민들과 호흡을 같이 하며 생필품을 공급하는 주요 통로의 역할을 담당하고 있다. 정부와 지자체에서 전통시장을 육성하고 보호하기 위해 각종 지원을 아끼지 않는 것도 이러한 이유 때문이다. 하지만 현재의 지원책에 문제가 없는 것은 아니다. 「전통시장 · 상점가 육성을 위한 특별법」에는 전통시장에 대해 다음과 같이 규정하고 있다.

"전통시장"이란 자연발생적으로 또는 사회적 · 경제적 필요에 의하여 조성되고, 상품이나 용역의 거래가 상호신뢰에 기초하여 주로 전통적 방식으로 이루어지는 장소로서 다음 각 목의 요건을 모두 충족한다고 특별자치도지사 · 시장 · 군수 · 구청장이 인정하는 곳을 말한다.[188]

이 특별법의 시행령에 따라 점포수가 50개 이상이고, 시장 면적이 $1000\,m^2$

---

188) 「전통시장 및 상점가 육성을 위한 특별법」, 제1장 총칙, 제2조(정의). 이하 「전통시장법」이라 약칭하기로 한다.

이상에 이르는 등 일정요건을 충족한 전통시장은 지자체의 심의를 거쳐 인정시장으로 등록된다. 인정시장이 되면 전기요금을 할인받고, 현대화 사업을 지원받으며, 온누리상품권을 통용할 수 있는 등의 많은 혜택이 주어진다. 그런데 이러한 정책은 어쩐지 '될 성부른 나무'만 지원하겠다는 취지가 아닌가 하는 의구심이 든다. 지원하는 대상이 정작 존속의 기로에 놓여 도움이 절실한 시장에 해당되는 것이 아니라 나름 자생력을 갖춘 시장에 쏠리고 있기 때문이다. 이런 몰아주기식 행정 처리가 과연 전통시장을 활성화하는데 어느 정도 기여를 하는가는 아직 결과가 나오지 않은 상황이므로 조금 더 지켜보아야 하겠지만, 문제점은 지적을 하고 넘어가야 할 듯하다.

일단은 「전통시장법」에서 정의내린 '전통시장'이라는 개념부터 재고해야 한다고 판단된다.[189] '전통'은 '어떤 집단이나 공동체에서 지난 시대에 이미 이루어져 계통을 이루며 전하여 내려오는 사상·관습·행동 따위의 양식'이라는 사전적 의미를 지닌다. 따라서 상식적으로 전통시장은 역사적 깊이를 가져야 하고, 지역 고유의 특성을 간직하여야 한다. 혹자는 이런 의미에서 오일장과 전통시장을 동일시하기도 한다. 오일장이 조선시대부터 향시鄕市의 대표적인 형태인 것은 명백하지만, 상설시장 역시 고대부터 존재하고 있었다는 사실은 이미 살펴본 바 있으니 오일장만이 전통을 계승하고 있다고 볼 수는 없다. 또한 각 지역마다 노점이 들어설 만한 장터가 있었기 때문에 오일장도 설 수 있었던 것이기 때문에 오일장이라는 형태보다는 장터에 초점을 맞출 필요가 있다.

'전통'이란 글자가 들어가면 아무래도 역사를 떠올리지 않을 수 없는데, 경

---

189) 지역 주민들의 필요에 의해 자연발생적으로 형성된 시장이라는 종차種差는 수긍이 가지만 도대체 '전통적 방식으로 거래가 이루어지는 장소'가 무엇을 뜻하는지 모호하다.

기도에는 조선 후기에 생성되어 지금까지 존속하고 있는 장시들이 허다하다. 파주의 봉일천장, 포천의 송우리장 등은 그 대표적인 사례로, 지역문화나 장시의 역사를 설명할 때 자주 언급되는 시장이다. 하지만 이들 시장은 현재 장세가 나날이 위축되고 있다. 이러한 시장이야말로 상식적으로 '전통'이라는 단어에 가장 적합하며 그 유구한 역사가 지속되도록 「전통시장법」의 조건과 상관없이 지원을 하여 지역의 역사문화유산으로의 가치를 살렸으면 한다.

  장시의 개설 연대로 볼 때 조선 후기 이후로는 일제강점기에 철도나 신작로가 생기면서 역전이나 주요 갈림길을 중심으로 발달한 시장도 허다하다. 파주의 금촌장, 군포의 군포장 등이 이에 해당한다. 이 경우도 지역의 근대문화를 상징하는 대상이므로 지원의 우선 대상으로 삼을 만하다고 본다.

  현재 경기도에 있는 전통시장들은 해당 지역에 인구가 폭증하는 시기와 맞물려 형성된 경우가 대부분이다. 6.25 동란 이후 피난민이 정착하는 시기도 이에 해당하지만, 대개는 지역이 개발되는 1980~1990년대까지가 가장 많다. 지역이 개발되며 다수의 산업시설과 주택, 아파트 등 주거지역이 들어서면서 지역주민들의 생필품을 수급하기 위해 지역의 공터나 골목에 시장이 형성되는 것이다. 「전통시장법」에서 '자연발생적으로 또는 사회적·경제적 필요에 의하여 조성되고'라는 대목은 이렇게 형성된 시장을 염두에 둔 듯하다. 이 경우는 시장의 숫자도 엄청나기 때문에 선별적 지원이 불가피하다. 하지만 「전통시장법」에서 규정한 점포수나 면적을 기준으로 지원 여부를 결정하는 것은 바람직하지 못하다. 시장의 규모야 지역 주민들의 규모와 비례하는 것이기 때문이다. 점포수가 50개 미만이라도 지역주민들의 삶에 꼭 필요한 경우가 있고, 점포수가 50개 이상이라도 이미 대형상권이 자리 잡아 소생이 불가능한 경우가 있다. 후자에 해당할 때

지원을 한다 하여도 밑 빠진 독에 물 붓기격이 될 것이다.

전통시장을 살리기 위한 지원의 방향 또한 재고를 할 필요가 있다. 선정된 전통시장에 주어지는 몇 십 억 단위의 지원금은 시장의 시설을 현대화하는 데 주로 사용된다. 아케이드 설치, 주차장 확보, 간판, 바닥, 상하수도의 정비 등이 이에 해당한다. 물론 시설의 현대화는 필요하다. 그러나 많은 비용이 전통시장의 외양을 현대식으로 꾸미는데 사용되고, 방송장비나 조형물 등 전통시장과는 어울리지 않는 분야에 투입된다는 것은 지적을 받아 마땅하다. 현대적 시설이나 쾌적함이 전통시장이 내건 승부수라면 대형마트와 체인점, 백화점을 상대하기에는 역부족이다. 차라리 시장자체를 현대식 마트 건물로 바꾸는 편이 나을 지도 모른다.[190]

이 외에도 상인교육, 청년창업지원, 상인동호회 육성 등에도 일정 부분 투자가 된다. 하지만 이러한 프로그램은 시장 단위보다는 지자체 단위에서 시행하여 인정시장 상인들만이 아닌 해당 지역의 모든 상인들이 골고루 수혜를 받을 수 있도록 하는 것이 바람직하다.

전통시장이 지속적으로 장세를 유지하기 위해서는 자생력을 확보하여야 한다. 이 자생력은 현대적인 마트를 모방하는 데에서 획득될 수는 없고, 전통시장만이 가질 수 있는 장점을 극대화하는 데에서 획득될 수 있다.

대개 전통시장을 찾는 고객들의 의견에 따르면 전통시장의 장점으로 첫손에 꼽는 점은 싸고도 좋은 물건을 구입할 수 있다는 것이다.[191] 시장을 찾는 본연의 목적은 물건을 사기 위함이므로 싱싱한 야채와 어물, 메이커는 아닐 지라도

---

190) 실제로 기존 시장을 폐쇄하고 상가건물을 신축하여 상인을 입주시키는 지자체도 있지만 현재로서는 성공적인 사례를 발견할 수 없다..

191) 상품에 따라 다르기는 하지만 시중보다 10~30%까지 할인된 가격이다.

그에 못지않은 질기고 편리한 제품 등 가격대성능비가 우수한 품목을 구비해 놓는 것은 전통시장이 갖추어야 할 가장 큰 덕목일 것이다.

다음으로 많은 대답은 전통시장에서 느낄 수 있는 구수한 인심이다. 그런데 여기서 말하는 인심은 단순한 친절만은 아니다. 상냥하고 친절하기로 치면 백화점을 따라갈 만한 곳은 없을 것이다. 전통시장에서 물건을 구입할 때의 묘미는 흥정이 가능하다는 것이다. 말만 잘하면 물건값을 깎아 주거나 덤을 듬뿍 얹어 준다. 심지어 단골인 경우에는 외상도 가능하다. '거래가 상호신뢰에 기초하여 주로 전통적 방식으로 이루어지는 장소'라는 「전통시장법」의 대목은 이러한 특징을 염두에 둔 말일 것이다.

그밖에 전통시장의 장점으로 다양한 먹거리와 볼거리를 드는 사람도 많다. 여기서 말하는 먹거리와 볼거리는 대형마켓이나 백화점과는 차별화되는 전통시장만의 것을 의미할 터이다. 전통시장의 먹거리하면 바로 떠오르는 메뉴들이 있다. 단어 앞에 장터가 수식어로 들어가는 국수와 국밥은 물론이고 빈대떡, 족발, 떡볶이, 김밥 등인데, 그야말로 서민 음식의 대명사이다. 이러한 메뉴들이야 어디가도 있겠지만 시중의 절반밖에 안 되는 가격으로 맛볼 수 있는 특유의 손맛이 매력적이다.

볼거리의 경우에는 복합적인 대상이므로 조금 더 신중하게 접근할 필요가 있다. 전통시장 상인회에서는 보다 다양한 볼거리를 제공해주기 위해 주기적으로 축제를 기획하고, 각설이 공연이나 다문화 공연을 펼친다. 하지만 이런 축제나 공연을 전문대행사에 의뢰함으로써 어떤 시장인가를 불문하고 동일한 레퍼토리로 진행되는 경향이 있다. 전통시장마다 지역 문화나 시장의 특성이 있는 법이므로 이를 최대한 반영하는 다양한 공연들이 개발되었으면 하는 바람이다.

설탕을 녹여 만든 뽑기의 상품들. 전통시장은 추억을 되살릴 수 있는 공간이 되기도 한다.

　　전통시장의 활로는 당연히 지역의 특성을 최대한 살리는 방향으로 길을 잡아야 한다. 이에 각 지역의 전통시장에서는 문화상품의 개발에 박차를 가하고 있다. 특히 문화관광형 시장이라고 하여 지역의 전통문화 체험과 주변 관광 상품과 연계하여 시장을 활성화하려는 노력이 한창이다. 하지만 관광객들을 시장에 들르게 하려면 시장 자체의 브랜드가 될 수 있는 먹거리와 볼거리를 마련하는 것이 급선무다.

그런데 가장 기본적인 시장의 볼거리는 사람구경과 물건구경이라는 당연한 사실을 잊어서는 안 된다. 어린 시절 강아지나 병아리, 인형이나 장난감에 눈이 팔려 시간가는 줄 몰랐던 기억을 떠올려 보라. 따라서 전통시장에서는 고객들의 흥미를 끌 만한 다채로운 상품들이 구비되어야 하지만 한정된 상설점포에서는 이러한 효과를 거두기에는 한계가 있다. 이 점은 오일장과의 연계를 통해 해결할 수 있다. 현재 상설전통시장 중에는 오일장도 함께 서는 시장이 많다. 이 경우 상설시장과 정기시장은 서로 경쟁 관계가 아닌 공생의 관계를 이루면서 서로 발전해 나갈 필요가 있다. 아무래도 오일장날에는 보다 많은 사람들이 모이기 마련이니 상설시장의 입장에서는 장세를 넓히고 홍보하는 차원에서 도움이 될 것이다. 오일장 상인들도 상설시장에서 파는 동일한 물건보다는 차별화되는 물건을 들고 나와 서로 피해를 끼치는 일이 없도록 신경을 써야 할 것이다.

경기도의 전통시장 중 다수의 시장들이 상설시장과 오일장을 겸하고 있다. 평소에는 상설시장만 존재하지만 오 일마다 한 번씩 돌아오는 장날이 되면 상설시장 골목이나 주변으로 노점상이 들어서는 것이다. 물론 상설시장상인들과의 갈등으로 인해 공용주차장이나 하천 둔치마당에 서는 경우도 있다. 오일장이 공존하는 것에 대한 상설시장 상인들의 평가는 사뭇 차이가 있다. 아무래도 장날에는 장을 보러 오는 사람들이 많아지므로 당연히 매상이 오른다는 의견도 있고, 노점이 상설점포로의 진입을 방해하는 바람에 장날에는 장사를 공치기 일쑤라는 의견도 있다. 특히 행상인과 같은 상품을 취급하는 상설점포들은 장날에 오히려 재미를 못 보는 것은 명약관화하다. 또 다른 문제는 오일장의 노점이 지역 주민들이 아니라 외지에서 온 행상인들을 위주로 운영되기 때문에 오일장에서 발생한 수입이 해당 지역사회에 재투자되는 형태가 아니라는 점이다. 이에 오일장상인회에서 상설시장상인회에 자릿세 명목으로 일정 금액을 납부하기도 하고, 길목 좋은 상점 앞에 노점을 차리는 경우 그 상점에 개인적으로 자릿세를 지불하는 경우도 간혹 있다. 물론 불법이어서 모든 시장이 그런 것은 아니고 시장마다 천차만별이므로 상설시장과 오일장 상인들의 갈등을 피하기 위해서는 모

든 시장에 일반적으로 적용할 수 있는 규칙을 제정해줄 필요도 있다.

　　오일장 행상인들 역시 고충이 없는 것은 아니다. 장돌림이 원래 고된 직업일 뿐더러, 아무 시장이나 들어가 자유롭게 장사를 할 수 있는 것도 아니다. 장터마다 자신이 맡아둔 고정된 자리가 있는데, 이 자리를 얻지 못하면 해당 오일장에 들어갈 수가 없는 것이다. '누구 하나 죽어서 자리가 나기 전에는 그 장에 들어갈 수가 없다.'라는 행상인들 사이의 푸념은 이러한 자리 확보의 어려움을 단적으로 나타내준다. 그래서 장사가 잘되는 오일장에서는 이 노점 자리 때문에 인습이 생기기도 했다. 자기가 맡아놓은 자리를 권리금을 받고 팔기도 하고, 임대로 빌려주기도 하는 것이다. 오일장 상인들도 그들의 친목과 권익을 위해 장사를 나가는 시장마다 조직된 오일장상인회에 가입한다. 따라서 이 오일장상인회의 건전한 활동과 투명한 운영을 도모하여 오일장이 지닌 문제점들을 해결해

전통시장의 축제기간 중에는 무료로 다양한 문화체험을 할 수 있는 부스가 설치된다.

나가는 방향이 바람직할 듯하다.

냉정한 판단으로는 전통시장의 전성기가 돌아올 것 같지는 않다. 1980년대까지만 하여도 각 지역마다 전통시장이 자리 잡고 있었다. 새로 개발되는 지역의 경우 그것이 신도시 정도로 규모가 크다고 하더라도 일정한 공터나 골목을 중심으로 토박이 농민들이 직접 생산한 농산물을 들고 나오고 외지의 노점상들도 모여들어 상권이 형성되면 점포들이 하나 둘씩 자리 잡았고, 이렇게 점포가 밀집하게 된 지역은 자연스럽게 전통시장으로 성장하였다.

하지만 2000년대 이후 개발된 신도시에는 전통시장이 아예 존재하지 않는 경우가 허다하다. 대표적으로 분당과 판교의 경우는 분당장과 판교장이라는 전통사회의 대시장이 있던 곳이고 신도시 개발 이전까지만 해도 존속하고 있었다. 그러나 신도시가 들어서고 대형마트와 체인점이 자리 잡자 전통시장은 들어설 까닭도 없고, 틈새도 없어지는 것이다.

그럼에도 불구하고 이글에서 전통시장의 현황을 살펴보고 미래에 대한 전망을 시도하는 것은 전통시장이 여전히 존속하며 서민 경제의 중요한 몫을 담당하고 있는 지역이 대부분이기 때문이다. 앞으로도 경기도 전역이 나름 개발되며 발전되겠지만, 분당과 판교처럼 지역 전체가 리셋될 정도의 변화를 겪지는 않을 터이니, 기존의 전통시장도 나름 진화해가면서 경쟁력을 확보해 나가야 한다.

예로부터 장터는 단순히 물건을 사고파는 장소만은 아니었다. 장터는 각처의 사람들이 만나는 교제의 장소였고, 서로의 지식과 정보를 교환하는 곳이었으며, 놀이의 광장이기도 했다. 전통시장은 이러한 장터 본연의 기능을 온전히 구비할 때 대형마켓이나 백화점과 경쟁할 수 있는 힘을 확보하게 될 것이다. 아무쪼록 전통시장이 장터가 종래 가지고 있었던 사회적, 문화적 기능을 재현하여 현대 시장체계에 접맥시키는 계기가 될 수 있기를 바란다.

4부

경기도의 포구

01
포구와 나루의 역사적 전개 양상

1) 나루, 포구, 항구

육로는 바다나 강을 만나면 끊어진다. 그러나 육로가 끊어지는 바다나 강에서는 또 다른 길이 시작된다. 곧 물길인 바닷길과 강길이 열리는 것이다. 물론 육로와는 달리 물길은 도보로의 이동이 불가능하기 때문에 다리를 놓거나 배나 뗏목 등 물길에서의 이동수단을 이용하게 된다. 배를 사용하는 경우에는 배의 출입이 용이한 장소와 배가 정박할 수 있는 접안 시설도 요구된다.

바닷가나 강가에서 배가 드나드는 장소가 바로 나루, 포구, 항구이다. 나루, 포구, 항구는 배가 닿는 물길의 정류장이라는 공통점은 있지만 규모나 역할에 있어서 일치하는 동의어는 아니다.

나루는 강이나 냇가 등 내륙 깊숙한 지점이나 좁은 바닷목에 배가 접안할 수 있도록 만들어진 소규모의 시설을 의미하며 한자로는 '도渡' 혹은 '진津'으로 표기한다. 포구는 바닷가나 바닷가에 인접한 큰 강어귀에 위치하며, 나루보다 규모가 크고 한자로는 '포浦'라고 표기하였다. 항구는 바닷가에 위치하며 포구보다 더욱 규모가 크고 한자로는 '항港'이라고 표기하였다.

나루, 포구, 항구는 단순히 위치나 규모의 차이만이 아닌 수행하는 역할에서도 차이점을 가지고 있었다. 나루는 물길로 격절되어 있는 육지의 양안을 이어주는 다리와 같은 구실을 한다. 뱃사공이 나룻배를 이용해서 행인이나 소규모의 물류를 건네주는 장소인 것이다. 나루에 대응하는 한자어인 '진津'과 '도渡'가 모두 '건너다'의 의미를 지닌다. 이러한 점에서 고유어로서의 나루의 어원은 사람이나 짐을 배로 나르는 곳이라는 뜻으로 '나르다'에서 유래하였을 가능성이 짙다.

이에 비해 포구는 고깃배나 장삿배와 같은 중대형 선박이 정박하고, 물류를 집산하는 창고의 역할을 하며 일정 규모의 교역이 이루어지는 장소였다. 포浦는 조수가 드나드는 곳에 형성되는 '개, 갯벌'을 뜻하는 한자어이므로, 바닷가가 아닌 강에 위치해 있을 지라도 바다의 영향을 받는 곳이다. 장삿배가 들어와서 일시적 장이 열리는 것을 '갯벌장'이라고 하는 것도 이와 밀접한 관계를 갖는다고 하겠다.

항구의 경우에는 원거리를 운항을 할 수 있는 여객선이나 화물선이 출항하고 머무는 장소이다. 항구의 '항港'자는 뱃길을 의미한다. 삼수변(氵)은 물을 의미하고 巷(항)은 거리 혹은 골목을 뜻하는 글자인 것이다. 따라서 항구는 바다의 뱃길을 이용한 선박의 운행을 주목적으로 하는 장소이다.

전통적인 지명의 용례를 살펴보면 위와 같은 구분이 일반적으로 통용되고 있음을 확인할 수 있다. 서해의 염하를 끼고 있는 갑곶나루와 원모루포는 김포 월곶면에 속해 있는 인접한 지역이다. 갑곶나루는 어선이 정박하는 곳은 아니고 강화도와 김포를 연결하는 나룻배가 다니던 곳이다. 그러나 원모루포는 어촌이 있었고, 고깃배와 장삿배가 드나들던 곳인 것이다. 또한 한강 하류에는 양화나루와 마포가 있었다. 양화나루가 마포보다 하류에 위치하는데도 양화도, 양화진이라 하였지 양화포라고 하지는 않았다. 이는 양화나루의 주기능이 김포나 강화도로 가기 위하여 한강을 도강하는 데 있었기 때문이다. 반면 마포는 서해에서 올라오거나 한강 중상류 지역에서 내려오는 고깃배나 장삿배들이 정박하며 교역을 하던 곳이다. 물론 마포를 위시하여 이포, 조포 등의 포구들에는 '포'자 뒤에 나루라는 말이 첨가되어 마포나루, 이포나루, 조포나루로 불리기도 한다. 이러한 사례는 주로 강변 포구에서 발생하므로, 비슷한 의미가 중복되었다기보다는 이들 포구가 물류의 교류뿐 아니라 강을 건네주는 기능도 기본적으로 갖고 있었기 때문이라고 보는 편이 타당할 듯하다.

그런데 옛 지도나 지리지 등을 보면 진, 도, 포라고 표기된 지역은 흔히 볼 수 있지만, 항이라 지칭되는 곳은 거의 찾아볼 수 없다. 이는 조선시대 모든 국제 교역이 사신단을 통해 이루어졌기 때문에 '항'이라고 부를 만한 규모의 항구가 조성되지 못했기 때문이라 판단된다. 따라서 항구는 근대 이후 부두시설을 갖추고 대형 여객선이나 화물선이 운행되는 장소가 등장하면서 생긴 명칭이라 보인다. 이들 항구는 원래 포구였다가 근대 이후 부두시설을 갖추고 대형 여객선이나 화물선이 운항되면서 항구라고 지칭되었다고 판단된다. 포항, 목포항 등 포라는 지명 뒤에 항이라는 글자가 중복되기도 하고, 원산포, 부산포는 포라는 글자를 없애고 항자를 붙여 원산항, 부산항으로 명칭이 고쳐진 경우이기 때문이다.

이 글에서는 물길에서 장시의 역할을 담당하는 포구에 주안점을 두므로 단원의 제목으로 포구라는 단어를 선택하였다. 하지만 원래 포구였다가 후대 나루나 항이라는 지명이 붙어 일반화된 지역도 있고, 주기능은 아닐지라도 나루나 항구가 장시의 역할이 없었던 것은 아니므로 나루, 포구, 항구에 해당하는 장소를 모두 언급하기로 한다. 따라서 소제목에서는 고랑포, 임진나루, 평택항 등 일반적으로 통용되는 지명을 사용하겠다.

2) 해안가 어촌 마을과 포구

고지도에서 '○○포浦'라는 지명을 검색해보면 도서지방만이 아니라 강변에도 자주 눈에 띈다. 이렇게 포구라 불렸던 곳은 네 가지 특징 중 한 가지 이상을 포함하는 지역이다.

첫째, 어업활동이 활발하였던 지역

둘째, 바닷길이나 강길의 정류장이 되었던 지역

셋째, 조류의 영향으로 바다에서 강의 하류를 타고 바닷배가 소강할 수 있는 지역

넷째, 어염이 집산되어 상거래가 이루어지던 지역

이러한 특징들을 종합하면 전통사회에서 인식하던 포구의 개념과 역사적 전개 양상을 유추해볼 수 있다. 애초에 포구는 첫 번째 특징에서 출발한다. 즉 어업에 종사하는 주민들이 모여 사는 어촌에서 배를 정박시키는 곳이었다. 그런데 어업이라는 것이 근해에서만 이루어지는 것이 아니라 원해까지 나아가야 할 경우도 있고, 어촌이 고립된 지역이 아닌 이상 다른 지역과의 교류도 필요하니 두 번째의 특징이 나타나게 된다. 세 번째의 특징은 바닷물과 민물이 뒤섞이는 기수역에서의 어업행위에서 유래되었겠지만, 네 번째의 특징인 장삿배의 적극적 상업적 활동으로 말미암아 소강의 범위가 넓어졌을 터이다.

포구의 역사적 전개에 따른 의미의 확장은 강의 중, 상류까지 포구라고 불리는 지역이 분포되었던 이유를 밝혀준다. 원래 '포浦'라는 글자에 내포되어 있던 갯벌, 개의 어원적 의미가 희석되며 어선과 장삿배가 정박하는 곳으로 의미의 확장을 가져왔던 것이다. 이는 포구에 배가 들어오기만 하면 섰다는 '갯벌장'의 경우도 마찬가지다. 중상류의 강변은 모래사장으로 되어 있지 갯벌이 있을리 만무하기 때문이다. 따라서 '갯벌장'도 포구에 배가 들어올 때마다 열리는 '포구장'과 동일한 의미로 사용되었던 것이다.

어업을 주요 생계의 원천으로 삼는 해안가의 어촌에서는 배가 필수적인 생활 수단이 된다. 어촌마다 먼 바다로 고기잡이를 나갈 수 있는 중형 혹은 대형 어선과 개인이 근해에서 부리는 소형 거룻배를 몇 척씩 보유하고 있기 마련이었다. 배는 어업 활동에 사용되기도 하지만 인근 도서지역으로 이동을 하거나 교역을 하는 수단이 되기도 한다.

따라서 어촌은 풍랑에서 비교적 안전하고 배를 수월하게 정박시킬 수 있는 포구를 중심으로 형성되었다. 경기도가 접하고 있는 서해안의 경우는 조수와 간만의 차가 심하고 리아스식 해안이라 해안가의 굴곡이 심하고, 근해에는 무수한 섬과 암초들이 펼쳐져 있다. 얼핏 보기에는 모든 해안가에 배가 닿을 수 있을 듯해도 기실은 배를 정박시킬 적당한 장소를 정하는 것도, 운항에 적합한 뱃길을 개척하는 것도 쉽지 않은 일이었다.

서해안 지역에 있었던 포구는 거의 망망대해를 바로 눈앞에 둔 곳에 위치하고 있지는 않았다. 대부분 바다가 육지에 의해 둘러 싸여 있는 해역인 만이라 불리는 곳에 위치하거나, 바다와 만나는 강의 하구에 자리 잡는 경우가 많았다. 이렇듯 육지가 포구를 감싸 안은 듯한 지형은 풍랑을 막아줄 수 있어 물결이 잔잔

하며, 배를 안전하게 정박시킬 수 있기 때문이다.

경기도는 서해와 접해 있는 지형 자체가 바다를 향해 돌출되어 있는 황해도의 장산곶과 충청남도의 태안반도 사이에 초승달 모양으로 움푹 들어간 부분으로 되어 있기 때문에 전체적으로 커다란 만의 형태를 취한다. 그래서 경기 일대의 바다를 경기만이라고 부르는 것이다. 이 경기만 안에도 크고 작은 만이 포함되는데, 강화만과 남양만 등이 그 대표적 예이다. 이러한 경기도의 지리적 특성은 예로부터 포구가 발달하게 되는 동기가 되었다.

조선후기 경기만 일대에 바닷길이 번성했고, 상업포구가 발달되었다는 사실은 문헌기록을 통하여 확인할 수 있다.『도로고』에는 지금의 서해안 고속도로를 연상케 하는 '경기해연로京畿海沿路'에 대해 기술한 대목이 있다. 이 도로는 평택에서 시작되어 수원, 남양, 안산, 인천, 부평, 김포, 통진, 풍덕, 개성, 벽란도로 이어진다. 이상의 지역들은 경기만 연안 바닷길의 정류장이었고, 포구가 발달된 지역이었다. 물론 경기해연로는 바닷길이 아닌 경기의 서해연안을 따라 펼쳐진 489리의 육로에 대한 내용이지만, 당시 경기만 연안의 포구를 연결하는 도로가 국가적으로 정비, 관리되었다는 뜻이니, 포구의 중요성을 간접적으로 시사해주는 사례라 하겠다.

그런데 서해안은 조수의 차가 심하고 육지와 바다가 완곡한 경사를 이루어 갯벌이 발달되어 있다. 갯벌 지역은 굴, 조개, 낙지 등의 어패류를 어획할 수 있고, 소금을 생산할 수 있는 또 다른 수산자원의 보고가 되지만 선박의 운항에는 상당한 제약을 주는 요소이다. 이러한 단점은 밀물과 썰물의 물때를 최대한 맞추거나, 갯벌에서 운용하기에 알맞은 배를 만드는 조선법, 크고 작은 배를 적절히 활용하는 방법 등으로 극복되었다. 그래서 서해안의 배들은 배의 밑바닥이 평평

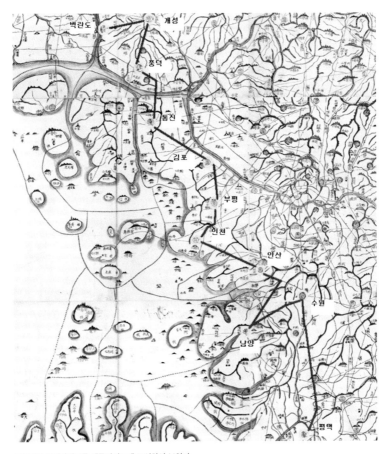

도로고의 서해안연로를 대동여지도에 표시하여 보았다.

한 평저선이었고, 대부분의 포구 마을에는 규모가 큰 당두릿배 외에도 작은 거룻배를 운용하였다. 당두리선은 돛대가 두 개나 세 개가 달린, 고기잡이를 하거나 대량의 화물을 원거리 이동하는 데 사용하던 배였고, 거룻배는 혼자서 낚시

질을 하거나 당두리에서 해안으로 화물을 실어나르는 역할을 하던 작은 배였다. 거룻배는 용도에 따라 낚거루와 시선배 등으로 부르기도 했다.

3) 강변 마을의 포구와 나루

끊어진 도로를 이어주던 나루

도로는 강을 만나면 격절되므로 강은 교통의 장애물이고 골칫거리일 수 있다. '접강천리接江千里'라는 말이 있듯이 바로 강 건너에 있는 마을이라도 강을 건널 수 없을 때는 천리를 돌아가야 한다. 하지만 도구적 인간(Homo faber)이 여기서 멈춰 섰을 리는 만무하다.

강을 건너는 방법은 여러 가지가 있을 수 있으나, 다리를 놓는 것이 가장 확실한 방법이다. 그러나 전통사회의 토목 기술로는 나무나 나뭇가지를 엮어서 만든 목다리 혹은 섶다리, 돌을 놓아 만드는 징검다리, 거룻배를 몇 척 연결하는 배다리舟橋 (주교) 정도가 한계였다. 정작 한강과 같이 큰 강에 다리를 놓는 일은 불가능하였던 것이다. 조선시대에는 한강에 수십 척의 나룻배를 연결하여 배다리가 설치되기도 하였지만 이는 왕의 온천행차나 능행과 같은 대규모 행차 때 주교사라는 관청을 통해 만들어지는 임시 다리였을

작은 하천을 건너던 섶다리

뿐이다.[192] 이 주교가 설치되었던 한강의 노량진에 현재의 한강대교인 제1한강교가 건설되는 것은 1917년의 일이다.

전통사회의 기술력으로 다리를 놓을 수 없었던 수심이 깊고 폭이 넓은 강을 건너는 방법은 배를 이용하는 것이었다. 그래서 배를 대고 띄우기 편리하도록 물살이 약한 강의 양안兩岸에 나루를 설치하게 되었다.

선사시대에 과연 '나루'라고 부를 만큼 고정적으로 강을 건너다니는 장소가 있었는지는 확인할 길이 없다. 다만 강변에 살던 선사인들이 물에 뜰 수 있는 구조물을 고안하여 어로활동을 하였다는 사실은 유적들을 통하여 확인할 수 있다. 그렇다면 식량을 넉넉히 채집하거나 생활의 영역을 넓히기 위해 강을 건너다니기도 하였을 터이니 어느 시기인가에는 자연스럽게 나루에 해당하는 장소가 출현하였을 것이다.

삼국시대가 되면 나루의 중요성은 더욱 부각된다. 한강의 아차산 보루나 임진강의 호로고루瓠蘆古壘 등 나루 지역을 감시할 수 있는 당시에 축조된 관방시설이 많이 있다. 강은 자연적 국경이 되거나 지역의 분계점이 되었기에 나루에서의 도강행위를 통제하고 적의 침투를 감시할 수 있는 수단이 필요하였던 것이다. 한성백제 시절 도미와 그의 처가 개루왕의 눈을 피해 강을 건너 고구려로 피신했다는[193] 도미나루는 지금의 팔당대교 부근이라 알려져 있는데, 이 지역의 어르신들은 아직도 이곳을 흐르는 한강을 두미강이라 부르고 있다. 이 전설을 통해 당시 한강이 고구려와 백제 사이의 국경이었고, 강을 건너는 나루가 있었다는 사실을 짐작할 수 있다.

---

192) 정조의 화성능행 등이 대표적 사례가 된다.
193) 『삼국사기』 도미열전

고려를 거쳐 조선시대에 이르는 동안 국가적으로 강과 나루를 관리하고 운영하는 정책이 시행되었다. 이는 강길이 요즘처럼 사회간접자본으로 인식되었다는 사실을 시사한다. 국가적으로 나루를 설치하여 운영한 기록은 고려시대부터 보인다. 경기도 지역만 하더라도 예성강의 벽란도, 임진강의 하원도, 한강의 사평도와 양화도 등에 대한 기록이 확인되는 것이다.

조선왕조는 건국 초기부터 중앙 집권화 정책을 강화해 나갔다. 지방을 효과적으로 통치하기 위하여 교통과 통신 그리고 운수조직을 정비하였는데, 강에 의해 단절된 도로를 이어주는 나루에 대한 관리도 필수적이었다. 이에 세종 때에 이르러 진도제津渡制가 체계적으로 정비되었다.

기록에 의하면 당시 한양에서 출발하는 주요 간선 도로가 통과하는 한강의 나루만 해도 광나루, 삼밭나루, 서빙고나루, 동작나루, 노들나루, 삼개나루麻浦津(마포진), 서강나루, 양화나루 등이 개설되어 있었다. 이들 나루는 한양에서 출발한 사람과 물자가 경기도를 경유하여 전국으로 이동하는데 필수적으로 건너야 하는 나루들이었다.

당시 나루는 국가의 공공편의시설로 운용되었으므로, 수시로 강을 건널 수 있게 나룻배와 사공도 규정에 따라 배치되어 있었다. 나루의 운영 자금은 정부로부터 늠급위전廩給位田[194]과 진척위전津尺位田[195]이라는 토지를 지급 받아 거기에 생산되는 소출을 통해 마련되었다. 나루에는 나루의 관리를 책임지는 도승이 있었고, 사무를 처리하는 아전인 진리津吏를 두었으며 뱃사공인 진척津尺을 두었다. 특히 대로大路에 해당하는 나루는 도渡라 하였는데, 군사를 배치하여 나루를 오

194) 나루의 관리 책임자인 도승渡丞에게 지급되는 토지였다.
195) 나루의 관리 비용을 위하여 지급되는 토지였다.

고 가는 사람들을 검문하고, 범죄인들을 감시하고 체포하는 임무를 부여하였다.

나루의 주 기능은 사람과 물자를 강 건너편으로 실어 나르는 것이므로 각 나루는 등급에 따라 일정 수의 나룻배를 보유하게 되어 있었다. 그러나 실제 보유하고 있는 척 수는 규정보다 훨씬 적었다.[196]

나룻배를 부리는 일은 위험하기도 했는데, 실제로 기록들을 살펴보면, 태종 13년에는 한강나루에서 전복 사고가 나서 30여명의 승객이 익사하였고, 중종 때에도 양화나루에서 많은 사람들이 변을 당하였다. 나루의 안전한 운영을 위해 나라에서는 관리를 맡은 책임자는 물론 나루에 관련된 인원들에게도 엄격한 규율을 적용하였다. 특히 가장 빈번히 일어났던 나룻배의 침몰 사고를 방지하기 위하여 승선 규정을 엄격히 지키도록 하였다. 배에 너무 많은 짐을 싣거나, 승선 인원을 초과하여 배가 침몰한 경우, 뱃사공들은 장 1백에 처해졌으며, 도승 또한 중죄를 받았다. 나룻배의 관리 역시 사고를 미연에 방지하기 위하여 국가적으로 실시되었다. 대부분의 선박은 건조된 지 5년이 지나면 수리를 하였으며, 다시 5년이 지나면 폐기하였다.

사선의 발달과 나루의 영리적 운영

나루는 중앙통치체제를 강화하기 위하여 국가에서 운영하였지만, 일반 백성들에게도 실 생활에 도움을 주는 공익사업이었다. 개인적으로 건널 수 없는 강을 정부에서 나서서 나루를 설치해 주고, 관리까지 해주니 큰 혜택이 아닐 수 없었다. 국가의 입장에서 나루는 백성에게 베푸는 위민정치爲民政治에 해당하는 제도

---

196) 『대전통편』이나 『속대전』 등의 자료를 보면 경강에 위치한 나루에 배정된 나룻배는 광진에 4척, 송파에 9척, 삼전도에 3척, 신천진에 2척, 한강도에 15척, 양화도에 9척, 공암진에 5척, 철관진에 1척이었다.

였기에 뱃삯은 무료였다.

조선전기에는 나룻배를 국가에서 제작하여 각 나루에 배치하는 것이 원칙이었다. 그러나 전국 각처에 산재하고 있는 모든 나루터에 관선官船을 배치하는 것은 현실적으로 불가능한 일이었다. 이에 나룻배의 부족한 수효는 개인이 만든 사선私船을 통해 매울 수밖에 없었다.

원래 사선私船을 가지고 있던 사람들은 대개 어부들로 평상시 주로 강에서 고기잡이를 하며 생활을 하다가, 종종 정부의 차출에 응하여 배를 빌려주고 뱃사공 노릇도 하였다. 그러다 사선을 이용하여 강을 건네주고 뱃삯을 받는 것이 훨씬 유리함을 알고 도선업渡船業으로서 완전히 직업을 바꾸는 사례가 많아졌다. 그래서 뱃사공들은 관선官船을 숨겨두고, 자신의 배나 개인적으로 친분이 있는 사람의 배를 빌려 영업에 나서기도 하였다.

관선은 무료로 이용할 수 있는 대신 뱃사공들이 부리는 횡포가 적지 않았다. 더구나 사선은 관선에 비해 선체가 작고 가벼워서 쉽고 빠르게 강을 건네주었다. 이런 이유들로 사람들은 비록 뱃삯을 지불하더라도 이용하기에 편리한 사선을 이용하는 빈도수가 늘어갔다. 결국 관선이 사선에 밀려 경쟁력을 잃자 나루의 국가적 운영은 쇠퇴하게 되고, 자유경쟁 체제를 도입하여 조선후기에 이르면 모든 나루에서 사선私船 활동이 합법화되기에 이른다.

사선은 영리적 목적으로 운용되는 만큼 국가에 세금을 내어야만 하였다. 그러기 위해 국가에서는 사선의 크기를 대·중·소로 나누고 선주의 이름을 등록하게 하였다. 선세船稅나 어세漁稅는 1년에 1회 납부하는 것을 원칙으로 하였다. 사선에는 등록증에 해당하는 낙인烙印을 찍었는데, 일종의 영업 자격증과 같은 것이었다.

이과 같이 조선전기까지 교통망의 국가적 관리체계의 일환으로 운영되던 나루는 조선후기부터는 사선 중심으로 민영화의 길을 걷게 되었는데, 나루의 시설이나 나룻배의 관리, 행인을 위한 서비스는 한층 나아지는 이점도 있었다.

지금도 나루가 있었던 지역에 가면, 그 마을에서 마지막으로 사공일을 보았다는 분들을 만나 이야기를 들을 수 있는데, 일제강점기나 해방 이후 나루가 폐쇄되기까지의 나루 운영은 조선후기의 사례와 별반 다르지 않았다.

나룻배는 제작비용이 많이 들기 때문에 개인이나 마을에서 배를 만드는 경우보다는 읍이나 면에서 제작하여 입찰을 통해 뱃사공을 선정하고 용역을 주는 경우가 많았다. 그렇다고 해도 나루와 나룻배의 운영은 순전히 마을이나 민간의 손으로 이양되었다. 뱃사공들은 외지인들에게는 뱃삯으로 돈을 받았지만 주민들에게는 '나루추렴'이라 하여 봄, 가을로 곡식을 거두어 받았다. 대개는 봄에 보리 한 말, 가을에 벼 한 말씩이거나 혹은 가을에 쌀 한 말씩을 받는 식이었다.[197]

나룻배는 돛은 달지 않고 물이 적을 때는 삿대로 밀고 물이 많을 때는 노를 저어 강을 건네주었지만, 양안에 줄을 매어 운행하기도 하였다. 대개 나루마다 두 척의 배를 운용하였는데, 한 척은 작은 배로 사람을 태우기 위한 것이고, 한 척은 큰 배로 자동차나 우마차를 실어 나르던 것이었다. 나룻배는 일반적인 강배보다 너비를 넓게 만들어 승선 면적을 넓혔다. 자동차나 우마를 실어 나르는 나룻배는 덕판이 없고, 비우도 몇 쪽을 떼 내어 자동차나 우마가 오르내리기 편하게 만들었다.

나룻배는 전통적으로 목선을 사용하다가 경제적 목적 때문에 좀 더 오래 사

---

197) 나루가 폐쇄되기 직전에는 나룻배를 이용하는 승객들의 수효가 급격히 감소하였으므로 주민이나 외지인이나 모두 돈을 받는 식으로 바뀌기도 하였다.

용할 수 있는 철선으로 대체되기도 하였다. 목선이 철선보다 물에 잘 뜰 것 같지만, 실상은 나무가 물에 불어 무게가 더 나가기 때문에 목선이 물에 더 잘 가라앉았다. 철선은 배 바닥을 이중으로 해서 공기가 들어가는 부력통을 만들어 물에 잘 뜨게 하는 구조를 가지고 있었다. 철선의 경우 이 부력통 때문에 목선보다 잘 뜨지만 대신 바람을 많이 타서 잘 흔들리는 등 안정성은 없었다고 한다.

상업포구로 번영하는 나루

19세기에 씌어진 『대동지지』에 의하면 한강에는 43개 처에 나루가 있었다. 대략 5~6km마다 한 기씩 나루가 분포되어 있던 셈인데, 경기도에는 양근(지금의 양평)에 8처, 광주에 8처, 여주에 6처 등 나루가 집중되어 있었다.[198] 이 가운데 장

---

198) 김종혁, 「동국문헌비고에 나타난 한강 유역의 장시망과 교통망」, 『경제사학』 30호, 경제사학회, 2001, 21쪽

19세기 후반의 마포. 마포는 서해의 바닷배가 밀물을 타고 소강할 수 있는 지역이었다.

삿배가 자주 왕래하던 중심 나루는 배가 들어올 때마다 장이 서는 상업포구로 번영하였다.

18세기 말부터는 시전市廛이 물품 거래를 독점하던 금난전권禁難廛權에서 벗어난 시기였다. 이를 틈타 경강선인들은 그들의 자본력을 바탕으로 객주, 여각 등을 만들어 물화의 유통, 판매를 거의 독점하였지만, 지방의 상인이나 지방선인들도 자신의 지역을 중심으로 영향력을 키우며 특정 물품을 독점하는 사상도 고私商都賈로 성장하였다.

조선시대 한강변의 대표적인 나루였던 송파의 경우 도가상업都家商業의 근거지가 되며 객주집이 즐비한 곳이었고, 송파장은 이에 힘입어 전국의 10대 시장으로 손꼽힐 만큼 성장하였다.

　포구장의 거래품목으로 하류지방에서는 소금, 새우젓, 염건어, 직물 등이 올라오고, 상류지방에서는 미곡, 콩, 참깨, 담배, 옹기, 임산물 등이 내려갔다. 개항기 이후에는 설탕, 석유, 시멘트 등의 수입상품도 거래되는 등 시대에 따른 변화도 있었다. 이러한 물품들은 주로 객주, 여각을 통해서 집산된 후 거래되었기 때문에 나루 주변에는 물건을 저장하기 위한 창고도 많았다.

　이렇듯 조선후기를 거쳐 구한말에 이르기까지 물길을 통한 물류의 수송은 활기를 띠며 전개되었고, 물길의 정류장에 해당하는 나루들은 지역의 번영을 이끌어왔던 중심지로서의 역할을 해왔다. 그러다 강변의 주요 길목마다 신작로가 생기고, 철도가 건설되면서 물길은 쇠퇴하게 된다. 물길을 이용하여 생활물품과 목재들을 실어 나르던 돛단배와 뗏목들은 이제 더 이상 경제적인 운송수단이 아니었다. 그보다 훨씬 더 저렴하고 편리한 수단인 트럭과 기차가 새로운 운송수단으로 자리매김을 하게 된 것이다. 하지만 물길은 이후로도 한동안 지속되어 경기북부의 경우 6.25동란 이전까지, 경기 남부의 경우 1970년대 초반까지 이어지다 역사 속으로 사라져갔다.

02
경기도 해안과 강변의 포구와 나루

1) 서해안의 포구와 나루

필자가 서해안의 도서지역을 답사하던 1980년대만 하여도 서해 도서지방에는 어업에 종사하던 주민들이 다수 거주하였다. 물론 해류의 변화와 환경오염으로 인하여 연평어장으로 올라오는 조기떼는 고갈되었고, 인근 해역에서의 어획량도 신통치 않아 반농반어에서 어업의 비중은 줄어들고 농사의 비중이 점점 높아지고 있었다. 하지만 포구마을마다 선주집이 남아 있었고, 마을 어른들로부터 칠산 어장이나 연평 어장으로 조기잡이를 나갔다가 만선을 이루어 돌아왔던 때의 이야기를 심심치 않게 들을 수 있었다. 은퇴한 어부들에게는 이러한 이야기가 젊은 시절의 무용담이었고, 간혹 그때의 기억에 흥이 오르면 만선의 기쁨을 담은 '배치기' 노래도 들려주셨다.

하지만 경기만의 해안지역은 2000년대를 전후한 시기에 이루어진 간척사업과 도서지방의 개발로 말미암아 해안이 내륙이 되고, 섬이 육지로 변한 지역이 허다하다. 이러한 지역들은 대부분 공단이 들어서거나 아파트 지구가 되어 버렸고, 지역의 구성원도 새로 이주해온 사람들이 대부분이어서 이제는 토박이를 찾아보기 힘들다. 물론 지금도 포구가 남아 있는 지역에서는 현지 어부들이 어촌계

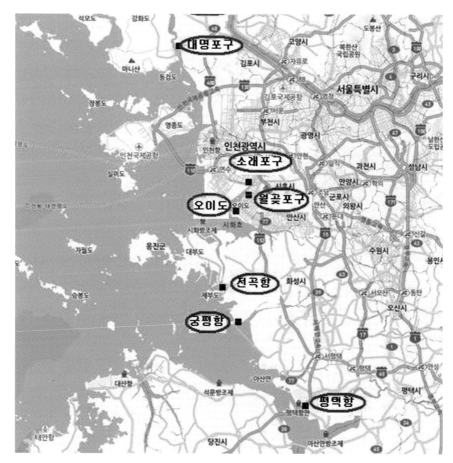

현재 경기만 일대의 주요 포구와 항구(네이버 지도)

를 구성하고 어업활동을 이어나가고 있지만 점점 인원이나 규모가 축소되는 실정이고, 귀항을 할 때도 예전과 같은 만선의 흥취는 찾아보기 힘들다.

이렇듯 개발과 도시화의 논리로 치닫던 경기만의 도서 지역들은 최근 해양

문화와 생태계의 보존에 대한 관심이 급증되며 새로운 전기를 마련하고 있다. 해양의 환경과 문화를 지키면서 지역 주민들의 안정적인 경제성을 확보할 수 있는 방안이 모색되고 있는 것이다. 도서지역의 특성을 살리고 이를 문화관광자원으로 활용하는 에코뮤지엄과 자연사박물관의 조성, 해양생태여행과 지질역사여행 등의 프로그램들이 그 대표적 사례들이다. 평택항과 같은 국제 무역항과 전곡항과 같은 레저를 위한 항구도 경기만 포구의 전통을 활용함으로써 문화관광의 가치를 높인 사례에 해당한다.

⑴ 김포시 염하의 포구와 나루

김포시는 서쪽면으로 염하가 있고, 북쪽면과 동쪽면으로 한강이 흐르고 있어서 반도의 지형을 가지고 있다. 염하는 강화도와 김포 사이에 있는 바다이지만 마치 협곡에 위치한 강과 같은 형세를 보이고 있으므로 이 지역 사람들은 아예 염하강이라 부르기도 한다. 염하에는 일찍부터 포구와 나루가 발달되어 있었다. 하지만 김포에서 강화도를 이어주는 강화대교와 초지대교가 놓이면서 나루는 모두 폐쇄되었고,

김포시는 염하와 한강으로 둘러싸인 반도의 지형을 보인다.(네이버 지도)

포구 역시 대명포구만이 활기를 띠고 있을 뿐이다.[199]

갑곶나루

강화대교가 놓이기 전 김포의 성동리에서 강화의 갑곶리를 건너다니던 나루였다. 갑곶나루는 강화도 쪽에서 부르던 이름이었고, 김포 쪽에서는 성동나루 혹은 문수산성 옆에 있다 하여 산성나루라고 불렀다 한다. 하지만 조선후기의 지도에는 '갑곶' 혹은 '갑곶진'이라고 표기되어 있으므로 일반적으로 갑곶나루라는 명칭이 통용되었음은 분명하다.

갑곶나루선착장석축로(문화재청)

---

199) 김포시의 용강포, 조강포, 마근포, 전류리포구 등 한강에 접해 있는 포구들은 한강의 포구를 다룰 때 언급하기로 하고 이 단원에서는 서해안에 위치했던 포구에 대해서만 언급하기로 하겠다.

갑곶이라는 지명에 대해서는 다음과 같은 유래담이 전해진다. 고려 고종이 몽고군을 피해 강화도로 천도할 때 급히 도강을 하여야 했는데 마땅한 나룻배를 구할 수 없자 군사들이 수심이 얕은 이곳에 갑옷을 벗어서 쌓아 놓고 무사히 건널 수 있었다는 것이다. 물론 민간어원설일 테지만, 이 나루의 역사가 고려시대까지 소급됨을 시사해주고 있다.

갑곶나루는 강에 있는 나루와는 달리 서해에 있는 나루였기 때문에 도강을 하려면 만조가 되어 수위가 높아지기를 기다려야 했고, 도강에 걸리는 시간도 평균 30분 정도가 소요되었다. 1969년에 강화대교가 놓이면서[200] 갑곶나루는 폐쇄되었고 도강 시간도 3분으로 단축되었다.

현재 성동리에는 경기도 기념물 제108호로 지정된 '갑곶나루선착장석축로'가 남아 있다. 이 석축로는 1419년(세종 1년) 박신이라는 사람이 사재를 털어 만든 나루의 접안시설이라 하니 나루가 폐쇄되기 전까지 500년 이상 사용된 셈이다.

원모루포

원모루포는 월곶면에 위치한 포구로 1895년 지도와 1908년『한국수산지』에는 '고양포高陽浦'로, 1911년『조선지지자료』에는 '원우포遠隅浦'로 기록되어 있다. 군사지역의 특성상 제한을 많이 받기는 하지만 지금까지도 어업활동이 이어진다. 이 포구가 속해있는 마을의 명칭이 고양포高陽浦이니 원모루는 이에 대응하는 고유어로 '들판의 마루' 곧 높은 언덕의 의미일 것이다. 현재 원모루포와 고양리 마을은 상당히 거리가 떨어져 있는데, 이는 서해안 지역이 퇴적, 간척 등에 의하여 지형의 변동이 심한 곳인 까닭이다. 따라서 고양리 마을은 예전에 만灣의 지형을

---

200) 1969년 구교가 완공되었고, 노후화로 인해 전면 재시공을 하여 1997년 현재의 강화대교가 완공되었다.

가진 해안 지역이었고 원래는 마을과 포구가 붙어 있었다고 판단된다.

원모루포는 원모루나루라고 불리기도 했는데, 나루의 역할도 있었기 때문이다. 1919년 지도에는 원모루포에서 강화도의 불은면 고릉리로 건너가는 뱃길이 표시되어 있어 이러한 사실을 확인할 수 있다.

덕포

덕포德浦는 김포시 대곶면 신안리에 위치하고 있는 포구로 원모루포와 마찬가지로 제한적이지마는 어업 활동이 지속되고 있다. 조선후기의 고지도에도 '덕포德浦'가 표기되어 있으므로 유래가 깊은 포구임을 알 수 있다. 그런데 일제강점기의 지도에는 신덕포라 표기되어 있어 염하의 지형 변화로 덕포의 위치가 새로운 장소로 이동되었던 것으로 보인다.

이곳의 염하는 손돌목이라 불리는데, 이러한 명칭에 대한 유래담으로 다음과 같은 전설이 전해온다. 고려 때 어떤 왕이 피난을 가기 위해 손돌이라는 뱃사공의 배를 타고 이곳을 지나게 되었다. 그런데 갑자기 물살이 빠르게 휘도는 것을 보고 왕은 손돌이 자기를 위험에 빠트리려는 것으로 의심하여 참수하였다. 손돌은 죽음에 직면하면서도 "바가지를 물에 띄우고 그것을 따라가면 안전하게 지나가실 수 있습니다."라고 말했다. 손돌의 말대로 하여 안전하게 이곳을 빠져나온 왕은 자신의 잘못을 뉘우치고 손돌의 넋을 위로하며 장사를 지냈다.

『동국세시기』에 의하면 음력 10월 20일쯤 거세게 부는 바람을 '손돌바람', 이로 인한 추위를 '손돌추위'라고 하는데, 죽은 손돌의 원혼이 바람과 추위를 몰고 오기 때문이라고 한다. 실제로 손돌목은 수로의 폭이 좁아지면서 물살이 험하고 소용돌이가 잦아 조선시대 삼남지방의 세곡미를 운반해 오던 조운선이 수시

로 난파되는 등 사고가 많이 났던 곳이다.[201] 이 부근은 군사적으로도 요충지였
으므로 덕포진德浦鎭이 위치하고 있었고, 덕포진에는 손돌의 무덤이 남아 있다.

대명포구

대명포구의 낙조 풍경(김포시 문화관광 홈페이지)

대명포구는 김포시 대곶면 대
명리에 있는 포구이다. 염하에
서는 물때에 맞춰 어선이 조업
활동을 할 수 있지만 군사보호
지역이어서 제약도 많이 받는
다. 그래서 염하 일대의 어부들
은 점점 줄어들고 전통적인 어
촌은 쇠락해가기만 한다. 그러
나 대명포구는 이와 달리 활기
를 유지하고 있다.

대명리에는 원래 어촌이 있었겠지만, 고지도나 문헌기록에는 포구의 이름
이 보이지 않으므로 역사가 그리 오래되지 않은 신흥포구인 듯하다. 소규모이
지만 콘크리트로 만든 방파제와 접안시설 등 항만의 모습을 갖추고 있어서 대
명항이라고 불리기도 한다. 어촌계에 등록된 어선들은 60여 척인데, 인근 해역
으로 고기잡이를 나갔다 어선들이 돌아오면, 포구 바로 옆에 길게 늘어서 있는
어판장에서 방금 잡아온 숭어와 삼세기, 주꾸미, 망둥이 등의 활어나 꽃게 등을

---

201) 조선시대만 해도 태조 4년(1395)에 16척, 태종 3년(1403) 30척, 수부水夫 1천여명. 태종14년(1414) 66척과 20여명의
수부, 세조원년(1455) 54척이 침몰하고 인명의 손실을 당하는 해난사고가 3노트의 빠른 물살과 물결이 소용돌이 치
는 손돌목에서 일어났다.

직접 구입할 수 있다. 마을 쪽으로는 횟집들이 20여 곳 있는데, 각 횟집마다 자기 소유의 고깃배 이름을 상호로 내걸고 싱싱한 횟감을 판매한다. 356번 국도를 타고 가다 강화도로 넘어가는 초지대교 직전에 위치하므로 찾기도 쉽고 교통도 수월한 편이어서 주말이나 휴가철에는 수도권에서 이곳을 찾는 사람들이 많다.

(2) 시흥시의 포구와 나루

대부분의 서해안 지역이 대규모의 간척사업으로 지형의 변화를 겪었는데, 시흥은 그 변화의 정도가 극심한 지역이다. 갯벌이 상당히 발달되어 있던 시흥의 해안은 조선후기부터 간척사업이 진행되었고, 일제강점기에는 갯벌 지역에 소래염전, 군자염전 등 대규모의 염전이 개척되기도 했으며, 1980년대에는 시화호가 건설되었다. 이러한 변화 과정에서 도대체 어디까지가 바다였고, 어디까지가 해안가였는지 이제 가늠하기도 힘들다.

　　산업화되고 도시화된 시흥에도 포구의 전통은 이어지고 있다. 월곶포구와 오이도포구가 포구의 새로운 역사를 쓰고 있는 것이다. 현대식 부두 시설을 갖추고 있어 전통적인 포구의 모습은 아니지만, 전통을 계승한다는 것이 옛 모습 그대로 유지해야만 한다는 의미는 아니다.

　　이중환은 『택리지』에서 이곳은 어염이 번성하여 생선과 소금집이 하늘의 별처럼 깔려 있다고 한 바 있는데, 이렇듯 조선후기부터 시흥의 해안 풍경을 상징하던 염전에 소금꽃이 가득 핀 경관은 더 이상 볼 수 없게 되었다. 현재 군자염전이 있던 곳은 정왕동 아파트 단지로 변해 있고, 소래염전이었던 곳은 갯골생태공원이 조성되어 있다. 그나마 갯골생태공원에 염전체험장이 마련되어 있는 것은 의미 있는 일이다. 하지만 이왕이면 염전 박물관을 건립하여 소금의 종류

갯골생태공원에 있는 소금창고

와 전통 염전의 도구들을 전시하고, 일제가 우리 민족을 수탈했던 현장인 시흥 염전의 역사도 일깨우는 심도 깊은 교육의 장으로 만들 필요가 있다.[202] 아픔의 역사도 반면교사의 측면에서 되새겨야 할 가치가 있기 때문이다.

포리포구

포동은 시흥시 신현동에서 관할하고 있는 법정동이다. 마을 이름에서 알 수 있듯이 이곳은 원래 포구가 있던 어촌마을이었다. 고지도에는 포촌리, 포리포 등으로 표기되어 있다. 포동이 가장 번성했던 시기는 조선 말기부터 일제강점기까지였다고 한다. 1936년에는 호수가 150여 호에 인구는 700~800명 정도였는데 대부분 어민들이었다. 어업이 번창했을 때에는 연평도까지 조업을 나갔으며 어획물은 조기가 주류를 이루었다. 그러다가 1930년대 후반 포리, 방산리 일대에 소래

---

202) 블로그, 시흥 읽어주는 남자 우정욱, 시흥 염전과 김장

염전이 조성되면서 점차 염전일에 종사하는 주민들이 늘어났고, 1960년대 이후로 어업은 완전히 자취를 감추었다.

포동에서는 정월 초에 풍어를 기원하는 당제를 올렸다. 외지에서 무당과 광대 등 30~40명을 데려다가 당집이 있는 은행나무 아래에서 굿판을 벌였다. 비용은 주로 선주들이 추렴해서 큰 소 한 마리를 잡았다. 1960년대 이후부터는 제수로 쓰던 소가 돼지로 바뀌고 도당제도 그 규모가 축소되었다.[203]

현재 포동에 포함되어 있는 새우개에도 어촌 마을이 있었다. 새우개는 새고개가 변한 말이라 하지만 1895년의 구한말 지도에는 신포新浦라고 표기되어 있어 새로 생긴 포구라는 의미일 터이다.

월곶포구

싱싱한 해산물을 직접 구입하기 위해 수도권에서 가장 많이 찾는 포구는 아무래도 인천의 소래포구일 것이다. 이 소래포구와 시화호를 사이에 두고 마주보고 있는 곳에 월곶포구가 있다. 월곶포구가 처음 생겼을 때에는 교통이 불편하여 찾기가 수월치 않았지만 현재는 수인선 전철이 월곶을 지나므로[204], 교통이 편리해졌다. 월곶포구는 주변도 탁 트이고 아직은 한산한 편이라 해안의 경치를 감상하기에 좋고, 만조 전후로는 어선이 드나들며 수시로 경매가 이루어지므로 신선한 해산물을 직접 구입할 수도 있다. 또한 옛 수인선 협궤열차가 다니던 철로가 남아 있어서 소래와 월곶 사이를 걸어서 이동하는 것도 운치가 있다.

월곶포구는 바다였던 지역을 1992년부터 1996년까지 시흥시에서 매립하

---

203) 「시흥 바닷가 사람들의 일과 삶」 6, 26~27쪽
204) 전철 4호선을 타고 오이도역에서 내려 수인선으로 환승해도 되는데, 두 정거장 거리이다.

옛 수인선 철도를 따라 도보로 인천의 소래포구에서 시흥의 월곶포구로 이동할 수 있다.

여 어물시장과 횟집, 각종 위락시설을 갖춘 새로운 휴식공간으로 조성한 곳이므로 역사가 그리 오래되지는 않았다. 하지만 월곶동의 자연마을 중에는 고잔이 있는데, 인근 사람들이 인천을 왕래할 때 반드시 이곳에서 배를 타고 다녔을

월곶포구

만큼 교통의 중심이 되는 포구마을이었다. 고잔이라는 마을명 역시 '곶+안', 즉 바다를 향해 돌출한 땅의 안쪽이라는 의미이다. 또한 고잔에서 서쪽으로 조금 가면 조구나리(조기나루)라 불리는 마을이 있는데, 조선시대에 조기를 가득 실은 배가 이 마을까지 들어왔다고 하여 붙은 지명이

다.[205] 월곶동과 인접해 있는 거모동에도 포구가 있었다. 지금은 바다에서 한참 떨어져 있는 내륙지역이지만, 1789년(정조 13년)에 작성된 『호구총수』에는 거모 포리去毛浦里라는 명칭으로 표기되었다. 지금도 거무개라는 이곳의 옛 지명을 기억하는 어른들이 있는데, 거무개라는 이름에서도 이곳이 갯벌에 있는 포구였다는 사실을 알 수 있다. 따라서 월곶포구가 새로 조성된 포구라고 하지만 이 지역에 깃든 포구의 역사는 실로 만만치 않은 것이다.

오이도포구

월곶포구에서 서해쪽으로 내려가면 오이도포구가 있다. 까마귀 귀를 닮은 섬이라는 뜻의 오이도는 원래 시흥시 정왕동의 바닷가에 있던 섬이었다. 무려 육지에서 4km 정도 떨어져 있었으나 일제강점기 갯벌에 염전을 만들기 위해 간척되면서 육지와 연결되었다.

오이도에 포구가 들어선 것은 한국전쟁 이후의 일이다. 연백, 옹진 등지에서 내려온 난민들이 이곳에 터를 잡고 어업을 시작하면서 신포동이라는 포구마을이 형성되었던 것이다.[206]

오이도는 시화방조제[207]가 건설된 후 한동안 갯벌이 오염되어 사람들의 발길이 뜸해졌지만, 정화 공사를 마친 후 시화호가 청정함을 되찾았다. 이에 오이도포구도 새롭게 정비되었고, 수도권 전철이 운행되면서 서해의 해양관광단지로 각광을 받고 있다. 인근에 배곧신도시가 들어서고 있는데, 이 신도시가 포구

---

205) 시흥문화원, 「옛 군자면 소속 동의 지명유래」, 2004. 17~18쪽
206) 시흥문화원, 「옛 군자면 소속 동의 지명유래」, 2004. 43쪽
207) 농어촌진흥공사가 대단위 간척종합개발사업의 일환으로 추진한 방조제로 1994년에 완공되었다. 오이도와 대부도를 연결하며 12.7㎞에 달하는 동양 최대의 길이이다.

오이도포구에 늘어서 있는 간이점포들. 싱싱한 생선을 구입하고, 회도 먹을 수 있다.

에 어떤 영향을 미칠지는 미지수이다.

　　오이도포구에는 어선뿐만 아니라 인근 섬으로 운항하는 여객선이 출범하는 배다리선착장도 있다. 선착장 주변으로는 포구시장들이 펼쳐져 있는데, 간이건물과 햇빛을 가리는 파라솔을 친 좌판, 흔히 '다라이'라고 부르는 빨간 수조가 길 양쪽으로 늘어서 있는 곳이다. 월곶처럼 깔끔하게 정비되어 있는 곳은 아니지만 오히려 예전 포구의 정취를 느낄 수 있다. 선착장 주변은 썰물 때 갯벌이 드러나는데, 관광객을 위한 갯벌체험장이 있어 장화와 채집도구들을 대여해 준다. 오이도의 상징인 빨간 등대도 눈에 띄는데 등대에 올라가 포구를 관망할 수도 있다.

⑶ 안산시의 포구와 나루

안산시는 시화호방조제로 인하여 바닷길이 막히면서 사실상 해안과는 거리가 먼 지역이 되고 말았다. 다만 옹진군에 속해 있던 대부도와 풍도가 1994년 안산시에 편입되면서 그나마 서해 해양 문화권이라는 명목을 이어나가고 있다.

안산시는 전통적으로 성곶포(성머리포구), 원당포(둔배미나루) 등 포구가 발달했던 지역이었고, 시화방조제가 건설되기 직전까지만 해도 사리포구가 전성기를 구가하여 인천의 사래포구만큼이나 각광을 받

시화호 조력발전소 타워

았다. 그러나 이들 포구들은 방조제와 교량의 건설, 반월공업단지의 조성 등과 더불어 역사의 뒤안길로 사라졌다. 하지만 탄도항, 풍도항이 개발되며 새로운 해양 문화도시의 역사를 다시 써내려가고 있다.

성곶포聲串浦

『안산군읍지』[208]에 따르면 '안산군에는 성곶포와 원당포 두 포구가 있어서 조수潮水가 출입할 때 상선과 어선이 왕래하였고, 주민들이 농사를 짓지 않고 오로지 고기잡이를 일삼고 있다.'고 기록되어 있다. 고지도를 통해서도 두 포구의 위치를 확인할 수 있다.

성곶포는 지금의 상록구 성포동에 있던 포구이다. 성포동은 조선시대에는

---

208) 서울대 규장각한국학연구원에 소장본. 1871년(고종8) 이후 편찬된 경기도 안산군 읍지이다.

안산군 군내면 성포리였는데, 성곶리 · 성곶포촌리 · 점성리의 3개 동리가 합쳐
진 마을이었다. 이 중 성곶포촌리가 포구가 위치했던 곳이다. 1871년 안산군 지
방지도를 보면 노적봉 북쪽까지 바닷물이 들어온 것으로 그려져 있고, 성곶포
에 상선들이 왕래하였다고 기록되어 있다. 지금의 성포동 주민센터 부근이 포
구였는데 이곳을 '성포리 머리 부분'이란 뜻으로 성두리聲頭里 혹은 성머리포구
라고도 불렀다.[209]

원당포元堂浦

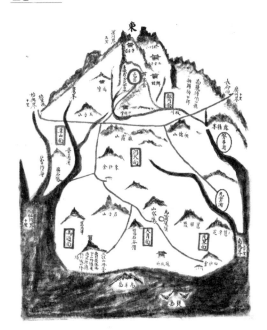

1871년 안산군 지방지도. 성곶포와 원당포가 표시되어 있다.

원당포는 단원구 초지동 77
번지 일대에 위치하였던 포
구였다. 이 고장에서는 포구
가 가장 먼저 생겼다 하여
원포元浦라고 하였다는데,
고려시대부터 군사적 요충
지인 초지진의 둔전屯田이
있었기 때문에 둔배미포구
라고도 불렀다. 원당포는 안
산 지역에서 가장 큰 포구였
으므로, 이 고장에 있는 고
깃배뿐만 아니라 당진 · 안
흥 · 태안 등 충청도 지역의

---

209) 국토지리연구원, 『한국지명유래집』 중부편, 성포동, 2008.

고깃배들도 자주 드나들었다. 조선시대에는 이곳의 어부들에게는 임금께 진상할 고기를 잡는 배라는 뜻의 찬물선饌物船 깃발이 내려지기도 했었다고 한다.

조구나루

조구나루는 현 상록구 이동에 있었던 나루로, 1950년대 초까지 안산천으로 중선 규모의 어선들이 소강할 수 있었던 곳이었다. '조구'라는 이름의 유래에 대해서는 조선시대 광주유수廣州留守가 소금을 모아서 한양으로 조공 바치러 가던 곳이라 하여 조공租貢나루라 하였다가 조구로 변했다는 설과, 조깃배가 많이 드나들어 붙여졌다는 설이 전해진다.

사리포구

1953년 초지동의 별망別望 앞에 방조제가 축조되면서 성곶포, 원당포, 조구나루 등이 폐쇄되고 농경지로 변화되었다. 그 대신 방조제에서 바닷가 쪽으로 약 1 km 떨어진 지점에 새로운 포구가 형성되었는데, 이곳이 바로 사리포구四里浦口이다. 이 지역은 6·25전쟁 때까지만 해도 칡넝쿨과 잡목이 우거진 불모지였으나, 방조제가 축조된 후 정부가 난민들을 위해 50여 세대의 주택을 지으면서 구라救羅마을이 형성되었다. 이 마을에 정착한 입주민들이 생업으로 어업에 종사하면서 자연스럽게 어촌으로 변모하였고, 횟집들이 들어서면서 포구가 번성하게 되었다.

반월 신도시 개발계획이 발표된 이후인 1978년에는 어민들이 힘을 모아 어시장을 형성하여 새우·꽃게·광어·민어·농어·우럭·낙지 등 다양한 해물들을 싼값으로 공급하기 시작하자 인근 도시에서 많은 사람들이 몰려들었다. 특히 새우의 경우 하루에 20드럼 정도를 어획하고 모두 소비되었다 한다.

이처럼 사리포구는 짧은 기간에 형성된 포구임에도 불구하고 140여 척의 어선이 드나들 정도로 성황을 이루며 경기도 관내 최대 규모의 포구가 되었으며 인천시 남동구의 소래포구 및 화성시 송산면의 마산포구와 함께 경기 서해안의 3대 포구로 불릴 만큼의 명성을 얻었다. 그러나 1994년 시화방조제가 건설되면서 바닷물이 막혀 어선의 출입이 끊어지고 신도시 개발과 함께 어시장과 횟집들도 자취를 감추었다. 포구가 있던 상록구 사동 일원에는 현재 여러 가지 체육시설을 갖춘 호수공원이 조성되어 있다.

탄도항

탄도항은 안산시 단원구 선감동에 있는 선착장으로, 탄도와 주변 도서를 오가는 여객선이 운항된다.

탄도항 정경

누에섬 전망대

시화호 간척사업으로 대부도 주변의 9개의 섬이 하나로 연결되어 흔히들 탄도항이 대부도의 동남쪽 끝에 있다고 생각하지만, 원래 이곳은 탄도라는 섬이었다. 참나무가 울창하고 숯을 많이 구워냈다고 하여 탄도炭島라 불렸다고 한다. 탄도는 서해안 특유의 갯벌이 잘 형성되어 있으며 수산자원이 풍부하여 바다낚시 및 해양생태 학습장으로 적합하다. 현재 탄도항에는 탄도어촌체험마을이 조성되어 있으며 탄도어촌계에서 갯벌체험, 공예체험, 농촌체험 등 다양한 체험교육 프로그램을 운영하고 있다. 또한 탄도항 주변에는 누에섬전망대 · 안산어촌민속박물관 · 수산물센터 등 볼거리가 많이 있어서 대규모의 복합해양레저단지로 개발되고 있다.

풍도항

탄도항에서 바닷길로 20여 ㎞ 떨어진 풍도에 있는 선착장이다. 인천항에서 풍도, 풍도에서 육도와 입파도를 오가는 여객선이 운항된다. 풍도는 서해안의 외딴 섬으로 식수도 마땅치 않아 빗물을 받아서 음용하였고, 농사지을 땅도 부족한 살기에 열악한 섬이었다. 하지만 조만간 이곳에 해양테마공원이 조성될 계획이어서 서해안 문화관광의 시대를 맞이하여 급속한 성장이 기대된다.

⑷ 화성시의 포구와 나루

화성시는 조선시대 수원군의 일부와 남양군이 병합되어 이루어진 고장이다. 이중 서해 남양만에 접해 있는 곳은 옛 남양군 지역으로 크고 작은 포구들이 자리잡고 있었다. 남양만 하면 통일신라시대 당나라와의 교역이 이루어지던 당항성이 떠오르지만, 이 외에도 비봉면 구포리의 구포鳩浦와 송산면 고포리의 마산포도 고지도에서 빠지지 않고 등장하는 유서 깊은 포구였다.

하지만 우정, 장안, 남양, 마도, 서신면 등 5개 면을 대상으로 1991년부터 시작되어 2012년에 완공된 화옹간척지 조성사업은 이 지역의 지도를 완전히 뒤바꾸어 놓았다. 이로 말미암아 화성의 포구들은 위치가 변경되었거나 폐쇄되고 말았다.

마산포

마산포馬山浦는 화성시의 북서쪽 끝자락에 해당하는 송산면 고포리에 있었던 포구이다. 마산포는 고대부터 당성(당은포)와 더불어 대중국 무역로의 중요 포구였다. 조선시대에도 마산포는 남양만의 주요 포구로서 상업과 해상교통의 중심적 역할을 하였다. 1882년 임오군란 당시 청나라 함대가 주둔했던 곳이 바로 이 마산포였고, 한양에서 납치되어 온 흥선대원군은 이곳에서 중국으로 압송되었다. 경기만의 3대 포구로 손꼽히며 사람들의 발길이 끊이지 않던 이곳은 간척사업에 의해 인근의 섬이었던 우음도, 어도, 형도가 육지로 바뀌면서 내륙지역으로 변했고 포구는 폐쇄되고 말았다.

지금도 마산포라는 자연 마을이 존재하지만 원주민들은 거의 타지역으로 이주하였고, 포도 농가만 몇 채 남아 있다. 사강터미널에서 마산포행 버스를 타고 마을에 내리면 횟집, 매운탕집, 조개구이집과 낚시용품을 판매하는 가게가 눈에 들어오지만 폐가로 방치된 지 이미 오래다. 포구가 폐쇄된 지 20여 년이 지났으니 그럴 만하기도 한데, 간간이 낚시꾼들이 이곳을 찾는 것을 보면 아직도 고기가 잡히기는 하는 모양이다. 앞으로 이곳에 송산그린시티라는 신도시가 들어설 예정이니 그나마 남아 있는 포구 마을의 잔재도 곧 사라질 것이다.

구포

구포鳩浦는 비봉면 구포리에 있던 포구이다. 당성 일대가 중국과 해상무역을 하던 거점이었을 무렵부터 포구가 형성되었을 것으로 추정된다. 이후 어촌으로 번성되다가 조선 후기에는 상업포구로 성장하였다. 정조는 수원에 화성신도시를 건설할 때 해상을 통한 운송도 감안하였는데, 무역과 상업도시로 발전하기 위해서는 포구와 접해야 한다는 생각에서였다.[210] 성역에 소요되는 원격지의 자재 역시 바닷길을 통해 배로 운송하여 구포에 정박시킨 후 하역하였다.[211] 19세기 화성의 실학자 우하영이 구포의 빈정포를 다시 살려야 한다고 주장한 것을 보면, 상업포구로 성장하던 구포는 정조가 사망한 이후 쇠락의 길을 걸은 듯하다.

선창포구

선창포구는 화성시 우정읍 주곡리에 있던 포구로 지금은 간척지 개발로 사라지고 말았다. 남양만의 안쪽에 자리 잡은 한적한 어촌이었던 선창포구는 1980년대 수원에서 이곳까지 포장도로가 뚫리면서 수도권 지역에서 싱싱한 해산물을 구입하고 회를 먹으려고 찾는 사람들로 붐비게 되자 생선가게와 횟집들이 무수히 들어섰다. 선창포구는 특히 남양만 인근에서 잡은 새우로 담은 새우젓이 유명하였다.

　　선창포구가 위치한 주곡리는 원래 배가 들어오는 곳이라는 의미의 '배곶舟串'이 '주곶舟串'이 되었다가 '주곡珠谷'으로 변이된 것으로 보인다. 옛날 이곳에 포구가 생기면서 배가 닿을 수 있도록 잔교를 설치하여 선창포구라 불렀고, 이

---

210) 『정조실록』, 1797년 정조21. 2월 25일
211) 『화성성역의궤』, 권4, 來關 1794년 정월 초7

때부터 어촌이 형성되었다 하니 주곶이라는 이름도 이와 다를 바 없을 것이다.[212]

비록 이제 배가 닿지 않는 곳이지만 선창포구는 지금도 포구마을 그대로의 모습을 간직하고 있다. 입구부터 횟집들이 줄줄이 늘어서 있고, 도처에서 생선을 말리고 있으며, 각종 수산물을 판매하는 어판장도 있다. 주민들이 인근 포구에서 계속 어업을 하고 있기 때문일 것이다. 다만 시설이 낙후되어 허름해지고 예전에 골목마다 북적이던 사람들을 찾아볼 수 없어 유난히 쓸쓸하고 한적해 보일 뿐이다.

매향리포구

매향리는 조선시대에는 압정면鴨汀面에 속해 있었고, 고온포古溫浦라고 불리었다. 전통적인 포구마을이라는 의미인데, 포구의 위치는 지금의 우정읍 매향1리에 해당하는 지역이었다. 이 포구는 어업뿐만 아니라 나루의 역할도 하였는데, 남양의 궁평리나 당진의 성구미포구를 주로 왕래하였다.

마을 이름이 고온에서 매향으로 바뀐 이유는 마을에 매화나무가 많아 매화 향기가 그득하였기 때문이라 한다. 하지만 이러한 이름에 걸맞지 않게 이곳의 해안은 지난 50년간 미군 전투기의 사격연습장으로 사용되었다. 지금은 폐쇄되었지만 매향리 입구에는 수백 발의 크고 작은 총탄들이 전시되어 있어 그간 마을주민들이 겪었던 고통을 짐작케 한다.

현재도 매향리에는 포구가 있지만 위치는 매향2리로 바뀌어 있다. 이 포구에는 해안가에서 바다 쪽으로 길게 두 개의 방파제가 마주보며 설치되어 그 안쪽으로 선박들이 정박하는 어항이 형성되어 있다. 포구 주위로는 철조망이 쳐져

---

212) 화성시 블로그, 간척지 개발로 사라져 버린 화성 선창포구

있고, 어촌계 회원만이 포구에 출입할 수 있다. 일반인의 출입이 통제되므로 포구 안에는 횟집이나 수산물 직판장이 존재하지 않는다.

제부도포구

제부도는 화성시 서신면 제부리에 속한 섬이다. 썰물 때 바다가 갈라지며 육지와 이어지고 도로도 뚫려 있지만, 섬은 섬이므로 선착장과 더불어 어선이 정박하는 포구가 있다. 해수욕장과 갯벌체험장을 갖추고 있고 펜션시설도 많아 수도권 서해안의 관광지로 각광을 받고 있다. 다수의 주민들이 어업과 양식업에 종사하지만 정작 섬 안에는 수산시장이 없다.

전곡항

전곡항. 레저어항으로 각광을 받고 있다.

전곡항은 화성시 서신면 전곡리에 있는 항구로 제부도와 마주보는 곳에 위치한다. 전국 최초로 레저어항 시범지역으로 선정되어 다기능 테마 어항으로 조성되었다. 항구 바로 옆으로 서신면과 안산시의 대부도를 잇는 방파제가 건설되어 24시간 배가 드나들 수 있다. 수상레저의 최적지로 손꼽히고 있는 전곡항은 요트와 보트가 접안할 수 있는 마리나 시설이 있어서 국제보트쇼와 요트대회가 개최되기도 하였다. 또한 제부도 - 도리도 - 입파도 -국화도를 돌아오는 2시간 코스의 유람선도 운항되고 있다. 레저어항으로 건설된 항이라 어선이 정박하거나 수산시장은 서지 않는다.

궁평항

궁평항은 화성시 서신면 궁평리에 있는 항구로 200여척의 어선이 드나들 수 있는 대규모의 선착장과 약 1.5km 길이의 방파제를 갖추고 있다. 수산물 직판장이 있어서 신선한 해산물을 구입하거나 즉석에서 먹을 수 있다. 주변에 100년 된 해송으로 이루어진 군락지가 있고, 정자각에서는 서해 풍경을 볼 수 있는데, 특히 궁평낙조는 화성 8경에 속한다.

궁평항에서는 매년 7월 화성포구 축제가 열린다. 이 축제는 서해안 갯벌과 바다를 테마로 하는 해양 축제이자 갯벌 체험 축제이다. 화성문화재단과 경기남부수협이 공동으로 주관하며 궁평항 일원에서 2005년부터 매년 개최되었다. 이 축제에서는 다채로운 공연과 함께 갯벌 바지락 캐기, 갯벌 물고기 잡기, 갯벌 썰매 타기 등의 갯벌 체험과 바다낚시 체험 등의 행사가 펼쳐진다.

⑸ 평택시의 포구와 나루

평택平澤은 평야가 많고 못이 많은 지역이라는 의미다. 이는 평택이 바닷가 저지대에 위치한 고장이므로 당연히 갖게 된 지형적 특성일 것이다. 삼국시대에는 '물이 여덟 갈래로 흘러드는 고장'이라는 의미에서 하팔현이라 불렸다. 고지도를 보면 육지와 물길이 복잡하게 얽혀있는 당시의 지형을 확인할 수 있다.

조선시대의 평택현은 지금의 평택시 남부 지역인 팽성읍을 중심으로 하였는데, 충청도에 속한 아산만을 중심으로 하는 서해안문화권 지역이었다. 『택리지』에 "목천 마일령의 내포, 내포의 동쪽, 차령의 북쪽에 있는 천안 · 직산 · 평택 · 아산 · 신창 · 온양 · 예산 등 일곱 읍의 풍속이 대체로 같다"고 한 것은 이러한 지역적 특성을 두고 한 말이다. 기존의 평택이 해안문화권으로서의 특성을 갖게 된 것은 아산만을 끼고 있는 서해안 항로 및 안성천을 비롯한 하천을 이용한 수로교통의 이점과 이를 통한 교역활동 때문이었다.

평택에서 포구가 발달한 지역은 아산만과 안성천 하류에 접해있는 팽성읍, 포승읍, 현덕면이었다. 이들 지역은 근대를 전후한 시기의 간척사업으로 물길이 다수 메꾸어지고 대신 평야지역으로 바뀌었지만, 옛날에는 서해안으로 연결된 이 물길을 따라 물때에 맞추어 다수의 선박들이 소강하였고, 이 소강 한계선까지 포구가 발달하였다. 하지만 안성천 하류의 어업과 포구상업은 아산만방조제의 완공으로 바닷길이 막히게 되면서 내수면어업만이 지속되고 있다.

경양포구(계양포구)

경양포구는 팽성읍 노양1리에 있었던 포구로 안성천 하류와 둔포천 하류가 합류하는 곳에 위치하였다. 이 포구에는 고려시대 세곡의 운송을 위해 국가에서 하양창을 설치하였고, 조선시대에는 경양포가 있었다. 『세종실록지리지』에는 "경양포는 직산현 서쪽 1리에 있고, 본주 및 평택의 구실은 이곳에 바쳐서 배로 공세곶[213]을 지나 서해를 거쳐서 서강에 다다랐는데, 물길이 5백 40리이다."라는 기록이 보인다. 이를 통해 이 포구의 역사가 고려시대까지 내려가며, 조선전기 충청도 인근 지역의 세곡을 운송하는 기능을 담당했던 유서 깊은 포구였다는 사실을 알 수 있다.

팽성읍의 둔포천 지역에는 경양포구 외에도 노양리의 노산포, 노성리의 신성포 등의 포구가 있었다. 이들 포구들은 조선후기 상업포구로 발전하며 서해안

---

213) 공진창이라는 조창이 있던 곳으로 지금의 충청남도 아산시 인주면 공세리이다. 조창이 있던 곳에는 공세리 성당이 들어서 있다.

조선후기 평택 부근의 서해연안지도. 경양창, 공세창, 대진포 등이 표기되어 있다.

의 소금과 어물을 실은 장삿배와 어선들이 분주히 드나들게 되었고, 이에 영향을
받아 둔포장도 성행하였다. 하지만 조수가 드나들던 이 지역은 간석지가 논밭으
로 변하면서 이제 평택호를 끼고 있는 전형적인 농촌마을이 되었다.

대진포

포승읍은 평택시의 서북 해안에 자리잡고 있다. 북쪽으로는 남양호와 남양만방
조제가 화성시와 경계를 이루고, 서쪽으로는 아산만이 충남 당진시와 경계를 이

룬다. 포승[214]이라는 지명에서 '포'라는 글자는 예전 포내면에서 따온 것으로 예전부터 포구지역이었음을 알려준다.

포승읍의 만호리는 유서 깊은 포구마을이었다. 만호리는 조선 초 수군첨사를 설치하면서 첨사를 도만호라고 부르던 것에서 유래되었고, 포구는 만호리 솔개바위 마을에 위치해 있었다. 이 포구는 〈대동여지도〉 등의 고지도에 대진, 한진, 대진포라고 표기되어 있다. 1872년 〈조선방역지도〉에 따르면 대진은 삼국시대 백제의 수군창이 있었고, 통일신라 때에는 당나라와 신라의 사신과 상인들이 오가던 해로교통의 요지였다고 기록되어 있다.

대진포大津浦에서는 중형 어선들이 칠산 앞바다와 연평도에서 조기잡이를 하거나 고군산열도에서 새우잡이를 했고, 소형 어선으로는 아산만의 숭어, 강다리, 꽃게를 잡았다. 봄, 가을 성어기가 되면 생선을 가득 실은 고깃배들이 타지에서도 몰려들었다. 이곳에는 나룻배도 있었는데 충청도 내포의 소장사들이 한 선에 소를 10마리씩 싣고 건너다니곤 했다. 조선후기에는 아산만의 가장 중요한 포구로 발전하며 충남의 당진장과 평택의 안중장, 화성의 발안장을 연계해주는 역할을 하였고, 해방 전후까지 이들 장을 오가는 장사꾼들로 북적였다 한다.

이 외에도 포승읍 신영리에는 신전포가 있어서 조선시대에는 세곡 운송도 하였고 1990년대 이전까지 배가 닿았던 곳이지만, 이들 포구들은 평택항의 건설로 사라지게 되었다.

권관리 포구

현덕면은 아산만 방조제를 사이에 두고 충남 아산시와 경계를 이루고 있는 지

214) 1896년 수원군 포내면과 양성군 승량동면이 통합되면서 수원군 포승면이 생겼다.

역이다. 이곳은 근대 전후에는 신흥포, 계두진, 구진, 석화진 등 포구가 발달하여 안성천 하류의 물길교통과 어업의 중심이었다. 어업과 수산업은 권관리와 장수리, 신왕리 일대에서 성행하였다. 하지만 1974년 아산만 방조제가 준공되고 간석지가 비옥한 농업지대로 변모하며 어업과 수산업, 제염업은 크게 쇠퇴하였다.

권관리는 평택시의 가장 서남쪽에 위치한 지역으로 아산만에 인접해 있고 안성천 하류가 흘러 어업과 제염업이 발달했었다. 조선후기에는 수원부 가사면 가사곶이라 불리었는데, 이곳에는 계두진이라는 유서 깊은 포구가 있었다. 자연마을 중 고잔마을 앞 노랑바위 부근에 배터가 있었다. 현재 배터는 사라지고 없지만 평택항과 평택호 관광단지가 조성되어 새로운 항만물류, 관광, 문화단지로 주목받고 있다.

신흥포(신왕리 포구)

신흥포(계두포)는 현덕면 신왕리 마두에 있었던 포구이다. 신왕리는 안성천 하류에 위치한 어업과 수로교통이 발달했던 마을이었다. 해방 전후만 해도 신흥포에서 나룻배를 타면 팽성읍 경양포나 아산의 백석포로 건너갈 수 있었다. 신왕리는 삼점리, 대반리를 지나면 수원에서 한양에 이르는 육로교통과 연결되었기 때문에 근대 전후에는 충청도 사람들이 나룻배를 타고 신흥포에서 내려 이 길을 따라 한양을 오갔다. 그래서 신흥포를 달리 광덕나루라고 부르기도 했는데, 나루터는 1974년까지 존속했다.

이곳 주민들은 음력 4월 경에 어업활동을 시작했고, 중선배와 작은배(전마선)을 타고 새우, 거물치, 동어, 뱅어, 숭어, 준치, 삼치, 황새기 등을 잡았는데, 9월~10월 경에는 민물장어와 참게도 많이 잡혔다. 중선은 멀리는 어청도까지, 작은 배는 아산만 일대에서 어업을 하였다. 봄과 가을 배터에는 기생을 둔 간이주막이 성업하기도 했다. 신왕1리 주민들은 아산만방조제가 준공된 뒤 일부는 민물고기 양식업을 하고 있지만 농업의 비중이 높아졌는데, 수입은 어업을 할 때보다 못하다고 한다.

신왕리의 신왕골은 마두에 비해 농업인구가 많았고 어업은 농업을 보완하는 수단이었기에 어업이 끝나면 모내기를 했다. 주민들은 모내기가 시작되기 전인 음력 4월에 어업활동을 시작했는데, 잡은 고기는 농촌마을에 나눠준 뒤 가을에 곡식으로 받았다.

평택항

평택항은 평택시 포승읍 만호리에 있는 항구이다. 만호리는 앞서 언급했던 대진포가 있었던 곳이었다. 따라서 평택항이 개항한 것은 1986년의 일이지만, 이 지역 포구의 역사는 실로 유래가 깊다고 할 수 있다.

평택항은 항구라는 말에 걸맞게 서해안의 대표적인 국제무역항으로 자리잡고 있다. 2004년에는 충남 당진항과 통합됨에 따라 평택 · 당진항으로 개칭되었다. 국제여객선(카페리)은 중국의 영성, 위해, 일조, 연태, 연운항 등 5개 항로를 운행하고 있다. 컨테이너선은 비교적 거리가 가까우면서도 거대시장인 중국을 위주로 운행하였지만, 점차 범위를 넓혀 호치민, 방콕, 자카르타 등 동남아시아의 여러 지역을 운행하게 되었다.

평택당진항은 수도권으로의 접근성이 양호하여 광역배후지를 형성하기에 유리한 점이 있다. 더욱이 경부선 철도, 경부고속도로, 서해안고속도로, 평택음성고속도로, 당진상주고속도로 등과 인접해 있고, 김포, 인천, 청주 공항과의 연

계도 용이하다. 이에 따라 평택당진항은 서해안의 거점항으로서의 위상을 뛰어넘어 세계물류 및 국제종합무역의 중심항만으로 발전하고 있으며 동북아경제권의 중심항으로 자리잡아 가고 있다.

2) 임진강의 포구와 나루

경기도에는 한강과 임진강, 예성강이 흐르고 있다. 이들 강변에는 도처에 서해상에서 올라온 장삿배와 어선들이 소강하여 물류가 유통되는 상업포구와 강을 건너기 위한 나루들이 자리잡고 있었다. 물론 포구는 서해안의 물길이 막히면서, 나루는 다리가 건설되면서 대부분 사라졌다. 또한 군사분계선이나 댐의 건설 등으로 인하여 이들 강에는 뗏목이나 강배가 더 이상 운행되지 않으므로 물길로서의 역할이 사실상 사라진 상태이다.

따라서 어쩌면 옛 명성만 남아있는 경기도의 내륙 포구와 나루에 대해서 기술하는 것은 과거회귀적인 무가치한 일이라는 의문이 제기될 수도 있다. 하지만 군사 통제구역에 속해 있어 폐쇄된 포구들은 언젠가 복원될 가능성이 높고, 나루가 위치해 있던 대부분의 지역은 현재도 교통과 교역의 중심지로 남아 있다.

또한 경기도 지역에 있던 포구와 나루들은 경기도를 번영할 수 있게 만든 역사의 일부이자 전통이므로 경기도의 지역적 위상을 재점검하고 미래를 모색하기 위해서도 필요한 작업이 될 것이다.

임진강은 함경남도 두류산 등지에서 발원하여 경기도의 연천군과 파주시를 지나 한강에 합류하는 강이다. 『신증동국여지승람』에는 연천현의 증파도澄波渡, 적성현의 이진梨津, 장단부의 두기진頭耆津, 교하현의 낙하도洛河渡 등의 나루들이 기록되어 있는데, 조선전기까지의 임진강에는 도강을 목적으로 한 나루가 설치되어 있었던 듯하다. 그런데 조선후기의 문헌을 보면 고랑포와 문산포 등의 상업포구가 기록되어 있어 조선후기에 상업경제가 활성화되고 사선업자들이 활발한 활동을 펼치면서 임진강에도 본격적인 물류 교역의 장으로서의 포구가 등장하였던 사실을 확인할 수 있다.

⑴ 파주시 임진강의 포구와 나루

파주시의 서면에는 한강이 흐르고, 북면에는 임진강이 흐르므로 파주시에는 두 강변에 걸쳐 포구와 나루가 있지만, 이 단원에서는 임진강변에 위치한 포구와 나루에 관해서만 기술하기로 하겠다. 파주시는 서해의 밀물이 임진강을 타고 올라오는 지역이므로 장삿배와 고기잡이배가 자주 소강하였다. 또한 경의선 철도와 신작로의 다리가 건

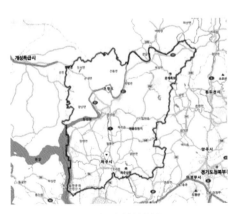

파주시에는 한강과 임진강이 흐른다.(네이버지도)

설될 때까지 서울에서 황해도, 평안도 지방으로 가려면 파주의 북단을 흐르는 임진강을 건너야 했다. 그래서 파주시의 임진강변에는 포구와 나루가 발달해 있었다.

질오목나루

질오목나루는 탄현면 오금리의 임진강변에 있던 작은 나루였다. 강 건너편은 장단면 정동리와 강정리이다. 오금리의 마을 명칭은 박중손이란 사람이 까마귀 소리를 듣고 명당자리를 찾았으므로 까마귀가 알려주었다 하여 오고미烏告美라 불렀다는 전설에서 유래되었다 한다. 하지만 오금리는 1914년 행정구역 통폐합 때 질오목叱吾目과 오금미烏今美 두 마을이 합쳐지며 형성된 마을이므로 이 전설 역시 두 마을 이름에서 유추된 것일 수 있다.[215]

낙하나루

파주시 탄현면 낙하리에 위치한 나루였다. 강 건너편인 장단면 석곶리로 건네주는 역할을 하였지만, 장삿배가 정박하기도 하였다. 낙하리는 자유로自由路의 낙하인터체인지 부근에 위치하며 마을 앞 강변에 나루가 있었다. '낙하도洛河渡 언덕에 낙하원洛河院이 있었다.'는 기록으로 보아 낙하리는 나루와 원을 관리하기 위하여 형성된 마을이었을 것으로 추정된다. 낙하나루는 옛날부터 서울과 개성 간의 큰 길목으로 통행량이 많아 도승渡丞을 두어 관리하던 나루였으므로 관리들이 머물 수 있는 숙소인 원도 설치하였던 것이다. 『대동지지』교하조에 고려

---

215) 질오목叱吾目을 '내 눈을 꾸짖다'의 의미로, 오금미烏今美를 '까마귀가 좋은 일을 하였다'의 의미로 해석하며 발생한 전설인 듯하다.

때부터 남쪽으로 향하는 대로가 이 나루를 통과했다고 기록되어 있어 이른 시기부터 나루가 존재했음을 알 수 있다.

문산포

문산포는 문산읍 하동마을 앞에 위치했던 포구로 현재의 임월교 자리에 있었다. 1829년에 기록된 『조선왕조실록(순조실록)』과 『비변사등록』에 '문산포文山浦'라는 명칭이 보인다. 이때는 한강과 임진강 수운이 상업적으로 활용되던 시기이므로 이 시기를 전후하여 상업포구로 성장하였던 듯하다. 문산포는 황해도 및 연천 지역으로 가는 물산의 집산지로서 대규모 상권이 형성되어 조깃배와 지방 산물을 실어 나르는 장삿배가 끊이지 않고 드나들었다. 임진강의 하류까지는 돛을 세 개 단 바닷배가 올라올 수 있었지만, 문산포는 임진강의 지류인 문산천에 위치하고 있었기 때문에 바닷배를 문산천 어귀에 정박시켜놓고 작은 배들이 밀물을 이용하여 물건을 실어 날랐다. 서해에서 올라오는 바닷배들은 주로 소금배, 조깃배, 새우젓배 등이었다.

『임원경제지』에는 문산포장이 파주 칠정면에 5일과 10일에 선다고 기록되어 있고, 『한국수산지(1911)』에는 '파주군의 입구에 있고 경의선이 지나는데다가 배가 드나들어 번성한 장'이라 소개하고 하며 인천이나 고랑포와 거래가 많았다고 하였다. 문산포는 6.25 동란 이전까지 이 일대에서 가장 큰 포구였고, 인근에는 문산장이 있어 포구에서 집산된 물류들이 활발히 거래되었다. 한때 문산포에서는 도당굿이 거행되어 풍농, 풍어, 포구와 시장의 번영을 기원하였다. 인근 당동리에는 무당이 여럿 있어 해마다 호대감 놀이를 베풀어 배를 부리는 사

람들이 자주 찾았다 한다.[216]

사목나루

문산읍 사목리에 있던 나루로 강 건너편은 장단면 거곡리이다. 나루터 인근에는 조선 전기의 명신 황희가 관직에서 물러난 후 갈매기를 벗삼아 여생을 보낸 곳이라는 반구정이 있다.

저포진, 독개나루

저포진猪浦津은 파주시 문산읍 마정리에 있던 포구로 『신증동국여지승람』, 『대동지지』 등의 문헌이나 조선후기 고지도에도 기록된 장삿배가 정박하는 유서 깊은 포구였다. 또한 장단면 노상리로 건너다니는 나룻배가 있어 독개나루라고도 불렸는데, 독개는 노상리에 있던 자연마을 이름이다. 나루는 자유의 다리독개다리가 놓임으로써 폐쇄되었다. 현재 나루터 주변에는 임진각국민관광지가 조성되어 있다.

덕진나루

문산읍 장산리에 있던 나루로 강 건너는 군내면 정자리이다. 정자리에 덕진산성이 있어서 붙은 이름이다.

임진나루

파주시 문산읍 임진리에 있던 나루로 임진강이라는 강의 이름을 유래시킨 유서

---

216) 경기도, 『물길 따라 역사 따라』, 2007. 28쪽

깊은 나루이다. 강의 맞은편은 파주시 진동면 동파리이므로 동파나루라고도 불렀다. 『대동지지』파주조에는 '주의 북으로 15리에 있으며, 율곡리 화석정 아래에 있다.'[217]고 기록되어 있다. 임진나루는 고려와 조선시대 한양에서 개성을 오가는 육로를 잇는 주요 나루였다. 또한 중국으로 오가는 사신들의 통과하는 대로인 의주로의 길목이었으므로 국가에서 임진진을 두어 관리하였다. 임진왜란 때는 선조가 의주파천을 위해 건넜던 슬픈 역사를 가지고 있다. 유성룡의 『징비록』에는 이때 임진진에 있던 누각인 승정을 헐고 목재를 불태워 뱃길을 밝히고 왜군이 뗏목을 만들지 못하도록 하였다고 기록되어 있다. 이와 달리 율곡의 예언에 따라 화석정을 태워 임진나루를 밝혔다는 전설이 있는데, 아마도 이 승정을 태운 사건의 와전인 듯하다. 현재 군부대가 주둔해 있으며, 임진강에서 조업하는 고깃배만 드나들고 있다.

두지나루

적성면 두지리에 있는 나루이다. 옛 기록에 두기진이 나타나므로 유래가 오래된 나루임을 알 수 있다. 적성면 두지리에서 연천군 장남면 원당리로 건너다니는 것을 주 목적으로 하는 나루였지만, 임진강 하류를 통해 올라온 물류를 유통시키는 포구의 역할도 하였다. 하지만 바닷배가 올라올 수 없는 지역이기 때문에 널배라 불리는 바닥이 평평한 강배를 이용하였다. 널배가 물이 얕은 곳을 지날 때는 한 사람이 상앗대로 배를 조정하고 다른 사람은 강변에서 배를 줄로 묶어 잡아끌면서 소강하였다.

현재 두지나루는 황포돛단배를 관광상품으로 개발하여 운항하고 있다. 조

---

217) 『대동지지』 파주조

두지나루의 황포 돛단배

선시대의 황포돛단배를 재현하여 두지리에서 자장리까지 운행하는데, 임진적벽을 비롯한 임진8경의 풍광을 감상할 수 있다.

신지개나루

적성면 구읍리의 신지개에서 연천군 백학면 학곡리와 노곡리로 건너던 나루였다. 옛 '적성지도'를 보면 적성 읍치 북동쪽으로 신지포神智浦가 명기되어 있다. 따라서 신지개나루는 구읍리가 읍치였던 시절에는 나루의 기능보다는 적성군의 물류 유통에 상당히 중요한 역할을 하던 포구의 기능이 컸을 것이다.

기타 적석면의 나루들

지금의 적성면은 파주시에 속해 있는 일개 면이지만, 그 이전에는 5개 면을 거느린 적성군이었고, 6.25 동란 전까지만 해도 장파리, 장좌리, 두지리 일대는 임진강 수운으로 번성하였던 지역이다. 따라서 이 구간에도 상당수의 나루포구가 있었다. 두지나루를 기준으로 하류지역에는 장포동에서 하포리를 잇는 장개나루, 용산리에서 장파리를 잇는 용산나루, 자장리에서 원당리을 잇는 자지포나루가 있었고, 상류 지역에는 주월리에서 연천군 장남면 원당리로 건너던 강선정나루, 율곡리에서 학곡리로 건너던 독나벌(둘마둘)나루, 율포리에서 두일리로 건너던 밤개나루, 어유지리에서 문막리로 건너던 토막나루, 어유지리에서 배율리로 건너던 썩은소나루 등이 있다. 이들 나루 중 대다수는 장삿배가 올라오면 교역의 장이 펼쳐지던 곳이었다.

(2) 연천군의 포구와 나루

연천군에서는 임진강이 군의 북쪽에서 흘러내려오다 전곡읍을 거쳐 내려오는 한탄강과 합류하여 파주 지역으로 흘러내려간다. 이 강길은 예전 연천군에 물류를 유통하는 젖줄과 같았다. 군의 남서쪽 끝에 있는 임진강변의 고랑포까지는 큰 배의 소강이 가능한 지역이었으나 그 상류 지역으로는 작은 배들만 소강할 수 있었다. 그래서 수심이 얕은 지역에서는 배를 끌고 올라가야 했지만, 우마차를 이용한 육로의 수송보다는 훨씬 많은 짐을 나를 수 있었기 때문에 임진강 상류와 한탄강 유역에도 작은 규모의 포구 기능을 겸비한 나루들이 많았다.

고랑포

1930년대 고랑포의 정경

연천군 장남면에 있던 고랑포는 문산포와 더불어 임진강을 대표하는 상업포구였다. 행정구역 상 연천군에 속해 있지만 강만 건너면 파주여서 오히려 파주의 문화권에 가깝다. 임진강 물길을 따라 올라온 바닷배의 종점을 이루는 곳이라 조강을 거쳐 올라온 장삿배로 문전성시를 이루었고, 주변 지역에서 생산된 농산물이 집산되던 곳이다. 특히 임진강이 해빙되는 3월이면 연천 장단 지역에서 생산된 4만 섬에 달하는 콩이 일시에 몰려들어 이를 거래하려는 배들이 수백 척 정박하는 장관을 연출하였다고 한다. 고랑포까지는 콩을 350~500가마 정도 실을 수 있는 짐배인 삼판배가 소강할 수 있었다. 고랑포는 장남면뿐만 아니라 파평면 사람들의 생활의 터전이기도 하였으므로 포구에서 부리는 짐배도 6~7척이 있었다. 고랑포에는 나룻배도 있어서 강 맞은편인 적성면 장좌리로 건너다니기도 하였고 똑딱선이라고 부르던 기관선도 운항되던 내륙 항구이기도 했다.

인근에 고구려의 호루고루성터가 있어서 이 지역이 고대로부터 임진강의 중심나루였고, 물자가 자주 운송되는 물길이었다는 사실을 짐작하게 한다. 6.25 동란 이후 나루는 폐쇄가 되었고, 마을 또한 군사보호지역이 되면서 옛 모습을 찾아보기 힘들지만 금능시장, 의료시설, 금융조합, 화신연쇄상이라는 일종의 백화점까지 갖춘 상당히 번화했던 상업도시였다.

재쟁이나루

고랑포 상류에 있는 나루로 장남면 원당리와 파주시 적성면 자장리로 건너다니던 나루였다.

가여울포구

현재 비룡대교 아래 백학면 노곡리에는 가여울포구가 있었다. 가여울은 강물이 넓고 얕게 흐르는 여울이어서 개도 건널 수 있을 정도라 하여 붙여진 이름이라 하는데, 이곳까지도 작은 배를 끌고 올라와 물물교환이 이루어졌다.

아미나루

미산면 아미리에는 파주시 적성면 삼화리로 건너다니던 아미나루가 있었는데, 에밀리나루라고도 하였다.

당개堂浦나루

미산면 마전리 서남쪽 임진강에 위치했던 포구이며 나루였다. 나루 동남쪽에는 삼국시대에 지어진 성이 있는데, 이 성 안에 마을의 성황사城隍祠가 있어 당포성[218]이라고 하고 나루 이름도 여기서 연원하였다. 미수 허목(1595~1682)의 『기언별집記言別集』에 '마전 앞의 언덕 강벽 위에 옛 진루가 있었는데 지금은 그 위에 총사가 있고, 그 앞의 나루를 당개라 하는데 큰물이 흘러 나룻 길로 통한다'라고 기록되어 있다. 당개나루에는 새우젓·소금 등을 실은 작은 배가 정박하여, 이곳에서 생산되는 농특산물과 교역하던 장이 형성되었다 한다. 당개나루 옆에 있는 골짜기를 염창골鹽倉谷이라 하는데, 옛 마전군에서 관리하던 소금창고가 있던 곳이다. 이로 미루어 보아 임진강에서 배가 소강할 수 있는 구간이 상당히 길었다는 것을 확인할 수 있다.

도감포

연천군 군남면 남계리 남쪽 임진강과 한탄강이 합류하는 곳에 있던 포구 마을이다. 옛 지리지 등에 의하면 이곳 합수머리 부근의 지형이 항아리의 형태와 닮았다 하여 '독안이壺內' 또는 '호구협壺口峽'이라는 명칭으로 불리워졌다고 하므로 이를 한자로 바꾸며 도감포都監浦가 되었다고 보인다. 일제강점기까지도 임진강을 따라 올라온 새우젓배, 소금배들이 정박하며 연천 지역에서 생산되었던 곡물, 땔감, 도자기 등과 물물교환을 하던 큰 장이 형성되던 곳이라 한다. 인근에 있는 은대포리도 포구마을이었으나 지금은 농경지로 바뀌어 있다.

---

218) 사적 제468호로 소재지는 경기도 연천군 미산면 동이리이다.

징파나루

왕징면 북삼리와 군남면 삼거리를 이어주는 큰 나루였다. 정약용의 『대동수경』에 의하면 이곳의 강물이 강바닥의 자갈도 훤히 비칠 정도로 빛깔이 맑다 하여 징파라 이름 지었다 한다. 미수 허목이 살았다 하여 미수나루라고도 불렸다. 현재 나루터마을이 있어 농촌과 나루체험 프로그램을 운영하고 있다.

장군이나루

중면 삼곶리와 왕징면 강내리 사이에 있던 나루이다. 일제강점기 삼곶리에는 4일과 9일로 끝나는 날 장이 서기도 하였다.

고미포

중면 논골 서쪽과 임진강 괴미소 옆에 있던 포구이다. 일제강점기까지 중면 일대와 철원 지방에서 생산되는 농특산물과 임진강을 거슬러 올라온 새우젓과 소금이 물물교환되던 곳이다. 1925년 을축년 대홍수 이전까지는 이곳에 중면사무소가 있었다.

장경대포구

왕징면 고잔하리에 있는 포구였다. 장경석벽 남쪽에 위치해 있었고 지금은 비무장 지대 안에 있다. 주막집도 있었고, 중면 횡산리의 벌말로 건너다녔다.

3) 한강의 포구와 나루

(1) 김포시 한강의 포구와 나루

김포의 북단을 흐르는 한강은 조강祖江이라고 불린다. 서울을 통과한 한강이 김포와 파주 사이를 흐르다 파주의 오두산성 부근에서 임진강과 합류하는데, 이 합수머리에서부터 서해로 빠져나가는 한강의 끝자락까지의 구간을 말한다. 『세종실록』「지리지」와『신증동국여지승람』등에도 조강이라는 명칭이 기록되었으니 유래가 깊은 이름이다. 이렇게 불리게 된 이유는 두 강이 만나 바다로 들어가기 때문이라고도 하고[219], 한강의 종착지이므로 강의 수명이 다했기 때문이라고도 한다.

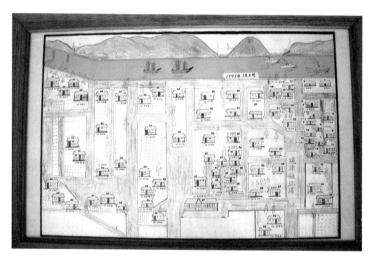

조강포가 소개되기 직전의 마을 그림. 조강리 마을회관에 걸려 있다.

---

219) 『기언별집』(1658)

조강은 조선시대에 경상, 전라, 충청 등 삼남지방에서 올라온 세곡선들이 염하를 통과하여 진입하던 강길이었고, 장삿배와 어선이 수시로 드나드는 곳이어서 일찍이 상업포구가 발달되었다. 이들 포구들은 어촌인 동시에 조강 맞은편인 개풍군과 개성시로 건너다니는 나루의 역할도 가지고 있었다. 경기북부의 5포로 꼽히던 포구 중 마포와 문산포를 제외한 강령포, 조강포, 영정포[220]가 다 조강에 있던 포구였다.

17세기 초 신유한申維翰 (1681-1752)이 지은 「조강행祖江行」[221]에는 당시 물류와 교통의 요충지로 장관을 이루었던 조강의 풍경이 잘 나타나 있다.

> 조강은 일명 '삼기하'라 하니 세 강이 바다로 함께 조회하기 때문이지요
> 남쪽으로는 호남, 서쪽으로는 낙랑(평양)으로 통하여 잇닿은 배들이 베틀의 북과 같았고 고기 · 소금 · 과일 · 베 · 쌀이 산같이 쌓일 땐 하루에도 이천 척이 오갔다오
> … 〈중략〉…
> 달 지고 조수 불어나면 배 위에 사람들 두런거리고 봄빛은 강가 버드나무에 물씬 일렁였구요
> 해마다 이 항구는 번화하여 북녘 길손도 평양 자랑을 못했다오.

한강을 사이에 두고 파주, 고양과 마주하고 있는 김포의 동쪽면도 서해에서 들어오는 밀물과 썰물의 영향을 받는 지역이다. 이 물때의 영향을 받는 한강

---

220) 북한 지역인 개풍군에 있던 포구이다.
221) 해질녘 조강의 주막에 도착해서 강촌 노인의 신세 한탄을 듣는 내용이다. 노인은 조강나루가 흥성하던 시절을 회상하고 있다.

지역은 서울의 마포와 용산에까지 이르는 지역이었다. 그래서 마포, 용산까지는 아랫강이라 부르며 바닷배인 두멍배가 오르내렸고, 그 상류부터는 윗강이라 부르며 강배인 널배가 오르내렸다. 예전부터 이 아랫강 지역에는 상업포구가 발달하여 있었고, 이 포구들을 통한 어염의 유통이 활발했었다.

6.25 이전까지만 해도 인천이나 강화에서 출발하여 조강포, 마근포를 거쳐 서울의 마포까지 한양호, 한강호 등의 여객선이 운항되었는데, 간조와 만조의 물살을 이용하여 하루에 두 차례 왕복하였다.

김포지역에 100여 년 전까지만 해도 25개소의 포구가 있었던 것으로 조사된 바 있지만[222] 이 중 명맥이 이어지고 있는 곳은 전류포구와 앞서 언급했던 염하의 대명포구 두 곳뿐이다.

강령포

강령포康寧浦는 김포시 월곶면 용강리에 위치해 있었던 포구로 용강포라 부르기도 하였다. 조선 초에 왜구가 강령포에 침입하였을 때 양녕대군이 참전하여 큰 공을 세웠다는 기록도 있으므로 강령포가 더 유서 깊은 이름임을 알 수 있다.

강령포는 고려와 조선시대 세곡을 실은 배과 조선후기 어선과 상선들이 지나치는 조강의 길목이었는데, 강령포와 유도 사이에는 물에 잠겨 보이지 않는 암석이 많아 사고가 잦았던 곳이었다. 〈매일신보〉에는 1917년 12월 용강리 앞바다에서 콩을 실은 곡물선이 바위 뿌리에 충돌하여 난파하였다는 기사와 1930년 8월 문산 장場으로부터 직물과 생선을 배에 싣고 강화도로 향하던 상인들의 배

---

[222] 김포문화재단이 2016년에 (재)한울문화재연구원에 의뢰한 '김포의 옛 포구 추가 종합학술조사' 용역 결과 1919년대까지만 해도 김포 8개, 통진에 17개의 포구가 있었던 것으로 확인되었다. 하지만 이들 포구 중에는 퇴적과 간척으로 말미암아 이전 포구가 폐쇄되고 새로운 포구로 위치가 변경된 경우가 많고, 단순히 물을 건너던 나루도 포함된 것이다.

용강리 매화미르마을의 용못

가 강령포 앞에서 좌초되어 배에 탔던 18명이 모두 희생되었다는 기사를 확인할
수 있다. 그래서 뱃사람들은 강령포 앞 당산에서 무사안녕을 기원하는 용왕제를
지냈다. 용강리 매화미르마을에는 사시사철 물이 마르지 않는다는 용못이 있으
니 마을 전체에 용왕신앙이 만연하였던 듯하다.

　　강령포는 개성으로 향하는 관문이었던 영정포를 오가는 나룻배가 운행되
던 나루이기도 했다. 고려 말 개성에서 이계월이란 기생이 강녕포에 와서 활동
하였고 그녀의 명성이 서울까지 알려져 많은 사람들이 강령포를 '이계월촌'이
라 부르기도 했다 한다. 이는 강령포가 유흥의 명소이기도 하였음을 암시하는
일화이다.

　　강령포가 북적이던 시절에는 일년 내내 장작불로 쌀밥을 지어 먹었다고 하

는 용강리는 물길이 끊어지고 지극히 한적한 마을이 되었다. 6.25 직전까지 강변에 50가구 정도가 살고 있었으나 모두 소개되어 현재는 논으로 변해 있다.

조강포

조강포는 김포시의 월곶면 조강리에 위치해 있던 포구이자 나루이다. 지금은 군사보호 지역으로 강변의 출입이 제한되었지만, 조강리 마을이 남아 있어 주민들의 제보를 통해 화려했던 예전의 명성을 되돌아볼 수 있다.

고려시대부터 조강나루는 개성으로 통하던 중요한 나루터이기도 했는데, 강 건너인 개풍군 지역에 상조강리, 하조강리라는 지명이 남아 있어 두 곳이 긴밀히 연결되었던 지역임을 확인할 수 있다.

조강포 표석

『세종실록』「지리지」의 통진현 대목에 '조강은 현의 북쪽에 있고, 나룻배가 있다. 황대구[黃大漁]가 나는데 이 고기는 다른 곳에는 없으므로 선덕宣德 때에 명나라 사신이 황제의 명으로 구해 갔다.' 했고, 『신증동국여지승람』, 통진현조에는 '조강나루는 한강과 임진강이 합쳐져 조강을 이루는 곳에 있다. 또 여기에 조강원이라는 관영 숙박시설도 있었다.'고[223] 했다. 이를 통

---

223) 『신증동국여지승람』권10 통진현조

해 조강리는 조선시대에도 한양에서 개성으로 가는 사람들의 왕래가 매우 빈번했던 나루였고, 어업이 성행하던 어촌이었음이 확인된다. 지금도 통진읍 마송리에서 조강리에 이르는 길을 조강거리라고 부르는데, 이 길이 전통적으로 조강리로 향하던 길이었을 터이다.

조강포가 번영하였을 때는 200가구 이상이 거주했으나 포구가 폐쇄되기 직전에는 80여 가구가 살았다고 한다. 주민들 중 2/3 정도가 어업에 종사하였는데, 중선 2척과 소선 10척이 있었다. 중선배는 인천 연평도 앞바다까지 나가서 고기잡이를 했다. 6.25 동란으로 한강의 물길이 끊어지기 전까지만 해도 인천과 서울을 왕래하던 많은 장삿배와 어선들도 자주 정박하여 주막집도 여러 채 있었다고 한다.

마근포

마근포는 하성면 마근포리에 있는 포구였다. 마근포는 애기봉이 있는 가금리와 시암리 사이의 우묵하게 들어간 곳에 위치하고 있으므로 배가 정박하기 유리한 형세이다.

조강 연안의 세 포구인 강령포, 조강포, 마근포 중 마근포가 가장 늦게 성장한 포구로 보인다. 마근포는 우리말 '막은 개'라는 뜻으로 '막은'의 음을 따서 '마근麻近'이라 하였고 개는 포浦의 의미이다.[224] 그렇다면 간척지에 의해서 새롭게 형성된 포구라는 의미가 된다. 마근포라는 지명은 1899년에 나온 「통진읍지」에 처음 보이는데, 1919년의 지도를 보면 금포리金浦里, 마조리麻造里[225] 사이

---

224) 김포군, 『지명유래집』, 1995
225) 이들 마을은 1789년 『호구총수』에도 기록된 마을인데 특히 마조리는 마조포麻造浦로 기록되어 있다.

에 신리新里[226]라는 지명과 함께 '마근포'가 표기되어 있는 것이다. 그렇다면 구한말부터 예전 포구였던 금포와 마조포가 간척으로 인해 농경지로 변하여 포구의 기능을 점차 상실하게 됨으로써 마근포가 새로운 포구로 등장하게 되었다고 판단된다. 마근포는 나루의 기능도 있어 개풍군 임한면 정곶리丁串里로 건너다니기도 했다.

마을 어른들의 기억으로는 마근포가 폐쇄되기 전까지 포구 주변에는 주막이 4개 있었고 시장도 열릴 정도였고 일제 강점기에는 가마니창고와 쌀 창고 등도 있었다고 한다. 마을에는 어업을 하는 주민들도 많았는데, 이곳에서 잡히는 어종은 웅어, 새우, 까나리 등이었다.

전류리포구

김포시 하성면 전류리에는 현재 한강하구에 존재하는 유일한 포구인 전류리포구가 있다. 한강하구의 최북단이자 최전방에 있는 어장으로 민물과 바닷물이 만나는 기수역汽水域으로 생태계의 보고이다.

전류리라는 마을 이름은 이곳에 있던 전류정에서 따온 것으로 보인다.『신증동국여지승람』에 고려 공민왕 때 민유가 신돈의 난을 피해 이곳에 입향하여 정자를 짓고 살았는데, 이 정자가 '전류정顚流亭'이었다. '전류顚流'는 물이 뒤집혀 흐른다는 뜻이므로, 바닷물과 강물이 하루에 두 번씩 교차하며 뒤섞이는 이곳의 지형적인 특성으로 말미암은 것일 터이다.

『조선지지자료』(1911)에는 전류리포구가 '전류정나루'라고 표기되어 있고, 이곳에 '전류리주막'이 있었다고 기록되어 있다. 또한 전류리 포구 아래쪽에도

---

226) 신리는 마음도리와 마근포가 통합된 마을이다.

전류리포구 입구 정경(김포문화관광 홈페이지)

'봉성포奉城浦'라 하는 또 다른 포구와 봉성리주막이 기록되어 있어 이 일대가 포구와 주막으로 번성하였음을 알 수 있다.

김포에는 아직 어업에 종사하는 주민들이 많아 전류리포구에 배를 정박시키고, 김포대교 아래서부터 어로 한계선까지 14km 구간을 오고가면서, 고기를 잡아 생계를 꾸리고 있다. 예전에는 노를 젓는 배를 사용하였으나 지금은 60마력 이하의 모터를 단 어선이 허용되고 있다. 군사분계선과 인접해 있어서 고기를 잡으러 나가려면 매번 군부대 초병에게 출항 신고를 해야 하고, 군인들이 훈련하는 날이나 안개가 낀 날에는 수역을 개방해주지 않아 배를 못 띄우는 어려움이 있었다. 그러나 2007년부터 포구 주변에 설치했던 군 철책을 일정 구간 이전해서 관광객의 출입이 가능해졌다. 전유리포구에서는 이곳에서 잡은 수산물을 구입할 수 있고, 한강에서 어업을 하는 현장을 지적에서 바라볼 수 있는 환경도 조성되었다. 전유리포구의 명물은 참게, 새우, 숭어, 웅어 등이 있는데, 특히 이곳의 참게는 수랏상에도 올렸을 만큼 최고급으로 전해지고 있다.

감암나루

감암나루는 김포시 운양동에 있었던 나루였다. 강 맞은편에 있는 고양시 이산포二山浦로 건네주는 역할을 주로 하였지만, 마포를 오가던 배들이 정박하기도 하여 해방 이후까지 감바위주막이 있었다. 현재 운양동에 속해 있던 옛 샘재마을(천현리)에는 감바위라는 바위가 있어서 이곳의 나루를 감바위나루 혹은 감암나루라 불렀다. 이 나루는 김포의 관문이었고, 왕이 내왕할 때 지나던 곳이었으므로 신성한 포구의 의미로 감포라고 하였고, 이로 인하여 지금의 김포라는 지명도 생겼다는 설도 있다. 『고려사』 조운조漕運條에 김포현에 감암포가 있다는 기록이 보이고, 『신증동국여지승람』에서는 '감암진甘巖津'으로 기록되 있고, '고양 임의진任意津의 소로小路이다."라고 하였다. 이는 조선전기 감암나루가 포구보다는 나루의 역할을 주로 하였다고 볼 수 있다. 현재 감암나루 아래쪽에는 일산대교가 놓여 있다.[227]

섶골나루

섶골나루는 고촌읍 풍곡리에 위치했던 나루이다. '섶골'은 한자로 '신동薪洞'이라 하는 데 임진왜란 때 행주산성 전투에서 왜군의 전선戰船이 이 마을의 강을 지날 무렵 주민들이 불을 붙인 섶薪을 던져 불살랐다하여 붙은 이름이라 한다. 신곡리

---

227) 운양리에 감암나루 외에도 운양포 혹은 운양나루가 있었다고 하는 최근의 조사발표가 있는데, 예전 나루는 퇴적 등에 의한 물길의 변화로 고정되어 있는 것이 아니고, 수시로 변동하게 마련이므로 운양나루는 감암나루의 전신이거나 후신일 가능성이 짙다. 또한 운양리 용화사 밑에도 나루가 있어 10여 명 정도가 탈 수 있는 나룻배로 고양 신평으로 건너다녔다 한다.

에 수중보가 생기기 전에는 한강물이 이 마을까지 올라왔고 배를 대던 곳을 '배대이'라고 불렀다. 1919년 지도에는 섶골나루가 석동진石洞津으로 표기되어 있고, 고양 신평리와 연결되는 나루로 표시되어 있다. 실제로 섶골나루는 인천의 황어장과 고양장을 오가던 상인들이 자주 왕래하던 곳이었다. 황어장은 우시장으로 유명했는데, 상인들이 소를 몰고 와서 하룻밤 묵는 날 밤이면 온 동네가 소 울음소리로 잠을 못 이룰 정도였다고 한다.

아라김포 여객 터미널

김포시 고촌읍 전호리에는 우리나라 최초의 운하인 아라뱃길의 김포터미널이 들어서 있다. 전호리는 1914년 제진리濟津里와 평리坪里라는 두 마을이 병합되면서 형성되었다. 제진이라는 동명이 강을 건넌다는 뜻이니 조선시대부터 나루가 있었던 마을이란 것을 확인할 수 있다. 나루의 역사가 일찍이 끊어진 탓인지 이곳에 나루가 있었다는 사실조차 잊힌 지 오래지만, 최근 아라뱃길이 완성되면서 전호리에 나루의 역사가 다시 시작되었다.

아라뱃길은 '천년의 약속이 흐르는 뱃길'이라는 캐치프레이즈를 내걸고 있다. 인천과 김포 사이에 운하를 만들려는 시도는 800여 년 전인 고려 고종 때 시작되었기 때문이다. 당시 세곡을 운송하던 조운漕運의 항로는 김포와 강화도 사이의 염하를 거쳐야 했는데 염하는 만조 때에만 운항이 가능했고, 물길이 굽이도는 염하의 손돌목은 뱃길이 험하여 파선 사고도 부지기수로 일어났다. 이에 안정적인 조운항로를 개척하기 위해 당시 실권자인 최충헌의 아들 최이는 손돌목을 피해서 갈 수 있도록 인천 앞바다에서 굴포천을 거쳐 한강을 직접 연결하는 운하를 계획하였지만, 원통현에 있는 400m 구간의 암석층을 뚫지 못해 실패로 끝

김포아라마리나 정경(김포시 문화관광 홈페이지)

나고 말았다.[228] 그 이후 간헐적으로 운하건설이 계속 추진되었으나, 인력과 기술의 한계로 좌절되어왔다. 그러다 굴포천 유역의 홍수를 방지하기 위한 방수로 신설을 계기로 1995년 경인운하사업이 추진되었고, 많은 우여곡절 끝에 2011년 경인아라뱃길이 완공되게 되었다.

아직까지는 인천에서 김포까지 유람선을 운행하는 등 관광레저의 용도가 주를 이루며 물류유통의 기능은 미약하지만 미래의 해양시대를 생각하면 '천년의 약속'은 머지않아 이루어지리라고 본다. 이렇게 되면 부자가 많아 돈을 물 쓰듯 해서 전호리錢湖里라 부르게 되었다는 전설이 실현되는 한강 최대의 포구도시로 거듭날 수 있을 것이다.

228) 『동국여지지東國輿地志』, 대동지지의 산수편 굴포

(2) 파주시 한강의 포구와 나루

파주의 서쪽에 위치하는 탄현면, 송촌동, 신촌동, 문발동은 옛 교하현에 속해 있던 지역인데, 한강을 사이에 두고 김포와 마주하고 있다. 따라서 이 지역에는 김포로 건너가는 나루가 발달되어 있었고, 그 중에는 장삿배가 정박하며 교역이 이루어지는 상업포구의 역할을 하던 나루도 있었다.

반석나루

반석나루는 파주시 신촌동에 위치한 나루로 강 맞은편은 김포의 하성면 석탄리와 후평리였다. 반석나루는 포구로서의 역할도 지대했는데, 서해에서 한강을 오르내리는 배들은 썰물이 되면 다음 밀물을 기다렸다가 출항해야 하므로 반석나루에서 기항하여 쉬어갔다. 6.25 동란 이전까지 교하읍의 쌀은 모두 반석나루로 모였다. 그래서 나루터에는 비를 가리기 위에 바닥에 나무를 깔고 몇 천, 몇 만 가마씩 쌀을 쌓아놓은 후 그 위에 이엉을 엮어서 둘러놓곤 하였다. 일제강점기에는 반석나루가 '공판장'의 기능도 담당했다고 한다. 서해에서 새우젓을 싣고 오는 배도 자주 드나들었는데, 새우젓은 100독, 200독씩 배로 싣고 와서 직접 지고 다니면서 마을로 팔러 다녔다.

심학나루

반석나루 남쪽에 있는 서패동의 심학산 자락에는 심학나루가 있었다. 현재 이곳은 강변에서 좀 떨어져 있는 지역이지만 예전에는 돌곶이까지 강변에 접해 있었다. 심학나루는 이 돌곶이에서 김포의 석탄리로 건너다니는 나루였다.

능거리나루

공릉천 하류에 있던 나루로 교하읍 오도리(파주시 오도동)와 가루개(파주시 탄현면 갈현리)를 이어주던 나루였다.

쇠곶나루

파주에는 한강의 지류인 공릉천이 흐르는데, 예전에는 배가 소강할 수 있는 하천이었다. 쇠곶나루는 파주시 금촌2동 새꽃마을新花里에 있었던 나루로 교하로 건너다니던 나루였다. 쇠곶나루에는 장삿배가 오르내리며 어염을 이 지역의 농산물과 교환하며 자연스럽게 시장이 형성되었다. 이 시장이 금촌시장의 전신인 신화리장이었다. 신화리는 쇠곶을 새꽃으로 인식하여 한자화된 지명이다.

⑶ 고양시의 포구와 나루

고양시 역시 파주와 마찬가지로 한강을 사이에 두고 김포시와 마주보고 있다. 한강에서 서해의 조류에 영향을 받는 지역은 마포, 혹은 용산까지이므로 이 구간에 포함된 고양의 한강변 역시 소금배와 고깃배가 소강하며 머무르는 포구가 발달되어 있었고, 고양에서 김포로 건너다니는 나루가 도처에 설치되어 있었다.

이산포나루

이산포나루는 현재 일산서구 송포동(고양군 송포면 법곳리) 이산포마을에 있던 포구이자 나루이다. 포구 인근에 작은 산 2개가 있어서 이산포二山浦라는 이름으로 불렸다 한다. 이 지역의 조선시대 행정구역은 고양군 사포면 포변리이므로 일찍이 포구가 있던 지역임을 알 수 있다. 강 맞은편은 김포시 운양동과 김포본동으로 고양에서 통진을 거쳐 강화로 가는 육로가 이어졌다. 서해에서 올라온 장삿배들이 이산포에서 짐을 풀면 인근의 개울인 삼정천, 장월평천을 이용하여 내륙으로 물건을 이송하였다. 현재 민통선 지역으로 일반인은 출입하지 못하지만 일부 어민들은 출입하여 어업이 유지되고 있다. 특산물은 황복과 게가 유명하였다.

행주나루

행주나루는 고양시 덕양구 행주외동에 있던 나루이다. 고양지역에 있었던 나루 중 가장 큰 나루로 교통과 상업의 요지이기도 하였지만, 인근 덕양산에는 행주산성이 있어서 군사적으로도 중요한 나루였다. 일찍이 세곡을 실은 조운선이 물때를 기다리며 정박하던 곳이었고, 조선후기에는 어염이나 생필품을 실은 장삿배가 드나들었다. 『임원경제지』에 행주면에 행주장(1,6장)이 섰다는 기록이 있으니 포구장이 정기장으로 발전된 사례일 것이다.

행주나루의 강 맞은편은 옛 김포 지역인 서울시 강서구 방화동이며, 고양에서 김포, 부천, 인천, 강화 일대를 오갈 때 이용하였다. 덕양산에서는 한강 하구와 주변 일대를 감시할 수 있어서 삼국시대부터 군사적 요충지가 되어 일찍이 산성과 더불어 나루가 설치되었을 것으로 추정되며, 1978년 행주대교가 건설되며 나루가 폐쇄되었다. 행주가든 주차장 입구에는 행주나루터의 표지석이 세워져 있는데, 나루터는 행주가든 아래쪽 강변에 위치해 있었다.

현재 행주외동의 한강 둔치마당에는 행주나루가 새로 설치되었다. 한강유람선이 이곳까지 운행하기 때문이다. 행주나루 일대는 겸제 정선이 〈행호관어도〉를 그리기도 했으며, 주변에 귀래정, 낙건정 등 정자가 12개나 있었을 정도로 풍광이 좋은 곳이니, 새로운 관광, 레저 지역으로 발돋음하기를 기대해 본다. 나

겸재 정선의 행호관어도. 행호는 행주나루 부근의 한강을 말한다.
작은 어선들이 웅어잡이를 하고 있다. 웅어는 고양의 중요한 진상품이었다.

루의 하류 쪽은 민통선 지역으로 출입에 통제를 받기는 하지만 주민 일부가 어업에 종사하고 있다.

해포나루

행주대교 인근의 고양지역에는 한강의 지류인 창릉천이 흐른다. 창릉천으로는 바닷배가 소강할 수 없었지만, 작은 거룻배들이 짐을 옮겨 싣고 오르내렸다. 해포蘊浦나루는 덕양구 행신동 강매리 강고산마을에 있던 나루로, 창릉천 어귀에서 물길을 따라 약 1km 상류에 위치해 있었다. 이곳에서는 규모가 크지는 않지만 어염과 곡물이 교환되었다. 이 나루에서 거래되었던 어염으로 젓갈을 만들곤 하였기에 해포라 불리운 듯하다. 1775년의 『고양군읍지』에도 '해포'에 대한 기록이 나오므로 유래가 깊은 나루였음을 알 수 있고, 『임원경제지』에는 해포장(1,6장)이 섰다고 하므로 행주장과 마찬가지로 포구장이 오일장으로 발전하였던 듯하다.

(4) 구리시의 포구와 나루

예전에는 한양 구간을 흐르는 한강을 경강이라고 불렀다. 이 경강에는 광진나루부터 마포에 이르기까지 포구와 나루가 밀집되어 있어서, 강길을 따라 운송된 전국의 물화들을 객주와 여각을 통해 집산하여 한양 도처에 공급하였다.

　경강의 상류인 광진나루를 지나면 구리시 지역으로 한강의 물길이 이어진다. 하지만 구리시는 육로를 이용하여 동대문으로 가는 길을 주로 이용하여서 그런지 토막나루 외에는 언급되는 나루가 없다.

토막나루

토막나들이라고도 하며 구리시 아천동 장자마을 한강변에 있던 나루였다. 1960~70년대 한강변에 제방이 설치되기 전까지 존속했다. 나무토막 몇 개를 엮어 뗏목 형식으로 만든 배가 있었다 하여 토막나루라 불렀고, 주로 마을 주민들이 강 맞은편에 있는 농경지로 건너다니기 위해 이용하였다. 나루 건너편에는 암사동, 천호동으로 가는 지름길이 있었다고 하지만 행인들이 일반적으로 이용하는 나루는 아니었다. 현재 토막나루가 있었던 곳에 놓인 구리 암사대교는 2015년에야 완공되었다. 이는 구리시와 강 맞은편 암사동에는 다리가 놓이기 전까지 이어줄 만한 도로가 없었다는 의미이다.

⑸ 하남시의 포구와 나루

하남시의 동쪽으로는 한강이 흐르며, 강 맞은편 지역은 남양주시이다. 한성백제 시절 도미나루가 있었다고 추정되며, 조선시대 진촌진이 위치하고 있었으므로 포구와 나루의 역사가 깊은 지역이다.

진촌진

『세종실록지리지』에 의하면 '도미나루 서쪽을 진촌진이라 하며, 주 북쪽에 있으니 나룻머리에 수참을 두었고 참선이 15척이다.'라고 기록되어 있다. 여기서 수참은 수운을 이용한 세곡을 관리하던 곳이고, 참선은 관에서 운영하던 세곡선이다. 따라서 진촌진은 조선전기까지 중요한 수참 기지였음을 확인할 수 있다. 위치는 선동 쪽 둔치 일대로 추정되고 있다.

도미나루

『삼국사기』 열전에는 〈도미의 처〉 이야기가 전한다. 백제의 개로왕이 도미의 부인이 아름답다는 소문을 듣고 범하려 하였지만 그녀는 왕을 속인 후 눈알이 뽑힌 남편을 데리고 나룻배로 강을 건너 고구려로 도망가서 살았다는 이야기다. 『신증동국여지승람』 광주목 산천조에 따르면 도미부부가 건넌 나루가 바로 도미나루로 보고 있다. 『중정남한지』에 의하면 도미진이 주(광주)의 북쪽 동부면에 있다고 하였고, 『동국여지지』에는 동서 양쪽의 산이 강을 끼고 마주보며 서 있는 곳에 있다고 하였다. 그런데 남한강과 북한강이 합수하여 내려오는 팔달댐 아래의 한강을 예전에는 두미협이라 불렀다. 이 구간은 하남시의 검단산과 남양주의 예봉산 줄기가 만나 좁은 협곡을 이루고 있기 때문이다. 이곳은 예전부터 물살이 빨라 배를 정박시키기 힘든 곳이므로 도미진은 포구의 역할은 없고, 도 강을 주 기능으로 했던 듯하다. 또한 『조선왕조실록』을 보면 선조 때와 숙종 때 도미진에서 기우제를 지낸 기록이 나오므로, 국가에서 기우제를 지낸 장소라는 것을 알 수 있다.[229]

창우리나루

도미나루가 팔당대교 인근에 위치했던 나루라고 추정은 하지만 사라진 지 오래 되어 정확한 위치를 고증하기는 어렵다. 하지만 이곳 어르신들은 팔당댐 아래로 흐르는 한강을 두미강이라 불렀고, 이 두미강을 건너던 창우리 나루를 도미나루 의 후신이라 생각했다. 창우리나루는 하남시 창우동[230]에서 남양주시 와부읍 팔 당리를 건너다니던 나루였는데, 팔당대교의 건설로 폐쇄되었다.

배알미나루

하남시 배알미동 아랫배알미에 있던 나루로 한강 건너편은 남양주시 조안면 조 안리 마재마을이다. 배알미마을은 전형적인 반농반어의 강변마을이었고, 장삿 배를 부리는 주민들도 많았다. 마을 뒤에 검단산이 있어서 서울에서 사용할 땔 감의 주요 공급처이기도 했다. 땔감은 황포돛단배로 운반하였는데, 장작이 많을 때는 배를 두 척 이어 붙여 쌍둥배를 만들어서 싣고 내려갔다. 땔감은 서울에 있 는 여각에 판 후 그 돈으로 소금을 300가마에서 500가마까지 사서 싣고 다시 남 한강을 따라 단양, 영천까지 거슬러 올라가 곡물과 교환을 해서 내려왔다. 이렇

---

229) 이곳에서 기우제를 지낸 것은 인근에 진촌진이 있어서 일 듯하다.
230) 나루가 있을 때는 광주군 동부면 창우리에 속해 있었다.

게 장삿배가 한번 오르내리는 것을 한 행보라고 불렀는데, 일 년에 한 행보, 많아야 두 행보였지만 한해 농사짓는 것보다 훨씬 나았다고 한다.

⑥ 광주시의 포구와 나루

광주시는 한강이 시의 북쪽으로 흐르고, 경안천이 시내를 북상하며 흐르다 남종면에서 한강과 합류한다. 팔당댐의 건설로 퇴촌면의 경안천변까지 팔당호에 잠기는 지역이 되었지만, 예전 경안천은 우기에만 초월읍까지 배가 소강할 수 있는 하천이었다.

① 경안천의 포구와 나루

무수리나루

퇴촌면 무수리에 있는 나루로 강 건너편은 퇴촌면 정지리이다. 무수리의 주민들이 경안천 너머에 있는 농지를 경작하기 위한 왕래수단으로 주로 이용되었는데, 현재도 밧줄을 이용해서 강을 건너는 도선배가 있다.

설월리나루

설월리나루는 초월읍 지월리에 있는 나루이다. 주로 지월리 주민이 광주시 경안동으로 통학을 하거나 장을 보러 가는 등의 일로 사용하던 나루였다.

② 남한강의 포구와 나루

우천나루(소내나루)

남종면 우천리牛川里에 있던 나루인데 고유어로 소내나루라고 한다. 이곳은 경안천과 북한강, 남한강이 합류하는 지점이라 수심이 깊은 편이어서 배들이 정박하기 편한 지역이었다. 예전 우천리에는 주민의 30%가 배를 소유하고 있을 정도였는데, 어업보다는 장삿배로 운용되었다. 또한 윗강에서 내려와 광나루, 뚝섬, 마포로 가는 장삿배와 반대로 아랫강에서 올라와 남한강과 북한강을 소강하는 장삿배들이 정박하는 내륙포구이기도 했다. 이에 우천리에는 소내장이 섰는데, 상당히 번성했던 큰 시장이었다. 우천리는 팔당댐 건설 후 팔당호에 수몰되어 소내섬이 되어 버렸다.

수청리나루

수청리나루는 광주시 남종면 수청리와 양평군 양서면 도곡리를 잇는 나루로 현재 경기도의 남한강에서는 유일하게 운영되고 있는 나루이다. 팔당댐부터 양근대교 사이의 남한강에는 도강을 할 수 있는 다리가 놓여 있지 않아서 그 중간 지점에 있는 남종면 수청리 일대는 거의 고립된 지역이 되어 버렸다. 광주시에서 이곳 주민들에게 교통의 편의를 제공해 주기 위해서 수청호라는 기관선을 제공하여 관리 운영

수청리나루의 수청호

하고 있다. 강을 건너면 경의중앙선 신원역과 국수역을 이용할 수 있다.

⑺ 남양주시의 포구와 나루

팔당댐 밑으로 남양주시와 하남시 사이를 흐르는 한강 구간을 두미강이라고 부른다. 두미강은 뗏목과 장삿배가 수시로 통과하던 지역인데, 이 지역 어르신들의 제보에 의하면 요즘 고속도로에 차가 다니듯 배들이 왕래했었다고 한다. 2000년대 초 필자가 한강지역을 답사할 때만 해도 남양주의 마재마을과 하남의 배알미

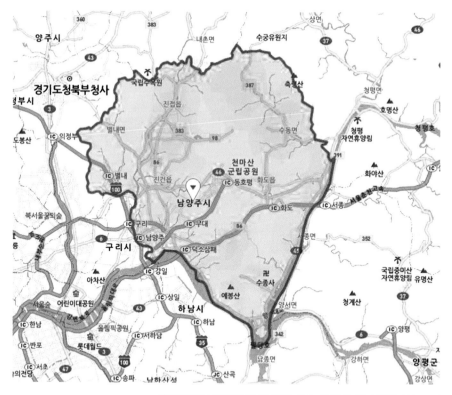

팔당호 아래로 남양주시와 하남시 사이를 흐르는 한강을 두미강이라 부른다.(네이버 지도)

동에는 팔당댐이 건설되어 물길이 중단되기 전까지 장삿배를 부리던 어르신들이 많이 생존해 계셔서 당시의 상황을 자세히 들을 수 있다.

현재 남양주시의 한강 둔치 마당에는 한강삼패지구부터 운길산역까지 강변을 따라 한강나루길이 조성되었다.[231] 강변의 풍광을 보고 가볍게 산책을 하기에 최적의 코스지만, 이름에 걸맞게 나루가 위치하였던 곳에는 표석과 안내판도 세우고, 옛 나루의 정취도 느낄 수 있는 장소로 재정비되기를 기대한다.

① 한강의 포구와 나루

미음나루

미음나루터 표석

미음나루는 남양주시 수석동 외미음마을에 위치하였던 나루이다. 강 맞은편은 하남시 선동과 미사리이다. 역사적으로도 유래가 깊어 많은 문헌에 나루에 대한 기록이 남아 있다. 인근에 수석리 토성이 있어서 삼국시대부터 한강변을 지키는 전략적 요충지였음을 알 수 있다. 『고려사』에는 "노수포라 하였고 속명은 미음이다. 즉 한강이 꺾이는 곳이니 그 서쪽은 양주 땅과 경계이다."라는 기록이 보이고, 『신증동국

---

231) 13코스로 조성된 남양주 다산길 중 제1코스이다.

여지승람』에는 "미음진은 주의 동쪽 70리에 있어 광주로 통한다."고 하였다. 미음나루는 삼패동에 있던 평구역에서 내려오는 육로를 강 맞은편 광주로 이어주는 나루였으므로 경기 남북 교통로의 요지였다. 장삿배와 뗏목이 수시로 정박했었기 때문에 나루 주변에는 주막들이 번성했는데, 이러한 전통이 남아 있어서인지 현재 수석동에는 미음나루풍속마을이 조성되어 카페와 식당이 즐비한 음식문화거리로 유명하다. 외미음에서 야산을 하나 넘으면 석실서원터가 나온다. 석실서원 앞에 있는 한강은 마치 호수같아 보인다고 하여 미호美湖라고 불렸고 풍광이 뛰어나기로 이름나있었다. 현재 미음나루가 있던 곳 위쪽으로는 강동대교가 놓여있다.

덕소나루

남양주시 와부읍 덕소리와 하남시 미사리를 연결하던 나루이다. 정선과 영월의 뗏군들에게는 떡수나루로 불리는데, 한강 물길을 이용하여 내려오던 뗏목이 자주 묶어가던 나루였으므로 색시를 둔 주막집이 많았다. 정선, 영월 뗏군들은 가장 많이 쉬어갔던 주막집으로 '썩정이할머니집'을 꼽고 있다. 현재 이곳에는 미사대교가 놓여있는

1963년 덕소나루의 모습. 당시 덕소에는 신앙촌이 있었다.
강 건너편은 미사리이다.(국가기록원)

데, 2009년에 완공된 것으로 보아 육로를 이어주던 나루는 아닌 듯하고, 주민들이 미사리 쪽으로 농사를 지으러 가거나 물길의 정류장으로 장삿배와 뗏목이 머물러 가던 나루인 듯하다.

동막나루

남양주시 와부읍 도곡리 동막골에 있던 나루이다. 동막골은 호랑이가 살았을 정도로 숲이 무성했는데, 이곳에서 생산된 땔감을 서울로 실어 나르던 나루였다. 동막은 동쪽의 외딴 마을이라는 설도 있고, 누군가 마을 동쪽에 초막을 짓고 살아서 동막이라 불리게 되었다는 설도 있다.

팔당나루

팔당대교 인근의 와부읍 팔당리에 있던 나루이고, 강 맞은편은 하남시 창우동이다. 팔당댐이 건설되기 이전 이곳 물길이 마치 바다처럼 넓었다고 하여 '바다이', '바댕이'라고 부르다가 음이 변하여 '팔당'이 되었다고 한다.[232] 이곳은 물길이 고여 있는 것처럼 잘 흐르지 않는 지역이라 장삿배나 뗏목이 바람이 불 때만을 기다리며 떠있고는 했다. 이럴 경우 주막에서 색시들이 거룻배로 술과 안주를 싣고 와서 뱃사람과 떼꾼들을 유혹하고는 하였다고 한다.

마재나루(소내나루)

남양주시 조안면 능내리 마재마을에 있던 나루이다. 광주시 남종면 우천리牛川里

---

232) 이 외에도 팔선녀가 내려와 놀던 자리가 여덟 곳이 있는데 그 자리들에 여덟 개의 당을 지어 놓았다고 해서 '팔당'이라고 불리게 되었다는 설도 있다. 하지만 이 지역 어르신들은 거의 팔당호를 바댕이라고 부른다.

(소내)로 건너다니는 나루였으므로 일반적으로 소내나루라고 불렸다. 현재 팔당호에 둘러싸여 있는 마재마을은 다산 정약용이 태어나고 묻힌 곳이어서 다산기념관과 실학박물관이 건립되는 등 관광지로 조성되었다. 다산은 이곳에 살 때 침식이 가능한 강배를 손수 제작하여 북한강과 한강본류를 오가곤 하였다고 한다. 당시 이곳이 강배를 부리는 반농반어의 강마을이었다는 방증일 것이다.

② 북한강의 포구와 나루

용진나루

한강의 지류인 북한강의 나루로 조안면 송촌리에 있었다. 강 건너편은 양평군 양서면 양수리이다. 팔당댐이 건설됨으로써 나루터는 수몰되었고 인근에는 양수대교가 놓여졌다. 나루의 명칭에 관련되어서는 옛날 이곳에서 용이 강을 건너 양평의 용진龍津으로 갔다고 하여 용진나루라 불리게 되었다는 전설이 전한다. 1462년(세조 8) 10월 어가御駕가 이 나루에 부교浮橋를 설치하고 강을 건너 양근으로 향했다는 기록이 보이므로 유서가 깊은 나루임을 확인할 수 있다. 송촌리 아래에 위치한 진중리鎭中里에는 훈련도감에 소속된 진鎭을 두었고 수군참군이 배치되어 남한강과 북한강의 합류지점에서 한강을 내왕하는 배들을 관리 감독하였다. 임란 때는 왜군이 도강을 하던 나루이기도 하다. 용진나루는 도강의 기능 외에도 이 지역이나 가평에서 내려오는 땔감과 건축용 목재, 농수산물을 집산하여 한양으로 수송하는 물길의 정류장 역할도 하였다.

고누골나루

조안면 삼봉리 고누골 앞에 있던 나루로 강 건너편은 양평군 서종면 문호리이다.

옛 나루터 인근에는 고노골 수상레저와 리버힐 리조트 등 수상스키와 모터보트 선착장이 생겨서 수상레저의 명소로 자리잡고 있다.

내미련나루

화도읍 금남리 남일원 동쪽에 있던 나루로 강 건너편은 양평군 서종면 문호리 바치울이다. 1960년대까지 나루가 운용되다 폐쇄되었다. 현재 나루가 있던 곳에는 서울양양고속도로의 서종대교가 놓여져 있다. 금남리에는 내미련나루 외에도 금대마을에 검터나루가 있었다.

사기막나루

화도읍 구암리 진벌(잼별)마을 동쪽 강변에 있던 나루로 강 건너편은 가평군 청평면 삼회리 사기막 마을이다. 현재 나루터 자리에는 더시크릿수상레저가 들어서 있다.

⑻ 가평군의 포구와 나루

가평군은 춘천에서 내려오는 북한강이 군내를 통과한다. 이에 가평군은 예로부터 설악면과 청평면 등지에서 나오는 땔감과 건축용 목재, 임산물, 농수산물을 북한강의 물길을 이용하여 한양으로 공급하였다. 청평댐이 건설된 후 가평군의 수운은 중단되었지만, 대성리, 청평호반, 자라섬 등지가 강변의 관광명소로 각광을 받고 있으며 캠핑과 수상레포츠를 즐길 수 있는 곳으로 거듭나고 있다.

화랑포

청평면 대성3리에 있는 나루이다. 북한강과 구운천이 합류하는 삼각지대에 위치하며 인근 지역의 농산물과 임산물을 집산하여 수송하는 물길의 정류장 역할을 하였고, 강원도 인제에서 내려오는 뗏목이 묶어가기도 하였다. 현재 이곳에는 대성리관광지가 자리잡고 있는데, 대성리역이 있고 경춘가도도 잘 정비되어 있어 찾는 사람들이 많다.

웃퇴주나루

삼회리 큰골에서 청평읍 대성리 관터마을로 건너다니던 나루였다. 목선이 사용되다가 전복사고가 발생한 후 경운기 엔진을 동력으로 사용하는 철선이 운행되었다. 철선은 군청에서 지원한 것으로 승선인원은 20명이었다. 주로 큰골 주민들이 청평장이나 마석장을 보기 위해 이용하였는데, 이때 산나물이나 곡식을 내다팔고 생활용품을 구입하여 왔다. 나루삯은 큰골주민인 경우 보리와 쌀 1말을 거두었고, 외지인들은 500원을 받았다.

범우리나루

청평면 호명리號鳴里[233]에 있는 나루로 강 건너편은 설악면 회곡리이다. 이곳은 호명산 자락에 있는 산간지역이기 때문에 장을 보러가는 등 설악면으로 건너다닐 일이 많았다. 도강을 주 기능으로 한 나루였으나, 장삿배가 들어오면 소규모로 물물교환의 장이 되기도 하고, 인제 뗏목이 정박하기도 했다.

---

233) 산림이 우거지고 사람들의 통행이 적어 호랑이의 울음소리가 자주 들려오곤 하였다고 해서 유래된 지명이다.

배나들이나루

청평면 고성리에 있었던 나루로 강 건너편은 설악면 사룡리이다. 범우리나루와 마찬가지로 설악면으로 일을 보러갈 때 이용되었지만, 인근에서 생산되는 임산물이나 북한강 물길을 타고 내려오는 물자의 정류장 역할도 하였다. 풍광이 좋은 지역이기 때문에 현재 강변 양안으로 펜션과 레저시설들이 다수 들어서 있다.

복장리나루

가평읍 복장리에 있던 나루로 현재의 가평소방서 119수난구조대가 있는 곳에 위치하였다. 복장포초등학교[234]가 있었을 당시에는 춘천시 남면 관천리 등지에서 초등학교를 오가는 통학수단으로 주로 이용되었는데, 똑딱선동력선 한 척이 운행되었다. 하지만 옛 이름이 복장포였으므로 인근의 물류가 집산되고 하류에서 올라오는 장삿배들과 교역이 이루어지던 포구였을 것으로 추정된다.

용문천나루

설악면 사룡리 용문천마을에 있는 나루로 현재도 철선 1척이 운행되고 있다. 학생들이 통학을 하거나 주민들이 일이 있어 설악으로 나갈 때 이용한다. 용문천은 북한강의 지류인데 좁은 협곡을 통과하여 북한강으로 유입되는 형상이 마치 용이 꿈틀거리는 듯하다고 해서 붙은 이름이다. 용문천마을에는 과거 30여 가구가 거주하였으나 현재는 10여 가구가 살고 있다.

산유리나루

---

234) 2002년 가평초등학교로 통폐합되었다.

가평읍 산유리에 있던 나루였는데, 현재는 농사용으로 사용되는 바지선이 있다. 산유리의 유동은 옛날 남면사무소가 있던 남면의 요충지였으나 남면이 통폐합 되면서 마을이 쇠퇴하였다.

달전리나루

남이섬과 선착장 정경

가평읍 달전1리 앞 삼거리에 있던 나루이다. 주민들이 남이섬 근처로 농사일 을 하러 갈 때 건너다녔다. 현재 달전리에는 남이섬[235]으로 가는 선착장이 있고, 캠핑장과 수상레저 시설을 갖춘 자라섬이 있어 관광의 명소로 떠오르고 있다.

235) 남이섬은 강원도 춘천시 남산면에 속해있다.

⑼ 양평군의 포구와 나루

양평은 팔당댐이 건설되면서 수몰지역이 많이 나타나고 물길도 많이 바뀐 지역
이다. 팔당호에서는 남한강과 북한강이 마주치고 지류인 경안천도 합수한다. 가
평군을 통과해 양평군으로 진입한 북한강은 남양주와 경계를 이루며 흐르고, 여
주시를 통과해 양평군으로 진입한 남한강은 양평군내를 가로지르다 광주시와
경계를 이루며 흐른다.

　　　양평군을 흐르는 북한강에 위치한 나루는 서종면에 있는 무드리水入里나루,
무너미(문호리)나루, 양서면의 용진나루 등이 있고, 남한강에 위치한 나루로는 한

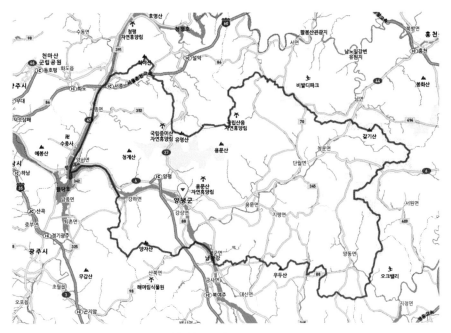

양평군 양서면 양수리에서 남한강과 북한강이 합수한다.(네이버 지도)

여울나루, 상심나루, 다루레기나루, 덕구실나루, 양근나루, 앙덕나루, 구미포나루, 하자포나루, 상자포나루 등이 있었으며, 두 강물은 합류하는 지점에는 두물머리나루가 있었다. 이 나루들은 북한강과 남한강의 뗏목과 장삿배들이 정박하던 나루였으므로 크고 작은 교역의 장이 되었고, 주막이 번성했던 나루이다. 양평에 이렇듯 나루가 발달한 것은 예로부터 한강 수운水運의 중심지로서 인근 지역의 물류 유통을 전담하며 경제 활동의 요람 역할을 하였기 때문이다.

① 북한강의 포구와 나루

돌떼미나루

양서면 양수리에 있는 나루였다. 강 건너편은 남양주시 조안면 조안리로 남양주 쪽에서는 고랭이나루라고 불렀다. 예전 서울로 가기 위해 자주 이용하였고, 1920년대 후반부터 승합차를 실을 수 있는 나룻배가 있었다고 한다. 현재 나루자리에는 양수대교가 놓여있다.

문호리나루

서종면 문호리에 있던 나루로 무네미나루라고도 한다. 장삿배가 오가며 서종면 일대 뿐 아니라 양평, 강원도에서 생산된 농산물과 임산물을 집산하여 한양으로 운반하였고, 생필품을 공급하였다. 한때 40~50척의 배가 왕래하였고, 북한강 뗏목이 수시로 머물러 번창한 나루였으나 육로교통이 발달하고 물길도 끊기자 사라졌다.

　　나루의 위치는 문호사거리에서 300~400m 떨어진 북한강변에 있었다. 강 건너편은 남양주시 화도읍 금남리의 고노골과 백월리 사이의 언덕이었다. 문호리에 초, 중학교가 있어 남양주 조안면 삼봉리와 화도읍 금남리에 사는 학생들이 통학하였고, 문호사거리 일대에는 서종장이 서므로 장을 보러도 자주 건너다녔다. 반대로 문호리, 도장리, 수릉리 사람들은 서울을 가거나 소를 거래하기 위해 마석장을 갈 때 나룻배를 이용하였다.

무드리나루

서종면 수입리에 있던 나루이다. 무드리는 수입리水入里의 고유어이므로 수입리 나루라고도 불렀다. 강 건너편은 남양주시 화도면 금남리인데, 서울, 청평 등지로 다니기 위해 건너다녔다. 용문산에서 발원한 벽계천이 북한강에 합류하는 지점 안쪽에 자리잡고 있고 나루 주변에 산이 북한강의 물살을 막아주고 있어서 강물이 불어 물살이 급해져도 나루 주변은 잔잔했다고 한다. 그래서 북한강을 오가는 장삿배나 뗏목이 급한 물살을 피해 나루에 정박하며 여러 날을 묵는 경우도 많았다. 나루 주변으로는 주막과 색시집이 즐비하였는데 팔당댐이 생기고 물길이 끊긴 후 사라졌다. 2000년대 후반까지 통학생과 관광객이 타던 배가 운행되다가 폐쇄되었다.

② 남한강의 포구와 나루

두물머리 나루

양평군 양서면 양수리에 있는 나루이다. 두물머리 마을로 들어가면 팔당호가 눈앞에 펼쳐진다. 주민들이 앉아서 기다리던 의자들과 나룻배를 대던 돌로 된 둑이

남아 있어서 이곳이 나루터였음을 한 눈에 알아 볼 수 있다. 두물머리나루라는 표석이 세워져 있지만 우거진 수풀에 가려 눈에 잘 띄지 않는다. 1990년대 초까지 건너편인 광주군 남종면 귀여리로 건너가기 위해 이용되다가 폐쇄되었다. 광주시의 경안장이 소시장으로 유명했을 때는 사람을 태우는 작은 나룻배 외에도 열 마리 이상의 소를 실어 나를 수 있는 커다란 나룻배도 있었다. 지금은 팔당호에 수몰되었지만 예전에는 나루 근처에 쏘갈 바위가 있었는데, 곡물을 싣고 가던

배가 부딪쳐 파손되어 '삼백 가마를 먹은 바위'라고 불렀다 한다.[236]

　양수리 강변에는 이곳의 명물 돛단배가 떠있다. 이곳의 돛단배는 1998년 우경산 씨에 의해 재현된 바 있는데, 지금의 것은 최근에 새로 지은 것이다. 돛단배는 일 년에 한 두건 정도 방송국이나 영화사에서 섭외가 들어와 빌려주기도 하는데, 이때 받은 배의 임대료는 마을 기금으로 사용한다.[237]

한여울 나루

양평군 양서면 대심리에 있던 나루이므로 대심나루라고도 한다. 건너편은 양평군 강하면 운심2리이다. 한여울은 한자로 대탄大灘이라고 하는데, 강 한가운데 큰 바위가 있어서 물이 돌아 나가므로 돛단배나 뗏목이 이곳을 통과할 때 곧잘 파손되던 위험한 지역이었다고 한다. 일단 이곳만 통과하면 서울까지 이렇다 할 위험한 여울이 없었기 때문에 떼꾼이나 뱃사람들이 이곳에서 자주 쉬어가곤 했으므로 주막과 색시집 등이 즐비했다. 한여울 주변에는 농사지을 논밭이 마땅치 않아 예전부터 배를 부리며 살던 사람들이 많았다. 마을에서 부리던 돛단배도 몇 척 있어서 땔감으로 쓸 나무를 싣고 광나루나 뚝섬에다 팔고 올라올 때는 생활필수품을 싣고 왔다.[238]

　나루가 있던 강변에는 지금도 나룻배와 돛단배가 전시되어 있다. 돛단배는 두물머리에서 우경산 씨가 만들었던 배를 마을의 전통을 살리자는 의미에서 '예마당' 주인이 구입해 놓은 것이라 한다. 지금도 마을에는 어업에 종사하는 사람

236) 경기도 양평군 양서면 양수리 김용운 씨(남, 당시 82세) 2002. 9. 25.

237) '허준', '홍국영', '청풍명월' 등의 촬영에 사용되었다 한다.
　　경기도 양평군 양서면 양수리 손종구 씨(남, 당시 43세) 2002. 10. 9.

238) 경기도 양평군 대심리 한여울 김경용 옹(남, 당시 83세) 2002. 12. 12.

한여울 나루터

이 네 명 정도 있는데, 어패류를 주로 잡기 때문에 야간 낚시에 쓸 조명이 달려 있는 낚거루가 몇 척 강변에 떠 있다. 나루가 번성했을 때는 이 마을에서 고창 굿이 크게 열렸는데, 광대도 들어와 며칠씩 흥청스럽게 놀곤 했었다고 한다.[239]

상심 나루

양평군 양서면의 대심2리 상심마을에 있는 나루로 건너편은 강하면 운심1리이 다. 운심리 주민들이 국수리 기차역을 갈 때 주로 이용하던 나루였다. 근처에 있 는 다루레기 나루가 더 컸으므로 양평장을 갈 때는 다루레기 나루를 더 많이 이 용하였다. 뱃삯은 주로 모곡을 했는데, 봄에 보리 한 말, 가을에 벼 한 말 정도를

상심나루자리 나룻배 대신 어선이 떠 있다.

걷었고, 외지인에게는 그때그때 현금을 받았다. 예전에는 장삿배들이 자주 쉬어 갔기 때문에 주막집도 몇 채 있었다고 한다. 마지막 뱃사공을 했던 최옥현 씨가 어업을 하며 마을에 살고 있다.[240]

다루레기 나루

양평군 양서면 대심2리에 있는 나루로 건너편은 강하면 전수1리이다. 강하면에서 장을 보러오거나 학교에 가기 위하여 양평읍내로 건너오는 사람들이 주로 이

---

240) 경기도 양평군 대심리 상심 최옥현 씨(당시 62세) 뱃사공. 어부

용하던 나루였다. 양평장이 서는 날이면 아침 일찍 모곡장사들이 나루에 나와서 주민들이 팔려고 들고 나온 곡식들을 사서 모았다. 한창 나룻배가 다닐 때는 30명씩 타는 배로는 모자라서 강하면에서 70-80명씩 타고 건널 수 있는 배를 지어주기까지 했다고 한다. 뱃사공은 면에서 입찰을 해서 뽑았는데 3년에 한 번씩 뽑았다. 나루터의 위치는 현재 아세아연합신학대학 밑에 있는 강변인데, 도로가 강변을 끼고 건설되어 옛날 모습은 거의 찾아볼 수 없게 되었다.

덕구실 나루

양평읍 오빈리 덕구실에 있는 나루로 오빈나루라고도 하며, 건너편은 강상면 병산리이다. 주로 병산리 사람들이 서울을 가거나 옥천면에 일을 보기 위해 건너다녔던 조그만 나루였다. 덕구실 나루 바로 밑 창말에 여울이 있어서 간혹 떼꾼들이 들러 가기도 했으므로 주막집이 세 채 정도 있었다. 나루 상류 쪽에 양근대교가 놓이면서 나루가 폐쇄되었다.

양근나루

양평읍 양근리 칡미에 있던 나루로 갈산나루, 양평나루, 읍내나루 등으로 불리기도 했다. 강 건너편은 강상면 교평리 진변이다. 지금도 양평대교 바로 밑에 나루의 표지석과 함께 콘크리트 포장으로 접안시설이 설치되어 있어서 어업을 하는 사람들이 이용하고 있다. 양근나루는 바로 읍내장과 연결되는 나루였으므로 이 지역에서는 가장 큰 나루였다. 역사적 유래도 깊어서 『신증동국여지승람』에 읍치의 남쪽에 갈산진葛山津이 있다고 기록되어 있고, 『대동여지도』에도 갈산진이 표기되어 있다. 갈산은 이 지역의 옛날 명칭으로 이 주변에 칡이 많아서 붙여

양근나루 자리. 지금은 양평대교가 놓여 있다. 가운데 야산이 갈산이고 나루가 그 밑에 있었으므로 갈산나루라고도 부른다.

진 이름이라 하지만 이곳에서는 여주로 가는 길과 홍천으로 가는 길이 갈라지
므로 갈래길을 의미했을 가능성이 높다. 한강의 물길이 끊기기 이전에는 마포
에서 소금과 새우젓 등을 실은 장삿배가 자주 들어왔다. 장삿배가 이곳에 물건
을 부려 놓으면 행상인들이 우마차로 싣고 강원도 홍천이나 횡성까지 가서 판
매를 하였다.

앙덕 나루

양평군 개군면 앙덕리에 있는 나루로 강 건너편은 강상면 세월리와 점복리이다.
개군면 지역은 원래 여주군에 속해 있었는데, 1962년도에 양평군에 편입되었
다.[241] 앙덕 상류에 있는 고분여울에서는 뗏목이 자주 파손되었기 때문에 뗏목을
고치며 쉬어 가기 위한 주막도 있었다. 또한 세월리 앞에는 쉼별 여울이라는 위

---

241) 행정의 편이성도 있지만 여주군이었을 때는 가장 적은 면(거지마을)이었는데 양평으로 편입된 후에 가장 큰 면(부자마
을)이 되었다고 한다.

험한 여울이 있어 마을 주민들이 여울에 골을 파고 뗏목과 돛단배가 지나갈 때마다 골세를 받기도 했다. 쉼별에는 땔감을 베는 산판이 있고 그 밑에 배를 대는 곳도 있었다. 산판 주인이 주민들에게 한 평에 얼마씩 분양을 해주면 주민들은 땔감을 베서 배에 싣는 양 만큼 돈을 받았다. 땔감은 뚝섬 등지로 내려가서 팔았다.

나룻배는 마을 사람들이 돌아가며 보았는데, 그 날 받는 뱃삯은 개인이 가지므로 손님이 많은 날은 수입이 괜찮았다 한다. 건너 마을의 주민들에게는 모곡이라고 해서 가을에 수금하러 가면 보리 4-50가마가 걷히는데 마을 자금으로 운용하였다.

앙덕리는 강이 자주 범람하여 강변과 마을 사이에 커다란 둑을 쌓아 놓아 마을이 뒤로 옮겨졌다. 둑 아래에는 지석묘가 있었던 곳이라는 표석이 서 있고 그 밑에 나루가 있었는데, 지금도 어선이 강에 떠 있어서 옛나루의 정취를 느끼게 한다.[242]

구미포 나루

양평군 개군면 구미리에 있는 나루로 일명 후미개 나루라고도 한다. 강 건너편은 여주군 금사면 전북리이다. 구미리 사람들이 금사면의 이포장을 이용하기 위하여 나루를 많이 이용하였고, 구미리에 있는 산판이 컸기 때문에 전북리 사람들도 나무를 하기 위해 자주 이 나루를 이용하였다. 구미리 입구에는 구미포 나루비가 서 있는데 임진왜란 때 향병을 모아 왜군을 격퇴한 향군 승전의 나루터라는 내용이 새겨져 있다. 임진왜란 이전에는 상당히 큰 나루였으나 전란 때 불

---

242) 양평군 개군면 앙덕리 이금산(당시 70세) 2002. 9. 25

에 탄 이후 작아졌다고 한다.[243]

하자포 나루

양평군 개군면 하자포1리에 있는 나루로 일명 아랫자진개나루라고도 한다. 강 건너편은 여주군 금사면 전북리와 금사리이다. 강 밑에 붉은 개흙이 쌓여 자진개라는 이름이 붙었다. 하자포리에는 물건을 쌓아놓고 보관하는 스무 칸 정도의 창고가 몇 곳 있었는데, 창고를 관리하는 사람을 대행이라고 불렀다. 강원도 홍천에서 곡식을 가져와서 이 창고에 저장해 놓았다가 이백 석, 사백 석을 싣는 큰 돛단배에 싣고 뚝섬, 마포 등지로 운반하였고, 뚝섬에서는 소금, 새우젓, 석유 등 생활필수품을 싣고 올라왔다. 구미포와의 중간 지점에 고분여울이 있는데 물살이 빠르고 바위가 많아 배가 자주 파손되곤 했다. 이때 곡식이 물에 빠지면 주민들은 이를 건져 떡을 해먹고는 했다. 뱃사공의 집이 나루터 옆에 있어서 부르면 바로 나와 건네주곤 했다. 뱃삯은 주민들에게는 1년에 벼나 보리 한 말씩을 걷고, 외지 사람에게는 돈을 받았다.[244]

상자포 나루

양평군 개군면 상자포리에 있는 나루로 일명 윗자진개 나루라고도 한다. 강 건너편은 여주군 금사면 금사리이다. 개군면 사람들은 금사면의 윗범실과 소유리의 소리실에 나무를 하기 위해 나루를 이용하였고, 금사면 사람들은 곡수장을 이용하기 위하여 많이 건너다녔다. 나룻배는 20명 정도가 탈 수 있는 목선을 사용하

---

243) 양평군 개군면 하자포리 김동해(당시 73세), 2002. 9. 26.
244) 양평군 개군면 하자포리 김동해(남. 당시 73세), 2002. 9. 26.

다가 군에서 50명 정도가 탈 수 있는 철선을 마련해 주어 사용하였다. 이포대교가 생기면서 나루가 폐쇄되었다.[245]

⑩ 여주시의 포구와 나루

여주시는 태백산맥, 차령산맥, 광주산맥 세 산맥으로 둘러싸여 있고, 여주평야가 남한강을 끼고 펼쳐져 있다. 예전에 강들은 각 지역마다 해당구간의 토속적인 명칭이 있었는데, 여주 시내를 남북으로 비스듬히 흐르는 남한강을 예로부터 여강驪江이라고 불렀다.

여주시는 수운의 전성 시기에는 여강을 끼고 장삿배와 뗏목이 머무는 포구와 나루가 도처에 자리 잡고 있었고, 이 포구와 나루를 중심거점으로 하여 물류가 유통되었다. 여주 평야에서 나오는 쌀, 콩, 고구마 등의 품질 좋은 농산물은 남한강 물길을 타고 서울의 각처로 운반되었고, 서해안에서 생산된 소금과 마포의 새우젓과 기타 생활필수품들은 각 나루들을 거쳐 주변의 육로를 통해 인근 경기도 지역뿐 아니라 강원도 각처로도 공급되었다.

해방 이후에 실시된 토지 개혁 이전 여주평야에는 서울에 거주하는 대지주들의 땅이 많았다. 지주의 권한을 위임받은 마름들이 소작농과 토지를 관리하였는데, 수확기가 되면 곡식의 수량을 파악한 후 물길을 이용하여 곡식을 서울로 수송하곤 하였다.[246]

여강은 풍요로운 수산 자원으로도 주민들의 경제생활에 많은 도움을 주었다. 강마을 주민의 대부분은 농업에 종사하였지만, 농사일이 끝나면 낚거루를 타

---

245) 양평군 개군면 하자포리 김동해(남. 당시 73세), 2002. 9. 26.
246) 여주군 북내면 천송1리, 원세진(남. 당시 75세), 2002. 10. 24.

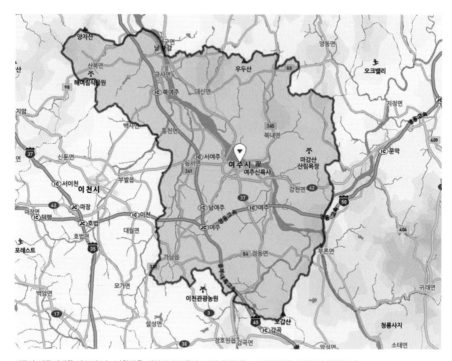

여주시 여주시내를 가로지르는 남한강을 여강이라 부른다. 여강 곳곳에는 포구와 나루가 있었다.(네이버지도)

고 여강에 나가 주낚과 그물로 쏘가리, 납자루, 빠가사리, 잉어 등을 잡아 만만치 않은 부수입을 올리곤 했다.[247]

이포나루

이포나루는 여주군 금사면 이포리에 있는 나루로 천양 혹은 천령나루, 배나루, 배개나루라고도 불렸다. 천양川陽, 천령川寧은 이포의 옛 지명이고, 배, 배개는 이

---

247) 여주군 북내면 천송2리, 창상화(남, 당시 42세), 2003. 1. 11.
　　창상화 씨는 여주에서 민물고기 도매업을 하고 있으며, 조포나루회의 회원으로 활동하고 있다.

포梨浦의 우리말 표현이다. 이포나루는 금사면 이포리와 대신면 천서리를 연결하는 나루였는데, 1991년 이포대교가 건설됨에 따라 사라졌다.

나루가 폐쇄되기 전까지는 나룻배가 세 척이 있었다. 사람을 태우는 조그만 배와 장에 나온 소를 싣는 큰 배, 차량을 실어 수송하는 바지선이다. 바지선은 6.25사변 후에 등장하였는데 면에서 관리했다. 면에서는 해마다 입찰을 받아 바지선을 운용하도록 했으며, 양평에서 서울로 가는 길이 험해서 다들 이포나루로 차를 싣고 넘어와서 이천을 거쳐 서울로 가곤 했다. 이 때문에 통행량이 굉장히 많아 바지선의 한 해 운용으로 면의 자금도 넉넉해질 정도였다. 주민들의 경우 이포에서는 천서리에 농사를 지으러 건너다녔고, 천서리에서는 이포장을 이용하기 위하여 주로 건너다녔다. 여주, 이천, 곤지암 등지에 사는 사람들은 양평이나 원주로 통행하기 위해 이용했다. 나루 옆에는 사공이 거주하는 도선장이 있어서 한밤중이라도 나루를 건널 일이 생기면 사공을 불러낼 수 있었다. 뱃삯은 가을에 벼 한 말, 보리 한 말씩을 주민에게 걷는데 이를 모곡 혹은 무곡이라고 한다. 외지인은 돈을 내고 다녔다.

이포나루는 한강의 4대 나루[248]에 속하는 포구이자 나루여서 예로부터 이포진이 설치되어 있던 곳이었다. 장삿배와 뗏목들의 왕래도 빈번하였지만, 전문적으로 배를 부리는 주민들이 많이 살던 곳이었다. 그래서 이포에는 뱃사람들이 모여 사는 수부 마을이 있었는데, 현재는 수굿마을로 동명을 바꾸었다. 이중환의 『택리지』에는 '(이포의) 백애촌은 주민이 오로지 배로 장사하는데 힘을 써서 농사에 대신하는 바, 그 이익이 농사하는 집보다 낫다.'고 하였다. 실제로 이

---

248) 마포나루, 광나루, 이포나루, 조포나루를 한강의 4대 나루라 하였다.

2002년 삼신당에서 바라본 이포강변

곳 어르신의 기억에서도 수운이 활발했을 때는 주민들이 천 명이 넘었고,[249] 시장터에 주막과 술집이 즐비하였다 한다. 당시에는 술값만 받고 안주값은 받지 않는데, 술이 많이 팔리므로 마을 자체에 막걸리 양조장이 있었다. 외지에서 온 색시들이 있는 색주가도 많았다고 하는데, 이층 기와집이 가장 유명하였다.

현재 금사면 이포리와 대신면 천서리 사이의 남한강에는 이포보가 건설되고 자연학습장, 캠핑장, 피크닉공원 등이 조성되어 생태체험과 레저 활동을 즐길 수 있는 공간으로 인기를 끌고 있다.

찬우물나루

찬우물나루는 흥천면 상백리 찬우물에 있는 나루로 일명 한정寒井나루라고도 한다. 이포나루와 양화나루 중간 지점에 해당하며, 현재 약 30호 정도가 거주하고 있다. 예전에는 나룻배 2척, 장삿배(돛단배) 2척 정도가 마을에 있었다. 마을 앞에 섬이 있었는데 찬우물 주민들이 강을 건너다니며 농사도 지었고, 그 섬에도 약 70호 정도가 살고 있었다. 찬우물 나루는 주로 주민들이 곡수장이나 대신장을 이용하기 위하여 나루를 건너다녔다. 뱃삯은 매년 쌀 한 말씩을 추렴했고, 외지인들에게는 돈을 받았다.[250]

---

249) 여주군 금사면 이포리, 이진우(남. 당시 40세) 2002. 10. 26.
250) 여주군 흥천면 상백리 찬우물, 경영호(남. 당시 66세, 15대째 거주)

현재는 이포보가 설치되고 둔치마당이 조성되었다.
(여주시 문화관광 홈페이지)

마을 앞에는 자갈이 많아서 '개미작별여울'이라고 이름 붙여진 여울이 있었는데, 이 여울 아래쪽은 수심이 조금 깊은 편이어서 여울을 건넌 뗏목들이 자주 쉬어 갔다. 그래서 색시를 둔 주막집이 세 채 있었고 2층으로 된 주막집도 있었다. 마을에서 부리는 장삿배는 쌀과 베를 싣고 서울로 갔다가 새우젓과 소금을 싣고 올라왔다. 장삿배가 올라올 때면 마을 중앙에 나루장도 섰다.

양화나루

양화나루는 여주군 능서면 내양리의 양화동과 대신면 초현리와 당산리 사이를 건너는 나루였다. 양화동은 예전에는 100여 호 정도가 거주하고 있었으나 현재는 42호 정도가 살고 있다. 주민의 대부분이 논농사에 종사하고 있으며 4명은 어부생활을 하고 있다. 주로 잘 잡히는 어종으로는 쏘가리, 갈견이, 납자루, 참게 등이다.

양화나루가 번성했던 시절에는 마을에서 고창굿이 거행되기도 하고, 난장이 서기도 했다. 마을에서 부리는 짐배는 5~6척 정도가 있었고, 나룻배는 두 척이 있었는데, 사람을 태우는 나룻배가 한 척, 소를 열 마리 정도 실을 수 있는 큰 배가 한 척 있었다. 나룻배는 마을 소유였으며 뱃사공은 1년에 한 번씩 돌아가면서 보았다. 평상시 하루에 15명이나 20명 정도가 나루를 건너다녔는데, 밤에도 나루에서 소리를 지르면 사공이 일어나서 건네다 주었다. 뱃삯은 모곡이라 하여 1년에 보리 1말과 벼 1말을 주민들에게 거두고, 외지인들에게는 10-50원 정도로 주는 대로 받았다.

이곳은 예전 양화역이 있었던 곳이어서 육로로도 자주 이용되었는데, 여주까지는 20리에 이르는 길이었고, 이천까지는 30리 길이었다.[251] 양화나루는 조선시대에는 양화진楊花津이라 불리며 대신면과 개군면을 경유하여 서울로 가는 통로로서 이용되었다. 충청도 일부와 강원도의 조세를 이 양화진에서 축적하였다가 배편을 이용하여 수송하였다. 양화동에는 땔감을 벨 수 있는 적산 임야가 106정보가 있었다. 이 산판에서 베어진 나무를 실어 나르기 위해서 강배들이 많이 드나들기도 했는데, 이 배들은 모두 타지에서 나무를 싣기 위해서 들어오는 배들이었으며, 산판은 목상이 관리했다. 또한 마포에서 소금배, 새우젓배가 매일 들어오다시피 하였고, 마을에서 부리는 짐배도 곡식을 싣고 내려가서 소금, 새우젓을 사오기도 하였다.[252]

천남나루

천남나루는 여주군 대신면 천남리 사비마을에 있는 나루이다. 천남리는 천남천 남쪽에 있는 마을이라 하여 붙여진 이름으로 자연마을로는 참샘골과 사비마을이 있다. 사비 마을 앞에는 양섬이라는 모래톱이 있어서 주민들은 양섬까지 나룻배로 이동한 후 모래톱을 걸어서 건너편으로 이동했다. 1970년대 초까지 나룻배가 운행하였는데, 나룻배는 대략 20명 정도가 탈 수 있는 목선이었고, 대신면 천남리, 가산리, 후포리, 당산리 주민들이 여주장을 드나들기 위해 이용하였다.

---

251) 경기도 여주군 능서면 내양리 양화동 강선국(남. 당시 47세, 이장) 2003. 1. 10
252) 경기도 여주군 능서면 내양리 양화동 이성진(남. 당시 76세) 2003. 1. 10

여주보 정경(여주시 문화관광 홈페이지)

뱃삯은 주민들의 경우 1년에 보리 1말과 벼 1말을 내었다.

천남리는 물길뿐만 아니라 육로도 발달했던 곳이다. 당산리에서 사문리, 보통리를 거쳐 여주나루로 이어지는, 마차나 달구지가 지나다닐 수 있는 길이 있었는데, 예전 역마가 있었던 곳이라 한다. 길의 고갯마루에는 서낭당이 있어 행인이 지나다닐 때마다 돌을 얹고 지나갔다.[253]

천남나루에는 주막집도 하나가 있었는데, 간혹 뗏목과 소금을 실은 돛단배가 쉬어가던 곳이다. 뗏목이 내려올 때는 떼꾼들이 미리 연락을 취하는데, 그러면 주막에서는 돼지도 잡고 술과 음식을 장만하여 대기하곤 했었다. 천남나루와 여주나루 사이에는 '제비여울'이라는 물살이 빠른 곳이 있어 뗏목이 파선하는 경우가 종종 있었다. 뗏목이 여울을 잘 건너지 못하면 멍석을 말듯이 떼가 동그랗게 말려든다. 이를 '돼지우리 짓는다.'하여 아이들이 떼가 지나가기만 하면 소

---

253) 여주군 대신면 천남리 임일석(남. 당시 76세) 2002. 10. 20.

리를 지르며 놀려댔었다.

　　현재 대신면 천남리와 능서면 왕대리 사이의 남한강에는 여주보가 건설되고, 세종광장과 피크닉장, 다목적광장 등이 조성되어 다양한 문화행사와 여가활동을 즐길 수 있는 장소로 각광을 받고 있다.

여주나루

여주나루는 여주시 학동에 있는 나루로 옛 기록에는 학동진鶴洞津, 여주진驪州津이라 하였다. 여주시에서는 제일 큰 나루였고, 서울, 양근, 지평, 홍천 지방으로 통행하는 데 이용되었다. 나루에는 사람들을 태우는 작은 배와 크고 작은 수레를 싣는 큰 배가 겸비되어 있었다. 특히 6.25 이후에는 관내에 여주농업중학교가 면 단위의 유일한 중학교였기 때문에 강의 북쪽에 거주하는 통학생들이 거의 학동진의 나룻배를 이용하였으므로 늘 복잡했다. 또한 5일에 한 번씩 돌아오는 여주장날에는 장에 가려는 사람들로 대혼잡을 이루었다. 큰비가 와서 강물이 범람하거나 바람이 심할 때에는 나룻배의 운행이 불가능한 경우도 많았다. 1964년 여주대교의 개통 후부터 이용수가 점차 줄어들어 결국은 폐쇄되었다.

　　여주나루는 한강 중류 지역에 위치한 수상 및 육상 교통의 중심지여서 뗏목과 돛단배의 출입이 끊이지 않던 곳이다. 나루의 수심이 상당히 깊고 물살이 완만하여 배를 정박시키기는 편리했지만, 하안의 경사도가 급하여 짐을 부리기는 불편한 곳이었다. 그럼에도 나루 배후지에 평야지대가 넓게 펼쳐져 있어서 물류의 출입이 많았다. 총독부의 자료에 의하면 일제강점기 일 년 간 이곳으로 들어온 화물 중에는 식염이 약 1,200석이 되고, 건어는 약 400태, 석유는 80상자였으며, 이곳으로부터 나간 곡물은 백미가 약 5,000석, 벼가 약 3,000석, 대두가 약

300석 등이었다고 한다.

여주나루에서 서울로 내려가는 물길은 물이 많을 때면 마포까지 이틀 정도면 되었고, 보통의 경우 4~5일이 걸렸다. 반대로 마포에서 소강하여 올 때는 바람을 받으면 4~5일, 바람이 없으면 6~7일이 걸렸다. 일제 강점기 수원과 여주를 왕래하는 수여선 철도가 연결되어 이 일대의 물자들을 집산하여 기차로 수원과 인천, 서울 등지로 나갔으므로 여주나루의 포구로서의 기능은 점점 줄어들었다.[254]

조포나루

여주시 북내면 청송리에 위치한 나루로 조선시대의 문헌에는 호포진 혹은 조포진이라 기록되어 있는 유래가 오래된 나루였다. 북면과 지평, 양동으로 통행하는데 이용했던 나루였고, 여주대교가 놓이면서 폐쇄되었다. 신륵사 입구에서 강가로 내려가면 모래사장이 펼쳐지는데, 거기가 바로 조포나루가 있던 자리이다.

조포나루의 나룻배는 차를 실어 나를 수 있는 큰 배 한 척과 사람이 건너다닐 때 쓰는 작은 배 한 척이 있었다. 청송리 주민들은 5일, 10일 서는 여주장을 가거나 여주읍에 있는 학교를 갈 때 주로 나루를 이용하곤 했다. 겨울에는 강이 얼어서 그냥 걸어 건너 다녔는데 충주댐이 건설되고부터는 얼음도 얼지 않았다고 한다.

신륵사 입구에는 청송리 주민들 30~40명으로 이루어진 조포나루회에서 추렴하여 세운 나루비가 서있다. 청송리는 드넓은 평야가 펼쳐진 지역으로 예전 이곳은 안동 김씨 가문 등 서울에 사는 지주가 많았는데, 이들은 현지에 마름

---

254) 경기도 여주군 여주읍 학동, 심성택(남, 당시 85세) 2002. 10. 30.

조포나루에 뜬 돛단배. 조포나루터 인근의 여강은 현재 유원지로 활용되고 있다.

을 두고 경작지를 관리하게 한 후 추수가 끝나면 여주나루에서 도지로 받은 곡
식을 짐배에 싣고 서울로 운반했다. 그러다 해방 후 토지개혁을 하고 나서는 지
주가 없어졌다.

마을에 배를 가지고 있는 사람을 선주라 했는데, 뱃사람을 몇 명 부리며 여
주의 양곡을 싣고 서울로 가서 소금과 새우젓 등 젓갈류와 교환해서 가지고 오
곤 하였다. 정선과 영월 등지에서 내려오는 뗏목도 자주 지나다녔는데, 여주대
교 근처의 마암대와 영월루 근처에는 딴섬여울 등 물살이 빠른 곳이 있어 밤에
는 위험하므로 내려가지 못하고 나루에서 쉬어 갔다. 그래서 주막도 번성하였는
데, 색시는 없었고 숙식만 제공했다. 신륵사와 텃골 사이에 생골이라는 마을이
있었는데 거기가 예전의 주막자리였다.[255] 충주댐이 생긴 후 영월에서 오는 뗏목
은 없었지만 충주에서 내려오는 미루나무 뗏목은 있었다. 미루나무의 용도는 나

255) 여주군 북내면 청송1리, 원세진(남, 당시 75세) 2002. 10. 24.

무젓가락을 만드는 것이었다.[256)]

조포나루에서 상류로 바위를 끼고 돌면 텃골이 나온다. 텃골에는 바위로 된 절벽 사이에 수심이 좀 깊고 배를 한 척 댈만한 공간이 있는데, 이곳이 바로 소금배를 대던 자리였다. 여기서 부린 짐은 우마차에 실어 양동까지 운반하였고, 텃골에 소금배가 도착하였다는 소식이 전해지면 인근 주민들이 곡식을 이고 텃골로 모여들었다고 한다.[257)]

이호 나루

이호나루는 여주시 강천면 이호리(배미리, 배암리)에 있는 나루이다. 조선시대의 기록에 이호진이라는 이름이 보이므로 유래가 오래된 나루임을 알 수 있다. 예전 이 지역은 여주에서 원주 방면으로 통행하는 길목이라서 매우 번성했었다. 6.25 이후 지금의 42번 국도가 건설되어 내세, 소지개, 가정리, 이호리로 통행하게 되었고, 이호대교가 건설되면서 나루가 폐쇄되었다.

나룻배는 작은 트럭 두 대를 건너 줄 수 있는 크기였는데 워낙 짐이 많고 물살이 빨라 사공이 4~5명은 있어야 했다. 나룻배가 강을 건널 때는 물살 때문에 강변을 타고 상류로 올라갔다가 건너야지만 비스듬히 내려가 건너편 나루에 당도했다고 한다.

이호나루는 정선, 영월에서 내려오는 뗏목도 많이 쉬어가고, 서울서 올라오는 장삿배도 자주 왕래했다. 이호나루는 인천과 강릉을 연결해 주는 주요 교통의 요지였고, 서울에 거주하는 지주들도 이곳에 땅을 많이 가지고 있었다. 장

---

256) 여주군 북내면 청송2리, 창상화(남. 당시 42세) 2003. 1. 10.
257) 여주군 북내면 청송1리, 원세진(남. 당시 75세) 2002. 10. 24.

삿배는 200가마를 실을 정도의 큰 돛단배들이었는데, 인천, 서울 등지에서는 소금과 새우젓 등을 싣고 올라오고, 물물교환이나 도지로 받은 곡식들을 싣고 내려갔다. 뗏목과 돛단배가 자주 들어왔으므로 자연히 떼꾼이나 뱃사람을 상대하는 주막들도 많았는데, 기생을 데리고 있는 색주가도 있어 유흥으로 유명한 지역이기도 했다.[258]

우만이 나루

우만이나루는 여주시 여주읍 우만리에 있는 나루이고, 강 건너편은 강천면의 적금리이다. 나루는 1972년 홍수 때 없어졌다. 마을 강변에 커다란 느티나무가 있고 의자가 몇 개 놓여 있는 곳이 옛 나루터의 자리이다. 이곳은 옛날부터 여주에서 원주를 통행하는 길목 중 하나였는데, 6.25 전란 때는 서울 수복 후에 원주를 통행하는 주요 군사용 도로로 사용되었다. 차량을 통과를 위해 나무로 다리를 놓기도 하였으나 사변 후 철거되었다.

우만이나루는 우만리와 먹곡리 사람들이 강천면으로 땔나무를 하러 갈 때 주로 이용하였고 건너편에서는 적금리, 굴암리, 가야리 사람들이 여주장을 가거나 학생들이 여주읍에 있는 학교로 통학하기 위하여 주로 이용했다. 원주장에서 소를 사서 여주장과 장호원장까지 이동하는 소장수들도 우만이 나루를 경유하였다.

주민들의 뱃삯은 사공이 볏가마를 들고 다니며 1년에 겉보리 한 말과 벼 한 말을 거두었고, 외지인에게는 1970년 경 300원 정도를 받았다. 나룻배의 수선은 모두 사공이 부담하였는데, 목수를 부를 경우 하루 세 끼를 제공하고 일당

---

258) 여주군 강천면 이호리, 방호경(남, 당시 70세) 2002. 10. 30.

우만이 나루가 있던 자리

으로 쌀을 한 말 주었으니 비용이 만만치 않았다. 나루에는 20명 정도가 탈 수 있는 나룻배와 10명 정도가 탈 수 있는 거룻배가 각각 한 척씩 있었다.

부라우나루

부라우나루는 여주시 여주읍 단현리 부라우[259]마을에 있던 나루이다. 부라우나루는 마을에서 나즈막한 고개를 넘어 급경사를 이룬 강가에 있었다. 홍수가 나면 나루 주변이 침수가 되기 때문에 고개를 넘어 마을이 형성된 것이라 한다. 나루도 일찍이 폐쇄된 터라 나루의 자취조차 찾아보기 힘들다.

부라우나루는 수심이 깊고 흐름이 원만하여 소금배가 정박하고 장호원의 물자가 집산되었다. 영월, 정선 쪽 떼꾼들의 제보에 따르면 브라우나루는 떼가

---

259) 부라우는 '붉은 바위'라는 의미이다.

강천보 정경(여주시 문화관광 홈페이지)

쉬어가는 꽤 큰 나루였는데, 떼꾼들이 뗏바닥에 몰래 숨겨온 '개졸가리(땔감으로 쓰는 작은 원목)'를 사려는 사람들이 수원 등지로부터 와 있어 이곳에서 거래가 주로 이루어지곤 하였다고 한다.

부라우나루에 있던 나룻배는 길이 15m 정도로 40여 명 탈 수 있는 비교적 큰 배였다. 나룻배는 마을주민들이 공동으로 비용을 대서 만들었고 공동으로 관리하였다. 마을에는 배를 만지는 목수가 살았는데, 그가 배의 건조와 수리를 도맡아서 했다. 일당은 1967년 당시 하루에 세 끼를 제공하고 쌀 한 말을 받았다.

부라우나루 바로 위쪽 강변은 바위가 돌출되어 있어서 뭍에서 배를 끌 수 없었으므로 사공은 노를 저어 상류로 오른 후에 건너편으로 노를 저어 갔다. 뱃사공은 마을에서 정하는데, 뱃삯으로는 주민들이 일 년에 보리 한 말과 벼 한 말을 거두어 주었다.

부라우마을의 맞은 편 가야리 봉바위 마을 앞에는 여울이 있었는데 갈수기渴水期에는 장삿배가 그냥 지나다닐 수 없었으므로 마을 주민들이 뱃골을 파고 그 대가로 골세를 받곤 했다.

현재 단현리와 가야리 사이의 남한강에는 강천보가 건설되고 한강문화관과 강천섬 수변공원이 조성되어 새로운 관광지로 부상하고 있다.

흔암리나루

여주시 점동면 흔암리[260]에서 강천면 굴암리로 연결되는 나루이다. 예전에는 이곳에서 장호원으로 나가는 육로가 있었으나 지금은 이용되지 않는다. 굴암리의 주민들이 여주장으로 가기 위해 나루를 건넜고, 여주읍이나 점동면에 있는 학교에 다니는 학생이 많아 통학용으로 자주 이용되었다. 흔암리 쪽에서는 땔감을

흔암리 나루가 있던 자리

---

260) 흔암은 '흰바위'라는 의미이다.

구하기 위하여 건너거나 강에 있는 모래섬에 밭을 경작하기 위하여 이용하기도 했다. 사공은 모곡이라 하여 자주 나룻배를 이용하는 주민들에게 1년에 보리 한 말과 벼 한 말을 받았는데, 식구 수에 따라서 다소의 가감은 있었다. 흔암리나루에는 나룻배뿐만 아니라 마을에서 운용하던 짐배들도 몇 척 있었다. 이곳은 강물이 돌아가는 곳이라 수심이 깊은 편이어서 뗏목이 많이 쉬어갔으므로 떼꾼들을 위한 주막도 몇 채 있었다.

흔암리에서는 여름에는 '뱃놀이'를 즐기기도 하였다. '뱃놀이'는 동네사람들 중 기운 센 남자들이 배를 상류까지 끌고 올라갔다가 물길을 따라 천천히 타고 내려오면서 노는 놀이인데, 준비해간 술을 마시고 음식을 나누어 먹으면서 하루를 즐겼다.[261]

도리나루

여주시 점동면 삼합리 도리(되레)마을에 있던 나루이다. 도리마을은 남한강과 청미천이 합류하는 지역으로 장삿배가 자주 정박하던 곳이었다. 강에 물이 많을 때는 장삿배들이 청미천을 따라 장호원까지도 들어갔으나 물이 없을 때는 이곳에 배를 부리고 육로로 짐을 실어 날랐다.[262]

마을에서 부리는 배가 5~6척이 있었는데 벼를 300석 정도 실을 수 있는 큰 돛단배도 있었다. 근방에 도여울, 떼골 등의 여울이 있어서 뱃사공이나 떼꾼들이 묶어 갈 수 있는 주막도 두 서너 채가 있었다. 이곳은 육로 교통에서도 중요한 역할을 하던 지역인데, 서울·광주·이천과 안성·충주를 연결해 주는 길목

261) 여주군 점동면 흔암리 흔바위 마을, 박정의(남. 당시 61세) 2003. 1. 10.
262) 여주군 삼합리 도리마을 민영선(남. 당시 66세) 2002. 10. 12.

이었다. 도리마을에는 예전부터 정기적인 장은 서지 않았고, 서울에서 소금과 젓갈류를 실은 배가 들어오면 마을사람들이 곡물들을 들고 나와 바꿈질을 하였다.

창남나루

창남나루는 여주군 점동면 삼합리 대오마을과 창남마을에서 이용하던 나루인데, 강 건너편은 원주시 부론면 흥호리 창말로 흥원창이 있던 지역이다. 조선시대까지 흥원창에 집결된 강원도의 세곡은 남한강 물길을 타고 서울로 수송되었다. 창남나루는 창내미라고도 불리는데, 이는 흥원창 건너편에 있기 때문에 붙여진 이름이다.

대오마을과 창남마을은 섬강과 남한강이 합수하는 지역에 위치하는 마을로 해방을 전후한 시기까지 강원도의 물산과 경기도의 물산이 교역되던 곳이었다. 한때는 원주에서 장호원으로 이동하는 소가 하루에 30여 마리 이상씩 묶어갈 정도였다. 그러다 철도와 도로 등 육로의 교통수단이 발달된 이후 강원도의 원주, 횡성, 둔내, 방림, 대화 지역과 경기도의 장호원, 이천, 여주 등지에서 오가던 사람들의 발길이 끊긴 다음부터 외진 벽촌이 되고 말았다. 대오마을은 현재 3가구 정도가 살고 있으며 창남마을에는 5가구가 거주하고 있다.

1999년까지 나룻배가 운용되었는데, 대오와 창남마을이 경기도 여주군에 속하지만 예전부터 모든 생활은 강 건너편인 법천리(강원도 원주시 부론면)에 의존하고 있었다. 마을에서 장을 볼 때에도 부론장이나 법천장[263]을 이용하고, 학교도 강 건너편에 있어 학생들이 통학을 할 때도 나룻배의 이용이 필수적이었다. 부론면 사람들도 삼합리의 야산에서 땔감을 장만해야 했으므로 강을 건너왔지

---

263) 부론면 법천장은 1일, 6일에 서는데, 점동면의 도리, 장안리, 삼합리 주민들은 다 이 장을 이용했다고 한다.

옛 창남나루터에 버려진 철선(나룻배)과 소형 어선

만 겨울철에는 강이 얼었기 때문에 걸어서 건널 수 있었다.

창남나루의 나룻배는 원래 원주군청에서 운영하던 것으로 입찰을 통해서
만 뱃사공을 할 수 있을 정도로 벌이가 괜찮았던 나루였지만, 주민들이 점점 도
심으로 빠져 나가면서 마을의 호수가 줄어들고 쇠락의 길로 접어들었다. 나룻배
는 원래 20명 정도가 탈 수 있는 목선이었다가 철선으로 바뀌었다. 뱃삯은 마을
사람들에게 1년에 보리 2말과 벼 2말을 거두었다. 사공은 마을 사람들이 돌아가
면서 했는데, 최대현 씨[264]를 끝으로 운행이 중지되었다. 나루가 폐쇄된 이후에도
통학하는 학생들을 마을 어부들이 모터보트로 실어다 주곤 했었다.[265]

264) 여주군 점동면 삼합리 대오마을, 최대현(남. 당시 54세) 2002. 10. 12.
265) 경기도 여주군 점동면 삼합리 대오마을, 박광덕(남. 당시 43세) 2002. 10. 12.

03
경기도의 포구와 나루 문화

1) 서해안의 어촌 민속

경기만의 명물 조기, 새우, 소금

경기만은 각종 해양자원의 보고이다. 그 중에서 경기만을 대표하는 해양 특산물을 꼽으라고 한다면 망설임 없이 조기, 새우를 들 수 있다.

경기만의 연평어장은 서해의 명물인 조기의 천국이었다. 흑산어장, 칠산어장을 거쳐 북상하는 어종인 조기가 당도하는 4월경의 연평어장은 서해안 도처에서 몰려든 어선들로 가득 찼다. 연평에 조기 파시가 열렸던 기록은 조선 전기부터 찾을 수 있지만, 조선 후기 상업 경제가 발달하면서부터 상인들이 유통과정에 뛰어들면서 호황을 누리며 1970년대까지 이어져 왔다. 이 시기 동안 경기만의 각 어촌들은 만선의 기쁨을 안고 배치기 노래를 부르고 귀항하고는 했고, 선주집은 지역의 유지로서 자리를 굳히며 지역 경제를 주도하였다.

새우 또한 서해안의 빼놓을 수 없는 명물이다. 바다새우에는 대하, 보리새

새우젓독과 쌀가마와 생활필수품들. 장삿배의 교역 물품 중 새우젓은 빼놓을 수 없는 인기 품목이었다.

우, 꽃새우, 젓새우 등 여러 종류가 있는데, 이중 경기만의 명물은 새우젓을 담가 먹는 가장 작은 새우인 젓새우이다. 젓새우는 서해안에서 고루 잡히지만, 바닥이 뻘인 얕은 바다에 주로 서식하기 때문에 경기만은 새우의 어장으로 특히 유명하다.

젓새우는 일 년 내내 잡을 수 있다고 해도 겨울에는 깊은 바다로 숨어들기 때문에 봄부터 가을까지 주로 잡는다. 젓새우는 잡히는 시기에 따라 맛이 달라서 여러 이름으로 구분되며, 용도도 다르고 가격에도 차이가 있다. '곤쟁이젓'은 음력 2~3월, '오젓'은 음력 5월, '육젓'은 음력 6월, '추젓'은 가을, '동백하젓'은 겨울에 잡힌 새우로 담근 새우젓이다. 우리가 익히 알고 있는 '육젓'은 알이 차고 살이 튼실하여 최상의 맛을 낸다고 하여 가장 고가에 거래된다. 하지만 김장용으로는 흔히 추젓을 쓰는 등 어떤 용도로 사용하느냐에 따라 종류의 선택이 달라진다.

'세상에서 가장 귀한 것은?', '세상에서 가장 맛난 것은?'이란 물음에 대한 정답은 소금이다. 부친에 대한 사랑을 소금에 빗대어 말했다가 내쫓김을 당하는 막내딸에 대한 이야기는 〈리어왕〉만이 아니라 우리의 민담에서도 흔히 들을 수 있는 소재이다. 소금 간이 안 된 음식을 먹을 때마다 공감하지 않을 수 없는 명답이다. 우리나라에서 소금의 최대 생산지는 서해안의 갯벌이다. 세계 5대 갯벌에 포함된다는 서해안의 갯벌에서는 조개, 낙지 등 많은 어패류 외에도 소금이 생산된다. 특히 경기만의 갯벌은 제염업이 유난히 발달되었던 지역이었다.

이러한 조기, 새우, 소금은 서로 결합되며 또 다른 서해안의 특산물을 창출해 내었다. 바로 조기를 소금에 절여 말린 굴비와 새우를 소금에 절여 젓갈로 만든 새우젓이다. 특히 젓새우는 잡는 즉시 배 위에서 소금을 뿌려 통에 담는데, 젓새우를 어떤 식으로 염장하여 숙성하느냐에 따라 그 맛이 달라진다고 한다. 이에 따라 새우젓은 경기만의 각 지역에 따라 고유한 맛과 풍미를 가진 토산품으로 재탄생된다. 지금도 김장철이 되면 새우젓을 사러 소래포구 등 경기만 일대의 각 포구를 찾는 발길이 끊이지 않지만, 예전에는 상인들이 도매로 구매하여 장삿배에 싣고 한강이나 임진강 수운을 통해 전국으로 유통하였다. 이쯤 되면 경기만 일대가 새우젓문화권이라는 말이 과언이 아니다.

파시波市의 전통을 잇는 수산물 직판장

파시는 고기잡이가 한창일 때 일시적으로 바다에서 열리는 생선 시장을 말한다. 경기만에서는 연평도의 조기 파시가 가장 유명하였다.

파시라는 말이 최초로 나타나는 문헌은 『세종실록』이다. 황해도 해주목의 기사에 '조기가 동목의 남쪽 연평평에서 산출된다.'고 하였고, 할주割註를 달아 '봄과 여름이 교차하는 시기에 여러 곳의 어선이 모두 여기에 모여 그물로 이를 잡는데, 관에서 그 세금을 징수하여 국용國用에 쓴다.'고 설명하고 있다.

조기는 서해에서 북상하는 어군인데, 이른 봄 칠산어장을 거쳐 연평도로 올라온다. 연평도의 조기 어기는 4월부터 시작되어 5, 6월경에 끝난다. 이때가 되면 연평도에서는 파시가 열려 일시적 취락이 형성되며 각종 상행위가 이루어진다. 협의의 개념의 파시는 일시적 상행위가 이루어지는 이러한 장소를 의미한다.

1930년대 중기의 일간지 기사를 보면 당시의 파시 풍경을 실감할 수 있다. 연평도 조기어장에서는 조기 안강망 어선 약 1,000척과 운반선 및 상선 약 1,000척이 몰려와 장관을 이루었다. 육상에는 성어기의 어부의 상륙을 노려 급히 문을 연 요리점 30호, 카페 1호, 음식점 53호를 비롯하여 이발관 9호, 목욕탕 3호, 대서소 2호, 여인숙 5호가 있었다고 한다. 또한, 조기와 함께 연평도의 명물인 낭자군娘子群에서는 예기藝妓 5명, 작부 95명, 여급 3명, 합계 103명이 활약하고 있었는데, 조기를 쫓는 어부와 어부를 쫓는 낭자군이 뒤범벅이 되어 있었다 한다.[266]

적어도 파시의 역사가 조선 초까지 올라가고 한말에 이미 수백 척의 어선이 모여들었으며, 천리가 넘는 곳으로부터 상선이 몰려오기도 하였다고 하므로 위에 언급했던 파시의 풍경은 일제강점기에 시작된 것은 아니고, 조선 후기 상업 경제가 발달하면서부터 서서히 형성된 모습이라 보인다.

해방 이후에도 조기 파시가 열려 이러한 진풍경을 연출하였지만 점차 조기

---

266) 1936년에 조사된 전라남도임자도荏子島 서북쪽의 대이도臺珥島(지금의 섬타리)의 파시를 보면, 그곳에는 바라크로 이루어진 이동취락인 파시가 있었는데, 파시에는 주막ㆍ여관(유곽)ㆍ요릿집ㆍ잡화상ㆍ이발관ㆍ선구상船具商ㆍ염상塩商ㆍ목욕탕 등이 있었고, 이들은 오로지 외지에서 온 어부를 상대로 영업을 하고 있었다고 한다. 그리고 이동할 때는 바라크를 접어서 배에 싣고 다녔다고 한다.

자원이 감소되기 시작하여 현재는 고갈 상태에 직면해 있어 연평도의 조기 파시는 사라지고 말았다.

그런데 파시波市가 지닌 글자 그대로의 의미는 파도 위에서 열리는 장이다. 그렇다면 광의의 개념의 파시는 연평도의 파시처럼 특정 지역에서 특정 어종에 해당하여 열리는 시장만이 아니라 바다 위의 고기잡이 배에서 이루어지는 규모가 작은 상거래 행위도 포함되어야 할 듯하다. 더욱이 생선의 일반적 거래가 처음부터 규모가 크고 시끌벅적한 각종 위락행위가 있었을 리는 만무하다. 아무리 멀게 잡아도 위와 같은 장시의 풍경은 조선후기에나 가능한 분위기인 것이다.

따라서 파시의 연원은 어원대로 바다 위에서 이루어지는 생선의 매매에서 출발하였을 터이다. 서해의 칠산어장이나 연평어장으로 조기를 잡으러 가는 어선은 돛을 두 개에서 세 개를 단 상당한 규모의 당두릿배이다. 그런데 서해안은 조수간만의 차가 심하고 다수의 섬과 굴곡이 심한 해안으로 되어 있는 리아스식 해안이어서 큰 배를 정박하기에는 여의치 않은 곳이 많다. 이 경우 큰 배는 바다에 닻을 드리워 떠있고, 해안 마을에서는 낚거루나 시선배를 이용하여 생선을 매매하거나 운반하는 것이다.

필자가 현장 조사를 한 바에 의하면 강화만과 한강 상류의 수운이 중단된 6.25 동란 이전까지만 해도 이러한 해산물의 거래가 김포의 용강포, 조강포, 마근포 등지에서 성행하였다. 강화만을 통해 대형 어선이 물때에 맞추어 소강 한 계선까지 올라와 강 중간 닻을 내려 머무르면 포구에 정박해 있던 작은 거룻배들이 어선으로 몰려가 생선을 실어 날랐다. 이렇게 거래된 생선을 장시간 보관하기 위해 조강포구에는 자체의 빙고시설을 갖추어 얼음을 저장하고 있었다 한다. 이러한 소규모로 이루어지는 바다 위의 상거래가 파시의 원초적 모습일 가능성이 높다. 이렇게 보면 어선과 상인 사이에 어획물의 매매가 이루어지는 곳은 넓은 의미의 파시가 되는 것이다. 광의의 파시 전통이 지금 서해안 일대 포구에서 이루어지는 수산물의 직판장과 이어지고 있는 것이다.

뱃고사와 풍어굿

바다에 의존하는 어촌의 생활은 선박의 사고와 같은 많은 위험성을 내포하고 있고 어획량에 있어서도 불확실성이 크다. 이에 대한 불안감을 정신적으로 극복하기 위하여 어촌에서는 뱃고사와 풍어굿 등 다양한 신앙행위가 행하여졌다. 집을 보살피는 신으로 성주가 있듯이 배에도 배를 보살피는 신인 배성주가 있다. 그래서 배를 새로 짓거나 다른 사람이 사용하던 배를 인수했을 때는 새로 배성주를 모시고 진수식을 거행한다. 한지에 명주실을 감은 것을 배성주의 신체로 삼아 배에 매달아두는데, 북어를 함께 묶어 놓기도 한다. 이후 배성주를 위하는 뱃고사를 주기적으로 지내지만, 고기잡이가 안 될 때나 사고가 일어났을 경우에는 수시로 지낸다.

　　뱃고사가 선주를 중심으로 하는 것이라면 풍어굿은 마을 단위로 행해지는 의례이다. 마을마다 명칭은 다양하여 서낭굿, 용왕굿, 고창굿이라고 부르기도 한다. 풍요굿의 형식은 무당굿, 풍물굿, 유교식 제사 등 다양할 수 있지만 마을의 무사안녕과 해상의 안전 및 풍어를 비는 목적은 동일하다.

　　우리나라에서 풍어굿하면 동해안의 풍어굿이 떠오르지만, 서해안 역시 나름의 특징을 지닌 풍어굿이 거행되었다. 이 중 강화 외포리곶창굿과 태안의 황도붕기풍어제의 경우는 현재 시도 주요무형문화재로 지정되기까지 했다. 서해안의 풍어굿은 조기잡이라는 경제적 기반을 바탕으로 하고 있으며, 임경업 장군

을 어업의 수호신을 설정하고, 배치기라는 풍어의 노래가 들어간다는 공통적 특징을 보이고 있다.[267]

경기만에서 풍어굿이 활발하게 전승되는 지역은 인천시이지만,[268] 경기도에서도 김포의 대명리풍어굿, 화성시의 궁평항풍어굿 등이 거행되고 있다. 대명리풍어굿은 대명리의 어촌계에서 풍어 및 관광객 유치를 위해 과거에 행해지던 굿을 새롭게 정비하여 2000년대에 들어와 재현한 것이다.[269]

화성의 궁평항풍어굿은 2011년에 새로 거행된 풍어굿이지만, 서해안 풍어굿이 나가야 할 방향을 진단하는데 중요한 사례가 된다. 궁평항은 원래 한적한 어촌에 불과했다가 최근에 항으로서의 시설을 갖춘 후 구판장이 건립되고 다양한 문화시설이 들어서면서 수도권의 관광객들이 자주 찾는 관광지로 발돋움하였다. 이에 궁평항에서는 종래 어촌마을에서 거행되던 풍어굿을 관광객들에게 볼거리를 제공할 수 있는 대형 축제로 재구성하여 거행하고 있는 것이다. 궁평항풍어굿은 단순한 행사에 그치지 않고 서해안 풍어굿의 의례 형식을 중심으로 연행된다. 굿이 시작되기 전 봉죽올리기로 분위기를 띄우고 장승제, 도당서낭맞이, 세경돌기를 한 후 배를 타고 앞바다에 나가 부산을 띄워 액을 물리치는 재차도 연행되는 것이다. 이 궁평항풍어굿은 경기 남부 수협이 후원하고 궁평리, 사곳리, 용두리 등 인근 13개 마을이 참여하고, 어시장의 상인들도 적극 참여하고 있어 궁평항의 대표적 문화행사로 자리잡고 있다.

물론 어업이 위축되고 포구가 폐쇄됨에 따라 풍어굿이 사라진 지역이 많

267) 홍태한, 「서해안 풍어굿의 분포, 양상과 특징」, 『실천민속학연구』 30집, 실천민속학회, 2017. 8. 131~154쪽.
268) 강화도 외포리의 고창굿과 후포풍어굿, 인천시 소래포구의 소래풍어굿, 영흥도의 영흥도풍어굿 등이다.
269) 굿을 주도하는 단체가 서해안배연신굿 및 대동굿 보존회이므로 원형이 어느 정도 반영되어 있는지는 확신할 수 없다.

다. 한때 조기잡이의 메카이고 임장군 신앙의 근원지였던 연평도에서도 풍어굿이 성대하게 거행되었지만 2008년 김금화 만신이 주도하여 연행된 이후 더 이상 거행되지 않는 것이다. 하지만 대명포구나 궁평항의 사례는 어촌 주민의 활기를 불어넣어주는 대동놀이인 동시에 관광객의 유치에도 한몫 하는 지역축제로서 풍어굿이 활용될 수 있다는 증거가 된다.

2) 한강과 임진강의 강촌 민속

경기도의 한강과 임진강 곳곳에는 강변마을이 자리잡고 있었고, 수시로 장삿배와 뗏목이 오르내렸다. 강변마을은 이러한 지역적 특성에서 오는 다양한 민속이 깃들어 있었다.[270]

골세

장삿배와 뗏목은 수심이 깊지 않은 여울목을 만나면 멈춰 서서 오도가도 못하게 되는 경우가 비일비재 했다. 이런 여울 지역에 사는 주민들은 물이 줄어들면 가래로 물 밑의 흙을 파서 강물이 흐르게 골을 판 다음 배와 뗏목이 지나갈 때마다 통행세를 받는데 이를 '여울세' 혹은 '봇세'라고 했다.[271]

돼지우리 지어라

뗏목은 주로 강원도 정선이나 인제에서 내려왔다. 뗏목은 전통사회에서 대형 목

---

270) 이정재 외, 「남한강 주변의 민속문화」, 제14회 중원문화학술대회, 예성문화연구회, 2002.
　　이창식, 「남한강 유역 민속문화의 정체성과 전망」, 서울문화연구 (2), 1999.
271) 여주군 금사면 이포리, 정용오 씨(남. 당시 71세) 2002. 10. 26.
　　여주군 금사면 이포리 수근마을, 김영호 씨(남. 당시 65세) 2002. 10. 26.

정선 아우라지 축제에서 재현된 뗏목. 다섯 바닥짜리인데 원래의 뗏목은 열 바닥짜리로 나무도 더 크고 훨씬 길었다.

재를 운반하는 가장 보편적인 방법으로 남한강과 북한강 상류에서 엮어서 장마가 지면 급류를 타고 내려 왔다. 뗏목이 내려갈 때는 강변에 사는 아이들은 "조밥 먹고 돼지우리나 지어라."라고 욕하며 놀려대곤 했다. 떼는 통나무 열 개 정도를 묶어 한 동이를 만들고, 다섯에서 열 동이를 줄로 연결하여 물길을 따라 뱀처럼 꿈틀거리며 내려오게 된다. 그러다 여울을 만나면 동이들이 서로 둥글게 말렸다가 결국은 끊어지면서 산산조각이 나게 되는데, 이를 돼지우리 짓는다고 하였다. 이럴 때는 떼꾼들이 강마을에 머물면서 떼를 고쳐 매고 갈 수밖에 없는데, 간혹 찾지 못하고 가는 나무들도 있어 마을주민들이 횡재를 하는 수도 많았다.

짐배의 운용

강변마을에서는 나룻배, 낚거루, 짐배를 부렸고, 강에서의 사고도 자주 발생했으므로 뱃고사를 지냈다. 짐배는 2-3명의 가족끼리 운영하는 경우가 많았지만, 선주가 뱃사람을 두고 하는 경우도 있었다. 짐배는 대개 두 세 명이 타는데, 두 명이 탈 경우 화장이라는 취사를 담당하는 사람이 있고, 선장은 영자라고 불러 물길을 읽고 배의 운행을 지휘한다. 배에는 화덕까지 만들어 놓고 기름을 발라서 불을 때서 밥을 지어 먹는데, 배가 떠날 때 고추장, 짠지 등을 가져간다. 짐을 부릴 수 있게 일꾼 둘을 데리고 가고, 어떤 때는 소 한 마리를 태우고 갈 때도 있었다. 뱃사람들은 선주를 '배 임자님'이라 하며, 가족들이 김장할 때나 메주 쑬 때 등 일손이 필요하면 언제든지 와서 도와주었다. 배를 수선하거나 돛단대 만들 때는 다 와서 함께 일을 하는데, 이를 '뱃심 본다'고 하였다. 또한 선장인 영자는 배를 부리는 사항의 일체를 기록하여 배임자에게 주는데, 이렇게 정산을 하는 것을 '일 본다'고 하며, 기록 책자를 '선주일기', '행선일기'라 한다.[272] 배가 있는 집에서는 정초에 뱃고사를 지내며 물길의 안전을 기원했다.

뱃놀이

강변에 사는 사람들에게 빼놓을 수 없는 놀이는 뱃놀이이다. 뱃놀이는 봄에 못자리가 끝나고 한가해지는 때나 여름의 삼복더위, 가을에 단풍이 들 때 주로 행해졌다. 마을에서 부리는 짐배나 나룻배를 끌고 상류로 올라가 풍광이 좋은 강변에 배를 대고 술과 음식을 나누어 먹으며 하루 종일 즐긴 후 날이 저물 때 쯤 배를 타고 흘러내려온다. 이때 배가 물살을 따라 빨리 내려가는 것을 방지하기

---

272) 경기도 여주시 금사면 이포리, 최병두(남. 당시 84세) 2002. 10. 26.

위해서 커다란 돌멩이를 줄에 묶어 배 뒤에 달아 물에 집어넣는다. 그러면 돌이 물 바닥에 닿아 천천히 끌려 내려오게 된다. 날이 어두워지면 석유를 적신 솜방망이를 배의 앞뒤에 달아 환하게 길을 밝혔다.

나루포구의 곳창굿

한강과 임진강에서 상업포구로 성장했던 여주의 이포, 연천의 고랑포, 파주의 문산포 등지에서는 대규모의 곳창굿을 거행하였다. 지역에 따라 곳창굿, 서낭굿, 별신굿 등의 명칭으로 다양하게 불렸지만 구태여 곳창굿을 대표적인 명칭으로 선택한 까닭은 '곳창굿'의 어원이 포구와 관련된 '곳'과 '창(物流倉庫)'의 합성어일 가능성이 높아 나루포구의 축제를 가장 잘 나타내는 용어라 판단되었기 때문이다. 기실 곳창굿이 거행되던 이들 내륙포구는 장삿배가 들어와 수시로 포구장이 열리던 곳이었으며, 특히 곳창굿이 거행되는 때면 인근 각처에서 모여든 사람들로 인산인해人山人海를 이루곤 하였다.

여주 이포의 삼신당제는 한강의 포구에서 펼쳐졌던 곳창굿의 전형적인 형태를 보여준다. 이포는 조선시대에 수참을 두어 참선 15척과 별도의 나룻배를 두었던 곳이다. 『태조실록』에 내시별감을 보내 이포신에게 제를 지냈다고 한 기록이 보이므로[273] 이포의 삼신당은 그 유래가 상당히 오래되었고 조운을 통해 포구로 성장한 곳임을 짐작할 수 있다. 삼신당에는 서낭, 용왕, 산신 등 삼위의 신을 모셨고, 곳창굿은 3년마다 음력 2월경에 좋은 날을 받아 거행하였다. 무당과 박수를 불러 사흘간 굿을 하는데, 이 동안 마을에서는 난장을 트고 줄광대도 불러 놀이판을 벌인다. 마을 어르신들은 이러한 굿을 당굿, 치성, 별신, 곳창이라고

---

273) 『태종실록』 권28, 14년조

이포의 삼신당굿

다양하게 불렀다. 이 기간 동안에 주민들뿐만 아니라 외지에서 구경 온 사람들
도 구름처럼 모여들었다 한다.[274] 한강의 나루포구에서는 이포뿐만 아니라 양평
의 한여울나루[275]나 여주의 양화나루[276]에서도 이와 유사한 고창굿이 거행되었
다는 것을 현장 조사를 통해 확인할 수 있었다.

임진강의 대표적 포구였던 문산포에서도 곳창굿이 거행되었다. 문산에서
는 이를 '도당굿'이라 불렀는데, 도당굿은 경기도에서 행해지는 마을굿의 가장
일반적인 명칭이다. 하지만 문산포의 도당굿은 마을주민들은 물론이고 선주나

---

274) 경기도 여주군 금사면 이포리, 이진우(남, 당시 40세) 2002. 10. 26.
경기도 여주군 금사면 이포리, 최병두(남, 당시 84세) 2002. 10. 26.
275) 경기도 양평군 대심리 한여울 김경용(남, 당시 83세) 2002.
276) 경기도 박물관, 「한강」 Vol.1 환경과 삶, 412쪽

상인들이 대거 참여하여 규모가 컸다. 굿판이 거행되는 동안 한편에서는 난장이 서고 풍물놀이, 광대놀음, 씨름, 그네, 활쏘기 등의 놀이판이 펼쳐졌다. 행사는 5~7일간 계속되었으며 이때 모이는 상인이나 구경꾼들은 인근의 김포, 강화, 개풍, 장단, 개성 등지에서 모여들어 문산포 일대는 대성시를 이루었다 한다. 6.25 이후 문산포가 폐쇄됨에 따라 도당굿이 중단되었다가 1977년 재연되기도 하였지만 난장과 각종 놀이가 사라지고 당굿만 남은 상태로 행해지다 다시 폐지되었다. 임진강 유역에서는 문산포 이외에도 연천의 고랑포에서 이와 유사한 고창굿이 거행되었다.

한강과 임진강 유역에서 곳창굿이 거행되었던 나루포구들은 장삿배가 짐을 푸는 상업포구였고, 인근에 지역의 대시장이 위치했던 곳이었다. 따라서 종래 거행되던 마을굿에 내륙 장시에서 펼쳐졌던 백중장이나 장별신과 같은 축제의 요소가 가미되면서 대규모의 축제가 거행되게 되었으리라 판단된다. 이런 대규모 행사에는 상당한 비용이 들었을 터인데, 이들 지역들은 장삿배가 짐을 풀고 교역이 이루어지는 상업포구이므로 선주나 상인들의 활동 거점이었다. 따라서 이러한 굿들은 지역 신흥세력들의 경제성을 바탕으로 지속적인 나루나 장시의 발전을 위해서 전통적 마을굿에 놀이의 요소를 강조하여 거행되었던 것이라 하겠고, 이는 자신이 속한 나루포구의 번영에 대한 문화적 과시이며 자신감의 표현이기도 했다.

04

경기도의 포구와 나루에 대한 전망

1) 서해안 포구와 나루에 대한 전망

지금은 간척사업으로 도심의 호수공원이 되어 버린 안산 둔배미 마을[277]은 고려 때부터 존속했던 초지진草芝鎭이 있었던 유서 깊은 군사지역이었다. 둔배미라는 이름을 통해서도 이곳이 진鎭[278]을 운영하는 데 소요되는 비용을 충당하기 위해 운용되는 전답인 둔전屯田이 있던 곳이라는 사실을 알 수 있다. 초지진은 서해의 남양만을 거쳐 해안을 침입하는 외적을 대비하는 군사적 요충지이기도 했지만, 평상시에는 세곡의 운송이나 이 지역을 왕래하는 어선들을 보호하는 역할도 수행하였다. 초지진은 조선시대 강화도로 옮겨지는데, 이는 오히려 둔배미 마을을 군사지역에서 상업포구 지역으로 변화시키는 계기가 되었다.

둔배미 마을 인근에는 초지진에 주둔하던 군사들이 망을 보던 별망산別望山이 있는데, 이곳에는 다음과 같은 전설이 전해온다. 옛날 이 마을의 어부가 바다로 고기잡이를 나갔다가 풍랑을 만나 불귀의 객이 되고 말았다. 이 어부의 아

---

277) 경기도 안산시 단원구 초지동에 있던 자연마을이다.
278) 진鎭은 신라 말에서 조선시대에 이르기까지 둔전병이 주둔하던 군사적 지방행정구역을 말한다.

안산 둔배미놀이는 번성했던 포구였던 시절을 재현하고 있다.

내는 마을의 뒷산에 올라 하염없이 먼 바다를 바라보며 남편을 기다리다 일생을 마쳤다. 그 뒤부터 이 산의 이름을 여인이 남편을 기다리던 산이라 하여 별망산이라 일컬었고 마을이름도 별망뿌리라고 부르게 되었다는 것이다. 하지만 별망산이라는 산의 이름은 분명 별망군들의 망루가 있던 곳이어서 붙여진 이름이고, 망루는 산부리에 있는 법이니 별망부리 역시 망루를 설치했던 봉우리를 지칭했다고 보아진다. 그렇다면 이 전설은 이곳이 옛날 군사적 요충지였다는 사실이 희미해지고 포구마을로 번성하던 시절에 형성된 이야기였음이 분명하다.

1871년 안산군 지도[279]에서 확인되듯이 실제로 둔배미 마을에는 원당포元堂浦[280]라는 포구가 있었다. 원당포는 안산 지역에서 가장 큰 포구였고, 포구가 없어지기 전까지 마을에 7~8척의 고기잡이 중선과 10여척의 낚거루, 나무짐 등을 실어 나르는 시선배들이 있었다 한다.

그러다 1953년 초지동 별망산 앞에 방조제를 쌓게 되면서 둔배미포구를 비롯하여 인근의 성머리포구, 조구나루 등이 모두 농경지로 변하게 되었다. 1977년 반월신도시가 개발되자 이곳은 급격하게 도시화가 이루어졌고, 현재는 자연마을들이 사라지고 안산시의 중심가로 자리 잡게 되었다.

이즈음 안산에 새롭게 등장하는 포구가 있었는데, 바로 사리포구였다. 사리포구는 수원과 인천을 잇는 수인선 협궤열차가 다니던 고잔역과 일리역 부근에 위치하고 있었다. 1995년까지 사리포구에는 100여 척의 어선이 드나들었고 포구의 500여 평이 되는 지역에는 뱃전에 꽃게, 새우, 바다가재, 놀래기, 삼식어 등 안산 앞바다에서 잡힌 어물을 받아 파는 난전들이 가득했으며, 50여 개가 넘는 횟집도 밀집되어 있었다. 1990년대까지 전성기를 누리던 사리포구는 시화간척사업 때 대부도와 오이도가 방조제로 막히면서 역사 속으로 사라져 갔다. 어업에 종사하던 이곳의 어부들은 선체와 어구, 어업권 등을 보상을 받아 사리포구를 떠났고, 어물전과 횟집들은 오이도 수산물직판장으로 자리를 옮겼다. 사리포구가 있던 자리는 현재 단원구 고잔동 고잔신도시에 조성된 호수공원이 되었다.

경기도의 포구에 대한 전망을 하기 전에 이렇듯 장황하게 둔배미포구와 사

<hr />

279) 1871년 경기도 군현 지도, 서울대학교 규장각 소장
280) 이 지역에서 포구가 가장 먼저 생겼다 하여 원포元浦라고 부른다고 하지만, 아마도 마을의 안녕과 해상의 안전과 풍어를 기원하는 원당이라는 마을제당이 있었을 듯하다. 또한 둔배미나루라고 불리기도 했는데, 이는 나루의 기능도 가지고 있었기 때문이다.

리포구에 대한 이야기를 꺼낸 것은 이 포구들이 겪은 상황이 경기만 일대의 대다수 포구에서 일반적으로 일어난 현상이기 때문이다.

경기만 연안은 전통적인 모습을 잃어가고 있는 지역이 많다. 만과 곶으로 굴곡이 심했던 해안선이 거의 직선으로 바뀐 지역도 허다하여 예전 리아스식 해안이라고 배웠던 지식은 이제 옛 지식이 되고 말았다. 갯벌 지역은 매립하여 둑을 쌓음으로써 바다와 콘크리트가 맞닿는 해안도 속출한다. 바다를 매립한 곳에는 대규모 공단이 조성되고 신도시가 들어선다. 바다에 잇닿아 늘어서 있는 아파트 단지는 전망을 위해 높아가기만 한다. 해안 인근에 있던 섬들은 간척에 의해 육지로 바뀌거나 방조제와 도로로 연결되어 선착장에서 배를 기다릴 필요가 없이 자동차로 왕래할 수 있다. 이런 경기만 해안의 모습은 자연의 상태에서는 도저히 만들어질 수 없는 인위적인 개발의 현장이고, 실로 해안가라는 단어가 무색할 지경이다.

이런 해안 경관의 인위적 변화는 단순한 외양만이 아니라 삶의 변화와도 직결된다. 물론 개발 지상주의의 논리에서 보면, 현대화와 도시화가 눈부신 발전의 모습으로 비춰질 수도 있다. 또한 종래 간고하고 불편한 도서지역의 생활상과 풍요롭고 편리해진 현재의 생활상을 비교하며 경제적, 문화적으로 삶의 질이 개선되었다는 통계자료를 들이밀 수도 있다.

하지만 이러한 인위적 개발에는 적지 않은 문제점도 대두된다. 시화호 방조제 건설로 야기된 해양의 오염이라든지, 갯벌 지역의 매립으로 인한 해양 생태계의 파괴라든지, 반농반어의 삶을 살던 토착주민들의 정체성 상실과 소외감 등이 그것이다. 국가와 지자체에서 이에 대한 개선책을 마련하여 어느 정도의 성과를 거두고 있다고는 하지만, 근본적인 문제점이 해결되지 않는 한 고식지

계에 불과하다.

바다, 강, 산, 들은 인간의 주거 공간을 장식하기 위해 둘러쳐져 있는 병풍이 아니다. 해변은 해변다운, 강변은 강변다운, 산간은 산간다운, 평야는 평야다운 삶이 있게 마련이다. 전통사회에서는 이런 자연 환경에 공존하며 순응하는 삶을 영위하였다. 이런 삶이 다소 불편하고 불충분한 점이 있었다 해도 이를 전근대적인 사고나 기술력의 부족으로 인한 어쩔 수 없는 선택이라고 볼 수는 없다. 과연 어떤 삶의 방식이 인간의 생존을 지속시킬 수 있는 것인지 거시적 안목에서 살펴 볼 필요가 있다.

이러한 관점에서 아직껏 남아 있는 경기만의 섬과 자연해안과 갯벌 지역은 최대한 보전되고 관리되어야 한다. 아직 개발의 손길이 닿지 않아 방치되어 있는 지역이 오히려 경기만의 운명을 결정하는 키워드가 될 수 있는 것이다. 오염되지 않은 바다와 자연 해안과 갯벌은 가장 안정적이고 지속적인 해양 지역의 자원이 될 것이기 때문이다.

현재 해양 생태계의 보존에 대한 세계적 관심이 증가되고 있다. 서해안은 한때 세계 4대 갯벌에 포함되는 갯벌의 천국이었다. 또한 수백여 곳에 달하는 서해상의 섬들 역시 풍부한 어패류의 보고였다. 이제 물길을 메우고, 도로를 건설하고, 빌딩을 올리는 개발 위주의 발전 논리에서 벗어나 이런 자연 환경을 유지하고 보전하는 데 총력을 기울일 때가 되었다.

환경의 유지와 보전은 그대로 방치한다고 해서 해결될 시대는 아니다. 이미 해양은 오염되었고, 어패류는 고갈되었으며, 대다수의 갯벌은 매립되었기 때문이다. 오히려 적극적인 원형의 회복이 필요한 시점이 되었다. 그렇다고 이미 개발이 끝난 지역까지 원래 상태로 되돌리자는 이야기는 아니다. 현재 어업의 중

단으로 폐쇄된 채 방치되어 있는 포구와 갯벌 지역들도 상당 수 있다. 이 지역만
이라도 개발보다는 복원 쪽으로 방향을 잡자는 것이다.

　　포구를 되살리는 일은 이러한 적극적 조치의 방안이 될 수 있다. 전통적 포
구는 바닷물길이 중시되었다. 바닷물길이 내륙으로 흘러 큰 갯골을 이루는 만 지
역에 주요 포구들이 형성되기 마련이다. 이 물길과 갯골은 무수한 해양 생태계의
보고가 된다. 이 지역의 생태계 보존은 서해안 전체에 영향을 줄 것으로 보인다.
포구를 되살리는 일이 얼핏 보면 생태계를 파괴하는 일처럼 보일 수 있다. 하지
만 적절한 관리와 보존은 방치보다는 활용하며 관리할 때 가능하다.

　　우리는 10여 년 전에 발생했던 태안의 기름유출 사고를 기억하고 있다.[281]
인근 해역을 죽음의 바다로 만들었던 이 재앙은 다수의 국민이 관심을 가지고
복구작업에 동참하여 위기를 극복하고 원상 복구가 되었다. 현재 태안 앞바다
의 수산 자원은 거의 회복되었고 장수삿갓조개와 굴 등도 다시 모습을 드러내

---

281) 2007년 12월 충청남도 태안군 만리포 인근 해역에서 삼성의 해상크레인이 홍콩의 유조선과 충돌하여 원유 1만 kℓ
　　이상이 유출된 사건이다.

게 되었다 한다. 이러한 노력이 지자체 단위로 경기만의 해안 지역에서도 일어나길 바라는 것이다.

경기도의 포구들이 아예 자취를 감춘 것은 아니다. 아직도 김포, 시흥, 화성, 평택 등 경기만 연안의 다수 지역에서는 지역을 대표할 만한 포구가 몇 군데 정도는 남아 있다. 이 포구에서는 해당 지역 어촌계에 속한 어부들이 직접 어획한 싱싱하고 풍부한 수산물을 직판장이나 횟집을 통해 판매하거나 수도권에 공급한다. 이 포구들을 베이스캠프로 하여 인근의 폐쇄되어 있는 작은 포구들도 복원될 필요가 있다.

이에 덧붙여 경기만 일대의 포구들을 어떻게 유지시키고 발전시킬 것이냐 하는 미래에 대한 전망도 필수적이다. 미시적인 이해타산에 초점을 맞춘다면 어종이 줄고 고역에 해당하는 어업을 각종 지원 사업을 통하여 유지하느니 차라리 공단을 하나 더 짓고 아파트를 하나 더 건설하여 인구를 유입하고 이에 따른 세입을 확보하는 것이 지자체의 이익을 가져오는 훨씬 나은 방법이라 판단될 수 있다. 하지만 거시적인 관점에서는 다를 수 있다. 엄연히 서해는 우리가 지키고 가꾸어야 할 수산자원의 보고이다.

해양 환경의 보호라는 측면에서도 방치하는 것보다는 활용하면서 개선하는 것이 더 나은 방책이 될 것이다. 가령 서해상의 어종이 고갈되어가고 있는 시점에서 어업을 중단하고 고기가 모일 때를 기다리는 것보다는 치어를 방류하고, 주기적으로 어장을 청소하는 등의 관리로 어류가 서식하기 좋은 환경을 만들어주는 편이 훨씬 바람직한 대처일 수 있다. 이 일은 해당 지자체의 어촌계를 활성화시켜서 담당하게 하면 실질적인 효과를 가져올 것이다. 기실 어촌계의 활동을 통해 어장의 환경이 개선되었던 사례들이 부지기수로 있는 것이다. 하지만 어업

평택호(아산호) 정경

은 사양 산업이고 고역에 해당하는 직업이다. 이에 신세대 어부의 양성과 지원 대책도 시급하다.

문화관광의 시대를 맞이한 지금 해양의 문화관광자원 또한 지속적으로 황금알을 낳는 거위가 될 수 있다. 김포, 시흥, 안산, 화성, 평택 등 경기만 연안의 지자체에서 이에 대해 지대한 관심을 기울이고 있는 것도 사실이다. 화성 월곶의 해양공원, 평택의 평택호(아산호) 해양관광단지, 기타 해양박물관이나 에코 박물관을 건립하는 등의 노력이 눈에 띤다. 또한 해양 관광이 풍경이나 전시시설 등 볼거리만을 제공하는 것이 아니라는 점에서 다양한 레저스포츠를 즐길 수 있는 해상 공간을 마련하고 갯벌체험과 같은 프로그램을 개발해나가기도 한다. 하지만 이러한 투자는 단시일 내에 효과를 거두지 못할 수도 있다. 따라서 모니터링 작업과 피드백 과정을 거쳐 개선책을 찾아나가는 동시에 포구문화와 관련된 교육프로그램이나 효과적인 관광상품의 개발에도 지속적인 관심을 기울여 장기적인 발전을 모색해야 할 것이다.

『도로고』에 기록된 서해안연로는 조선후기 경기도 해안의 교통로가 정비되었던 사실을 증명해주는 동시에 경기도 해안과 도서지역이 국가적으로 차지하는 비중이 지대했음을 시사해주기도 한다. 이 서해안연로는 현재의 서해안고속도로와 직결된다. 주말이나 휴일에 정체로 인하여 도로를 마비시킬 정도로 폭주하는 자동차들은 서해안을 찾는 사람들이 무수히 많음을 실감케 한다. 그러나 이들 중 대부분은 경기해안을 지나쳐 태안반도로 향한다. 당연히 관광객들이 원하는 것은 서해안의 도시화된 발전상을 확인하려는 것이 아니고, 서해안의 해양 경관을 보고, 싱싱한 해산물을 먹으며, 해양의 문화를 체험하는 일이다. 물론 경기만 지역에서도 이러한 일들이 가능한데 왜 가까운 지역을 놔두고 구태여 먼 지역을 택해야 하는지 심각하게 고민하고 이에 대처하는 올바른 해답을 찾는다면, 경기만 연안은 해양문화관광의 중심지로서 거듭날 수 있을 것이다.

2) 한강과 임진강의 포구와 나루에 대한 전망

연천군 장남면의 고랑포는 문산포와 더불어 임진강변에서 가장 번성했던 포구였다. 고랑포는 강 맞은편인 파주의 적성면 장좌리에서 임진강을 건너 개성으로 가는 길목에 해당하는 나루이기도 했지만, 어염과 농산물이 집산되고 교환되던 상업포구로 더욱 명성이 높았다. 해빙이 되는 3월이면 서해안에서 어염을 싣고 올라오는 장삿배와 연천, 장단 지역의 콩은 물론 인근의 농산물을 싣고 내려오는 배들이 한꺼번에 몰려 포구에는 수백 척의 배가 정박했었다. 고랑포 마을이 번성했을 때에는 500여 호에 달하는 상점과 가정집이 도로변을 따라 늘어서 있었고, 화신백화점의 분점과 금융기관, 우체국, 곡물검사소, 약방, 여관, 시계포, 변전소, 우시장 등이 몰려 있는 도회지였다.

그러나 현재의 고랑포리에서는 번화했던 마을의 자취를 찾아볼 길이 없다. 아무리 군사분계선의 인근 지역이어서 마을이 소개되었다고 해도 이렇듯 허허벌판으로 변했다는 것은 이해가 되지 않는다. 다만 장남면사무소에는 전성시대 고랑포의 흑백사진이 걸려 있어 위와 같은 상업포구의 위상이 허언이 아니란 것을 증명해준다.

그 사진을 들여다보고 있노라면 만약 남북이 교류하는 시대가 도래하여 개성으로 통하는 길이 열리고, 임진강의 물길로 서해안의 장삿배가 다시 소강한다면 고랑포는 다시 옛 모습을 되찾을 수 있을까 하는 의문이 생긴다. 이는 비단 고랑포만이 아니고, 경기 북부 지역 전체에 해당하는 의문일 것이다.

경기 북부의 포구는 한국전쟁 후 국토가 분단되면서 대부분 폐쇄되었고, 강변에 위치한 마을에서도 몇 명 정도만이 제한된 조건 하에서 어업을 하며 쇠퇴의 일로를 걷고 있다.[282) 경기만에서 강화도를 거쳐 한강과 임진강으로 이어지던 내륙수로가 군사분계선으로 인하여 차단되었기 때문이다.

하지만 통일 시대가 오거나 남북교류가 확대되어, 조강의 물길이 열린다면 이야기가 달라진다. 서해에서 한강의 하류인 조강으로 진입하는 초입에는 예성강이 합류하므로 이 강길을 따라 개성까지 수로가 열린다. 고려시대 국제 무역항으로 전성기를 구가하던 벽란도의 시대가 재현될 수 있는 것이다. 예성강의 포구를 통해 개성공단의 물류뿐 아니라 한반도 북서부에서 생산되는 물류도 집산되어 국내와 해외 도처로 운송될 수 있다.

또한 한강이나 임진강 하류에 접해있는 김포, 파주, 고양, 연천 지역까지는 서해에서 조강을 거쳐 올라온 대형선박의 운행이 가능해진다. 원래 한강의 마포나 임진강의 고랑포는 6.25 직전까지만 해도 화물선, 여객선, 대형어선들이 빈번히 왕래하던 지역이었던 것이다. 만약 김포시 고촌읍에 있는 신곡수중보를 제거하면 대형 선박들이 서울의 마포를 지나 잠실 수중보까지도 운행이 가능하다. 믿기지 않는다면 지금도 여의도에서 잠실까지의 한강 구간에는 유람선이 떠다니고 있다는 것을 떠올려 보라.

---

282) 한강 하류에 있는 김포의 전류리 포구, 임진강 하류에 있는 파주의 임진나루, 두지나루 등지가 내수면 어업을 하고 있는 지역이다. 이곳은 바닷물과 민물이 마주치는 기수역으로 황복, 참게 등의 다양한 어종이 잡힌다. 어부들은 어업을 할 수 있는 지역, 시간, 조업 중 배에 달아야하는 깃발 등 여러 가지 제한 조건을 지켜야 한다.

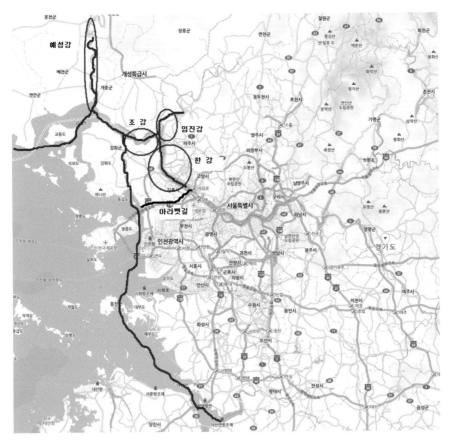

통일시대 활용이 가능한 경기도의 해로와 수로.파란 선이 해로와 수로이고, 빨간 원이 부활이 가능한 포구와 나루지역이다.
검은 선은 아라뱃길(경인운하)로 현재 개통된 상태다.(네이버 지도)

이렇게 되면 경기도 북부의 내륙수로망은 더 이상 과거의 영화만을 추억하
는 유물로 남아있지는 않는다. 근대 이후 철도와 도로, 항공로를 이용한 운송수
단이 발달했다고는 하지만 대형 선박만큼 화물을 많이 적재할 수 있는 수단은

드물다. 또한 포화상태가 되어 가는 도로망과 철도망에 대한 또 다른 대안으로 물길은 무궁무진한 활용가치를 지니고 있다.

경기도 남부의 내륙 포구는 이와 상황이 다르다. 윗강이라 부르던 한강 중상류의 수운은 1970년대 초반까지 이어졌다. 북한강과 남한강에서 마포까지 장삿배와 뗏목들이 운행되었던 것이다. 하지만 팔당댐, 소양강댐, 충주댐 등의 건설로 물길이 도처에서 차단되면서 물길로서의 기능은 소멸되고 말았다. 2000년대 한강을 비롯한 4대강에 운하를 건설하여 내륙수운을 부활시킨다는 계획이 있었지만, 실현되지는 못했다. 불가능한 일은 아니었지만 만약 실현되었다고 해도 실효성이 있지는 않았을 것이다.

나루가 지녔던 도강의 역할 역시 마찬가지다. 물길로 차단되어 나루를 이용하던 곳에는 다리가 건설되어 더욱 신속하고 빠르게 강을 건너다닐 수 있게 된 것이다. 이런 의미에서 경기 남부의 내륙 포구와 나루들은 갑작스러운 사건 때문이 아니라 사라질 만해서 사라져 간 것이므로, 복원된다고 하여도 현재로서는 실용적 가치를 찾기 힘들다.

그런데 나루가 없어졌다고 해서 그 나루가 이어주던 길이 없어지는 것이 아니듯, 나루가 있었던 지역들은 나루 문화의 흔적을 간직하고 있다. 한강변을 따라 조성되어 있는 둔치마당을 따라 걷다보면 다리 근처에서 옛 나루터가 있던 곳임을 알리는 표석들을 자주 발견하게 된다. 중심 나루가 있던 곳은 지금도 교통과 문화의 중심지로 남아 있는 경우가 많다. 가령 양평대교 밑에는 양근나루 표석과 나루터가 있는데, 이곳은 여전히 양평군의 읍치이며, 양평물맑은장이 지금도 성대하게 선다. 이는 지역의 번영에 나루가 상당한 공헌을 하였음을 말해준다. 또한 상당수의 나루 지역은 강변의 관광지로 각광을 받고 있다. 여주대로 주

한강을 소재로 한 민요에 등장하는 여주 벽절. 강 아래로 조포나루, 위로 텃골이 있다.

변의 조포나루에서는 황포돛단배를 유람선으로 운행하고 있다. 옛 나루의 전통을 문화관광 상품으로 활용한 성공적 사례이다. 이 유람선을 타면 지상에서 바라보는 것과는 또 다른 여강의 절경을 감상할 수 있다. 한강수타령이나 정선아리랑 등 한강을 소재로 한 민요에는 '여주 벽절'이라는 구절이 자주 등장하는데, 여강에서 배를 타고 바라보는 신륵사의 정경은 정말 동양화 한 폭을 눈에 담는듯하다. 이외에도 북한강이 흐르는 양평과 가평의 여러 나루 지역은 수상레포츠타운으로 자리잡고 있다. 이에서 강길과 나루의 전통은 사라진 것이 아니라 문화적, 역사적 가치를 지닌 문화유산으로 살아있음을 새삼 느끼게 된다.

5부

맺음말

경기라는 용어는 고려 현종 9년(1018)에 개경 주변의 13개 현을 경현京縣과 기현畿縣으로 삼은 것에서 비롯된다. 이를 기준으로 삼아 경기의 역사를 천년 이상으로 상정하기도 한다. 물론 경기도가 정식으로 출범하는 시기는 팔도八道가 정비되는 조선 태종 13년(1413) 즈음이다. 이 시기를 기점으로 하여도 경기도의 역사는 600여 년의 시간이 지나고 있는 셈이다. 그동안 적지 않은 행정구역 개편으로 충청도 지역이었던 평택이나 강원도 지역이었던 가평 등이 경기도에 편입되는 등 경계상의 변화가 적지 않았지만, 경기도는 수도의 위성지역으로서의 자리를 굳건히 지키며 꾸준히 성장 발전하면서 오늘에 이르고 있다.

경기도는 현재 28개의 시와 3개의 군으로 이루어져 있다. 끊임없이 들어서고 있는 산업단지와 신도시로 인구는 폭발적으로 증가하여 이미 천삼백만 명이 훌쩍 넘어섰다.[283] 이에 걸맞게 교통, 통신, 교육 등 사회간접자본시설도 확충되면서 이제 경기도 전역이 수도권이라 해도 과언이 아니다.

한편 지방자치의 시대가 열리면서 경기도의 지자체들은 종래 수도를 보좌하는 위성지역으로서의 위치를 넘어서 자체적인 정체성을 정립하며 발전 방향을 모색해야 하는 과제도 부여받고 있다. 근자에 경기도의 각 시군들이 자기 지역의 역사와 문화에 관심을 기울이고 있는 이유도 이런 정체성의 확보와 무관하지 않을 것이다. 지역학의 궁극적 목적은 과거로의 회귀가 아니라 미래로의 지향이어야 한다. 과거를 돌아보고 현재의 상황을 파악하는 작업은 결국 미래의 방향성을 검토하는 창조적 발전을 염두에 둔 것이겠기 때문이다.

이 글에서는 이러한 관점에서 경기도의 장시와 포구의 과거와 현재, 그리고 미래를 조망함으로써 경기학의 초석을 마련해보고자 했다. 어떠한 지역사회에

---

283) 〈경기통계〉(http://stat.gg.go.kr/statgg/main.html)에 의하면 2018년 5월 기준으로 13,349,450명에 달한다.

서나 역사문화의 근간을 이루는 것은 교통과 경제이며, 장시와 포구는 전통사회에서부터 현재에 이르기까지 교통과 경제의 중심축에 자리잡고 있으므로 지역학의 선결주제가 되기 때문이다.

그런데 장시와 포구는 길을 전제로 한다. 길은 사람의 이동 수단이기만 한 것은 아니고, 물류가 유통되는 수단이기도 하다. 따라서 길의 주요 거점마다 물류가 집산되고 교환되며 경제활동이 이루어지는 공간이 형성되게 마련인데, 이 공간이 바로 장시와 포구이다. 전국지도를 펼쳐보면 전국의 도로를 따라 장시가, 바닷길과 강길을 따라 포구가 자리잡고 있음을 쉽게 확인할 수 있을 것이다. 이러한 이유에서 이 글은 장시와 포구의 성립 조건인 도로와 바닷길, 강길에 대한 논의부터 시작하였다.

서울의 한복판인 세종로에는 전국으로 통하는 도로의 거리와 경유지, 목적지를 표시한 도로표가 서 있다. 전국에 산재되어 있는 도로표 중에서 세종로의 도로표가 중시되는 이유는 바로 이곳이 대한민국의 중심점이 된다는 것을 상징적으로 나타내는 까닭이다. 그런데 이 도로표를 보며 간과할 수 없는 점은 이곳을 기점으로 하여 전국으로 통하는 모든 도로들이 경기도를 거치지 않으면 다른 지역으로 넘어갈 도리가 없다는 사실이다.

현재 경기도에는 헤아릴 수 없을 정도의 도로와 철도망이 가설되어 있다. 그런데 이 중 가장 중요한 도로와 철도는 전통사회로부터 이어져온 간선도로와 관계가 있음을 알 수 있다. 경부선은 영남대로, 호남선은 삼남대로, 경원선은 경흥대로, 경의선은 의주대로의 후신인 것이다. 이는 바닷길과 강길의 경우도 마찬가지다. 한강과 임진강변을 따라 펼쳐진 경강로, 자유로 등의 강변도로들은 전통사회의 강길을 대체하는 도로들이다. 또한 경기만 연안의 각 항구와 선착장에서 출범하는 여객선과 화물선이 이용하는 해로는 전통사회에서부터 개척된 바닷길의 확장판이다. 따라서 이 길들은 경기도의 발자취가 아로새겨진 유구한 역사와 문화의 산실인 것이다.

경기도의 각 시군에는 상설전통시장이 몇 군데 정도는 남아 있고, 오일장의 전통이 이어지고 있는 곳도 다수이다. 경기도 전역에 장시가 발달하는 시기는 조선 후기부터인데 읍, 면 단위로 한 기 이상의 시장이 있었다고 보면 된다. 경기도에는 이때 세워졌던 유서 깊은 장시가 지금껏 존속하고 있는 곳이 많다. 경기 남부를 대표했던 안성장과 북부를 대표했던 파주장(봉일천장), 명태길이라 부르던 경흥대로의 송우리장과 갓바우장 등 『임원경제지』에 기록되어 있던 명칭이 그대로 남아 있는 장시만 해도 20여 곳이 넘는다. 조선 후기의 장시는 오일장이었으므로 오일장의 위치가 근대 이후 철도와 신작로의 건설 등으로 말미암아 인근으로 옮겨지면서 전통이 이어지는 경우를 포함한다면 더욱 많은 수가 포함될 것이다.

현장조사를 다녀보면 각 지역의 시장들이 스스로 자신의 역사를 축소시키는 경우를 허다하게 볼 수 있다. 문헌자료를 검토해보면 분명히 조선후기부터 장시가 있었던 곳임에도 불구하고, 6.25 동란 이후에 개설된 것으로 공식화되어 있는 것이다. 이는 지역 시장들이 상설시장이 형성되는 시기를 공식적인 지역전통시장의 개설 시점에서부터 잡는 경우가 많기 때문이다. 시장은 시대나 사회의 변천에 따라 중단되었다가 재개되기도 한다. 6.25 동란 중에는 대부분의 시장이 일시적 중단을 겪었다 다시 부활되며, 전쟁으로 폐허가 된 지역인 경우 주민들이 옮겨간 인근 지역에서 새로운 시장을 개척하기도 한다. 그렇다고 해서 지역 장시의 전통이 완전히 사라지는 것은 아니다.

장시는 원래 지역 주민들의 경제적 활동을 주 목적으로 성립되었다.

　물론 현재 경기도에 있는 상설전통시장들 중에는 지역 개발로 인하여 인구가 급격히 증가함에 따라 번화가 주변의 골목에 노점과 상가가 들어서면서 자연발생적으로 상권을 형성한 경우도 허다하다. 이런 식으로 형성된 전통시장은 신도시가 개발되기 시작하는 1980년대가 가장 많다. 이러한 특징은 아무래도 지역사회가 급격하게 변동하는 시기에 서민들의 적극적인 경제활동이 모색된다는 사실과 깊은 연관성을 갖는 듯하다. 따지고 보면 조선후기에 전국적인 오일장 체계가 성립되는 것도 임란, 병란 이후의 급변하는 상황 속에서 서민들의 삶이 자리잡는 과정에서 이루어진 일이다. 이렇듯 서민들의 필요에 의해 자연발생적으로 노점과 상설점포가 들어서는 것은 전형적인 전통 시장의 형성 방식이므로 개설 연대야 어떻든 전통시장이 아니라고 할 근거는 없다.

그러나 2000년대 이후에는 상황이 달라진다. 대형마트가 이미 도시 상권을 장악하고 전국망의 체인점들을 갖추어나가던 시기였기 때문이다. 이로 말미암아 이 시기 이후 신도시가 개발된 지역은 소상인이 전통시장을 형성할 여건이 조성되기도 전에 대형마트가 이미 들어서서 지역 상권을 장악하는 것이다. 이에 따라 2000년대 이후로는 상가형 시장을 제외하고는 전통시장이 새로 형성된 경우는 찾아보기 힘들며 앞으로도 그러할 것이다.

기존에 자리 잡고 있던 전통시장들도 대형마트의 침공에서 자유롭지는 못하다. 거대 자본력을 바탕으로 현대적 시설을 갖추고 적극적 마케팅을 펼치는 대형유통업체과의 경쟁을 피할 수 없고, 위기에 직면하고 있는 실정이다. 한때 슈퍼마켓의 확산으로 동네의 구멍가게들이 자취를 감춰 버린 현상과 흡사한 과정이 진행되고 있는 것이다.

아직까지 전통시장들은 서민경제에서 중요한 역할을 담당하며 버티어내고 있다. 지역사회의 유지 발전에 소상인과 서민들이 차지하는 비중이 만만치 않다는 사실을 알기에 정부에서는 전통시장의 환경을 개선하고 육성하기 위하여 1997년 「유통산업발전법」, 2004년 「재래시장 육성을 위한 특별법」 등을 제정하였고, 지자체에서도 이를 적극 지원하고 있다. 이 글에서 경기도 장시의 전통적 모습뿐만 아니라, 지역별 전통시장의 현황을 살펴보면서 바람직한 활성화 방안을 모색해본 이유도 이와 동궤의 취지에서였다.

전통시장은 현대의 대형마트와는 다른 장점을 가지고 있다. 어설프게 대형마트의 마케팅을 따라하기보다는 전통시장에서만 찾을 수 있는 살거리, 먹거리, 볼거리를 바탕으로 한 경쟁력으로 승부를 보아야 한다. 이에는 지역 주민들로 구성된 판매자와 구매자의 인간적 거래방식, 지역적 특징을 체험할 수 있는 장터문화, 시장의 브랜드 가치를 창출하는 지역특산품 개발, 가격 대비 만족도들 최대화할 수 있는 판매전략 등이 포함된다. 아무쪼록 정부와 지자체와 상인들의 노력이 좋은 시너지 효과를 발휘하여 전통시장이 자생력을 획득하고 오래오래 지속되기를 기대해본다.

전통사회의 교통망에는 육로인 도로만 있는 것이 아니라 물길인 바닷길과 강길이 있었다. 이 물길의 주요 거점에도 포구와 나루가 있어 육로의 역, 원이 맡았던 정류장의 역할과 장시가 맡았던 물류유통의 역할을 수행하였다.

서해안과 접해 있고, 한강과 임진강이 도내를 흐르는 경기도에는 다수의 포구와 나루들이 있었다. 경기 북부의 군사분계선에 근접한 지역을 제외하고는 경기도의 도서지방에는 지금도 활발한 활동을 하고 있는 포구와 항구들이 자리하고 있다. 서해안의 대규모 간척사업으로 수많은 도서지역이 육지로 바뀌는 등 지형의 변화가 심했기 때문에 고문헌에 기록된 서해안의 포구들이 현재까지 남아 있는 곳은 거의 없다. 하지만 전통사회부터 포구가 발달했던 시군에는 이를 대체하는 새로운 포구와 항만이 들어서 있으므로 과거의 전통을 이어받고 있다고 볼 수 있다. 물론 간척지역을 중심으로 대규모의 산업 공단이나 신도시가 들어서면서 어업 인구가 현저히 줄고 어촌이 쇠퇴해 가고 있는 실정이어서 해안가를 따라 줄줄이 이어있던 작은 포구들은 점차 사라지고 있다. 하지만 시군마다 어촌계가 가동하여 근해 어업은 근근이 이어지며, 김포의 대명포구, 화성의 오이도 등지에는 직접 잡아온 해산물을 판매하는 수산물 총판장이 운영되고 있다. 또한 여객선과 화물선이 운행하는 항구들도 옛 포구의 전통을 잇고 있다고 할 수 있다. 현재와 같은 다양한 노선으로 정기 운항을 하지는 않았지만 포구는 인근 도서지역으로 이동하는 역할을 하였기 때문이다. 또한 경기만은 대외 교류가 이루

탄도항에서 바라본 전곡항의 모습

어지던 창구이기도 했다. 화성의 당항진은 고대부터 중국으로 사신선이나 교역선이 출범하던 곳이었다. 현재에는 평택·당진항이 국제여객선과 화물선이 운항하는 국제항으로 자리하며 이러한 전통을 이어가고 있다.

한편 한강과 임진강의 포구는 거의 폐쇄된 상태이다. 서해안과 통하는 한강과 임진강의 하류가 군사분계선으로 인하여 물길이 끊어지는 바람에 운하로서의 기능이 상실되었기 때문이다. 하지만 다가올 남북교류가 활성화되는 시대 더 나아가 통일 한국의 시대에는 경기만의 해운과 한강, 임진강, 예성강의 수운이 활성화될 것으로 예견된다. 이에 대비하여 경기도의 포구에 대한 미래의 활용 전략도 끊임없이 모색해야 할 과제라 판단된다.

나루의 경우 도강渡江을 주목적으로 하였기 때문에 다리가 건설되면서 자연스럽게 사라져갔다.[284] 한강의 중상류 지역에서는 물길을 이용하는 것이 불가능한 것은 아니지만 댐이나 보의 설치로 과거의 내륙수운과 같은 전면적인 활용을 기대할 수는 없다. 하지만 예전 선박이 정착하고 머물던 규모가 큰 나루 지

---

284) 필자가 확인한 바로 경기도에서 실제 도강을 목적으로 운용되는 나루로는 북한강에는 대성리 나루, 남한강에는 광주와 양평 신원리를 잇는 나루가 있을 뿐이다.

강천마을에 있는 여강길 표지판. 여강길은 강변의 역사문화체험로로 각광을 받고 있다.
강변 곳곳에 있던 나루도 눈에 띈다.

역인 여주, 양평, 가평은 지금도 강변의 유원지나 수상 레저스포츠 코스로 각광을 받고 있다.

지금껏 살펴보았듯이 경기도는 그 유구한 역사에 걸맞게 장시와 포구가 발달된 지역이었다. 이 장시와 포구들은 경기도의 역사 문화 형성에 중요한 역할을 담당하였고, 앞으로도 지속적인 영향을 미칠 것이다. 장시와 포구는 전통사회의 유산으로써 시대에 따라 진화하면서 여전히 존속하고 있는 것이다. 아무쪼록 이 글을 통해 이루어진 논의가 경기도 장시와 포구에 대한 일반적 이해를 높이고, 지속적인 관심을 유발하여 경기도의 새로운 역사적, 문화적, 경제적 가치를 창출하는데 조금이라도 도움이 되었으면 하는 바람이다.

참고문헌

《〈자료〉》

『삼국사기』

『삼국유사』

『고려도경』

『고려사』

『신증동국여지승람』

『기언별집』

『동국여지』

『도로고』

『만기요람』

『임원경제지』

『화성성역의궤』

『동국세시기』

『대동지지』

『조선왕조실록』

『경기도읍지』

『한국수산지』

〈〈단행본〉〉

경기도, 『물길 따라 역사 따라』, 2007.

경기도박물관, 『한강』 1. 환경과 삶, 2002.

고양시, 『고양시사』 5권, 경제와 도시, 2006.

국립농업경제연구소, 『한국농촌시장의 제도와 기능연구』, 1977.

국립민속박물관, 『한민족의 젖줄 한강』, 신유문화사, 2000.

국토지리연구원, 『한국지명유래집』 중부편, 2008.

김포군, 『지명유래집』, 1995

문정창, 『朝鮮の市場』, 일본평론사, 1941

박지원, 고산역해, 『열하일기』, 동서문화사, 2013.

뿌리깊은나무, 『한국의 발견』 경기도편, 1986.

서울특별시사편찬위원회, 『한강사』, 1986.

송준호, 『조선 사회사 연구』, 일조각, 1994.

시흥문화원, 『옛 군자면 소속 동의 지명유래』, 2004.

시흥시, 『시흥의 생활문화』, 제6편 시장, 2001.

안산시, 『안산시사』 5 - 민속과 구비전승, 2012.

양평군지, 양평군청, 1991.

여주문화원, 『여주고을 땅 이름의 유래』

이능화, 이재곤 역, 『조선무속고』, 백록출판사, 1983.

이원식, 『한국의 배』, 대원사, 1990.

이원식 외, 『한강』, 대원사, 1990.

임영상 외, 『시장과 사람들』, 선인출판사, 2013.

조선총독부, 『朝鮮の市場經濟』, 1929.

파주시, 『파주시지』 3권 파주 생활, 2009.

평택시, 『평택시사』, 2005.

한국고문서학회, 『조선시대 생활사』 역사비평사, 1996.

한국정신문화연구원, 『경기지역의 향토문화』 상권, 1977.

《논문》

강만길, 「조선후기 상업자본의 성장」, 『한국사연구(1)』.

고동환, 「18세기 서울에서의 어물 유통 구조」, 『한국사론(28)』, 서울대학교 국사학과, 1992.

김영호, 「조선후기에 있어서의 도시상업의 새로운 전개」, 『한국사연구(2)』.

김재완 외, 「구한말 일제 강점기 한강 중류지역에 있어서 교통기관의 발달에 따른 유통구조의 변화」, 『한국지역지
　　　리학회지(6)』, 2000.

김종혁, 「동국문헌비고에 나타난 한강 유역의 장시망과 교통망」, 『경제사학(30)』, 경제사학회, 2001.

――――. 「조선 후기 한강유역의 교통로와 시장」, 고려대학교 박사논문, 2001.

김호종, 「조선후기 어염의 유통 실태」, 『대구사학(31)』, 1986.

박원선, 「한국의 장시」, 『동방학지(46, 47, 48)』, 연세대학교 국학연구원, 1985.

박평식, 「조선전기의 곡물교역과 참여층」, 『한국사연구(85)』.

――――. 「조선전기의 행상과 지방교역」, 『동방학지』, 연세대학교 국학연구원.

백승철, 「16세기 지주 잉여물의 상품화와 유통 경제의 변화」, 『동방학지』, 연세대학교 국학연구원.

이경식, 「16세기 장시의 성립과 그 기반」, 『한국사연구(57)』.

이병천, 「조선 후기 상품 유통과 여객주인」, 『경제사학(6)』, 경제사학회, 1994.

이영학, 「18세기 연초의 생산과 유통」, 『한국사론(13)』, 서울대 국사학과, 1985.

이정재 외, 「남한강 주변의 민속문화」, 제 14회 중원문화학술대회, 예성문화연구회, 2002.

이창식, 「남한강 유역의 전승문화 연구」, 『서울문화연구(2)』, 1999.

이창식, 「남한강 유역 민속문화의 정체성과 전망」, 『서울문화연구(2)』, 1999.

이현영, 「한국 정기시장의 변천과 공간 구조」, 『논문집(6)』, 수도여자사범대학, 1974.

최영준, 「남한강 수운연구」, 『지리학(35)』, 대한지리학회, 1987.

최완기, 「고려조의 세곡 운송」, 『한국사연구(34)』.

――――. 「조선 후기 지토선의 세곡 임운」, 『한국사연구(57)』.

홍태한, 「서해안 풍어굿의 분포 양상과 특징」, 『실천민속학연구(30)』, 실천민속학회, 2017. 8.

색인

ㄱ

ㄴ

ㅈ

ㅊ

ㅋ

경기그레이트북스 **08**

경기도 장시와 포구

초판 1쇄 발행 2018년 10월 20일

발 행 처 경기문화재단
(16488 경기도 수원시 팔달구 인계로 178)
기   획 경기문화재연구원 경기학연구센터
집   필 김준기, 강호정, 남찬원
편   집 청명전산 (전화 031-298-7712)
인   쇄 청명전산

ISBN 979-11-965096-4-4 04900
979-11-965096-7-5 (세트)